SCORPIO

Gunter Sachs

Mein astrologisches Vermächtnis

Das Geheimnis von Liebe, Glück und Tod

Herausgegeben von Familie Sachs

SCORPIO

Dieses Buch enthält Links zu externen Webseiten Dritter, auf deren Inhalte der Scorpio Verlag keinen Einfluss hat. Deshalb können wir für diese fremden Inhalte auch keine Haftung übernehmen. Für die Inhalte der verlinkten Seiten ist stets der jeweilige Anbieter oder Betreiber der Seiten verantwortlich. Die verlinkten Seiten wurden zum Zeitpunkt der Verlinkung auf mögliche Rechtsverstöße überprüft, rechtswidrige Inhalte waren nicht erkennbar. Bei Bekanntwerden von Rechtsverletzungen werden wir derartige Links umgehend entfernen. Nachdruck, Vervielfältigung und Übersetzung, auch auszugsweise, nur mit unserer vorherigen schriftlichen Zustimmung und mit Quellenangabe gestattet.

MIX
Papier aus verantwortungsvollen Quellen
FSC® C014496

Umschlaggestaltung: Hauptmann & Kompanie Werbeagentur, Zürich,
unter Verwendung eines Fotos von © Reuters/Arnd Wegmann
Grafiken: Stefan Fritsch, STAT-UP, München
mit Ausnahme von S. 58: Wikimedia Commons;
S. 220: © Bildarchiv Preußischer Kulturbesitz (No. 20004136)
Satz: BuchHaus Robert Gigler, München
Druck und Bindung: GGP Media GmbH, Pößneck
ISBN 978-3-943416-85-5

www.scorpio-verlag.de

Inhaltsverzeichnis

3 Grundlagen der Astrologie

4 Lieben und Leiden

5 Beruf und Berufung

6 Gesundheit und Tod

Anhang

Vorwort der Herausgeber

Die Neujahrsnacht in Gstaad 1995 war kalt und klar. Der Himmel über den umliegenden Bergen des Saanenlandes schien ein Stück heller und näher als sonst. Es war jene Nacht als unser Familienoberhaupt zu den Sternen aufbrach und sich der wissenschaftlichen Erforschung der Astrologie verschrieb. Drei Jahre später legte er sein Buch »Die Akte Astrologie« vor, das eine Erfolgsgeschichte wurde.

Wahrscheinlich war er einer der wenigen Menschen, der sich überhaupt auf eine solche Herausforderung hatte einlassen können: offen und selbstbestimmt genug, um sich solch einem Thema zu stellen. Unabhängig und beharrlich genug, um sich nicht wieder davon abbringen zu lassen. Mit seiner unkonventionellen Lebensweise, die wie ein unsichtbares Schwungrad wirkte. Ausgetretene Pfade interessierten ihn nicht. Er wagte sich auf Neuland vor, unterwarf sich keinem Denkzwang und konnte so auch die Astrologie auf neue Weise betrachten: als Mathematiker. Es mag ungewöhnlich klingen, aber für uns passte das Thema genauso gut zu ihm wie er in keine alltägliche Form passen wollte.

Zugleich war er bekennender Perfektionist, der zu Ende brachte, was er begann. Keine halben Sachen, immer hundert Prozent, sich mit Haut und Haaren einer Sache verschreibend, universell interessiert und neugierig auf alles, was kommt. Er hatte die Existenz des Menschen immer als Teil eines großen Ganzen gesehen und oft mit uns von einem höheren Stellwerk gesprochen. Als naturwissenschaftlich denkender Mensch war er über die Astronomie zur Astrologie gekommen. Einen besseren und engagierteren Fürsprecher – da waren wir uns sicher – hätte die Astrologie sich kaum wünschen können.

Trotzdem blieb auch Kritik an seiner Arbeit nicht aus und wir alle erlebten, wie es ihn traf, wenn sie unsachlich oder ungerecht war. Doch er nahm es als zusätzlichen Ansporn, sich nicht beirren zu lassen. Dafür war die Astrologie schon zu lange ein Lebensthema, deren Wirksamkeit und deren Nutzen er für sich entdeckt hatte.

Durch seine Forschung wurde sie zu einem noch intensiveren Teil seines und unseres Lebens. Kaum ein Telefonat, ein Treffen, ein Abendessen, wo wir nicht Neuigkeiten erfuhren oder selbst auf den astrologischen Prüfstand gestellt wurden – um zu zeigen, dass tatsächlich etwas dran ist. Und wir alle, die wir erlebten, wie intensiv und gewissenhaft er das Thema verfolgte, spürten, dass er auf dem richtigen Weg war. Er wollte den Menschen als jemand im Gedächtnis bleiben, der in der Astrologie etwas bewegt hat. Dafür entwickelte er neue Konzepte, schmiedete Allianzen mit namhaften Wissenschaftlern und startete neue Forschungsreihen.

Als er im Mai 2011 von uns ging, war sein großes Projekt noch nicht beendet. Aber er hatte die Weichen für eine Fortsetzung seiner Arbeit gestellt und Menschen gefunden, die sein Werk beenden würden.

Walter Krämer, Kary Mullis, Katharina Schüller, Franz Stark und Markus Gohr nahmen diese Aufgabe an und wir unterstützten sie dabei, so gut wir konnten. Sie vollendeten und ergänzten umfangreiche Auswertungen, trugen Biografisches und Persönliches zusammen, verfassten als Autorengemeinschaft Kommentare und Texte. Ohne ihre Ideen und ihren Sachverstand, ihre professionelle Expertise und ihr

Herzblut wäre die Realisierung dieses Projekts nicht möglich gewesen.

Es war der große Wunsch unseres Vaters, Ehemanns und Vorbilds, sein astrologisches Vermächtnis an die Öffentlichkeit gelangen zu lassen. Seine Ideen fortzuführen, war uns eine Verpflichtung und Ehre zugleich.

Familie Sachs
September 2014

Gunter Sachs – mein astrologisches Vermächtnis

Ich wollte hinter die Mysterien des Lebens schauen und wurde stets von einer großen Neugier getrieben. Eines dieser Mysterien war für mich die Astrologie, die sich im Laufe der Jahre zu einem Lebensthema entwickelte. Ungezählte Generationen glauben seit Jahrtausenden an das Phänomen, ohne je einen wissenschaftlichen Beweis dafür erhalten zu haben. Die alten Weisen besaßen noch nicht die unentbehrlichen Datenmengen von heute und konnten nur rein empirisch ihre Beobachtungen aufzeichnen. Chapeau – für ihre unglaublich zielsicheren Aussagen.

Die Astrologie erscheint vielen Menschen immer noch als riesiges, unverständliches Chaos, das vor der Wirklichkeit keinen Bestand haben kann. Dennoch habe ich mich mit einem kleinen Team vor fünfzehn Jahren aufgemacht, einen Zusammenhang zwischen dem menschlichen Verhalten und dem alten Wissen zu finden. Denn eine Frage sei erlaubt: Was hätte Ihr Urgroßvater vor 150 Jahren gesagt, wenn Sie ihm ein Fußballspiel in Ton und Farbe in einem TV-Schrank erklärt und dabei noch erwähnt hätten, dass Sie gleichzeitig aus dem Wohnzimmer mit einem Kästchen ohne Kabel mit Freunden auf Bora Bora sprechen können?

Er hätte gesagt: »Du bist total verrückt.« Ein Satz, den ich öfter zu hören bekam.

So ganz einfach ist es hierzulande nicht, den Mitmenschen

etwas Neues zugänglich zu machen – sei es, um sie aufzuklären, oder auch nur aus persönlicher Eitelkeit. Der Bäcker soll sich um Brötchen kümmern, Herr Christo darum, wie man den Reichstag verpackt, und ein Gunter Sachs um die schönen Frauen. Auf alle Fälle darf der Bäcker niemals die Idee haben, den Reichstag zu verpacken. Sonst wird er unglaubwürdig.

Staaten geben Geld aus, um den Natronlaugengehalt von Bäckers Brezeln zu überwachen, und für Berechnungen, dass Christos Verpackungsmaterial nicht schwerer als der Reichstag sein dürfe – aber meines Wissens wurden weder Cents noch Kopeken je in eine fundierte Astrologie-Forschung gesteckt. Warum also widmete ausgerechnet ich mich dieser Materie?

In jungen Jahren, bevor ich Brigitte Bardot und die Côte d'Azur kennen lernte, hatte ich mich eingehend mit dem kleinen Einmaleins der höheren Mathematik befasst. Nachdem ich daran genippt hatte, zog ich als homo ludens (playing boy!) oder Hans im Glück weiter durch die Welt, stets neugierig, das Leben und die Liebe zu erforschen. Das habe ich weidlich getan und konnte – was die Liebe betrifft – auch keinen großen Hehl daraus machen.

Durch mein Mathematikstudium hatte ich gelernt, logisch zu denken – ohne je das Emotionale zu vergessen. Über die »großen Ungereimtheiten«, die mir im Leben begegneten, dachte ich manchmal nach, suchte nach einer befriedigenden Antwort. Oft fand ich keine, und das Leben lief munter weiter.

Allerdings ahnte ich, dass es schicksalhafte Fügungen gibt. Das Restaurant, in dem das erste Rendezvous mit meiner späteren Frau Anne Marie stattfand, nannte ich rückblickend »Zum höheren Stellwerk«. Gerade im Verliebtsein dachte ich oft darüber nach, ob alles nur Zufall oder von einer höher geordneten Macht gelenkt sei. Dem blinden Zufall sah ich mich jedenfalls nicht zu Dank verpflichtet, wohl aber einer

Art überirdischer Kraft – die Franzosen nennen sie »force majeur«. Descartes würde jetzt vermutlich lächeln, Goethe würde verstehen.

In einer sternklaren Januarnacht in den Schweizer Bergen plauderte ich mit einem guten Freund über solcherlei Welträtsel und beschloss, wenigstens den Versuch zu unternehmen, die Existenz einer nicht-mythischen Astrologie nachzuweisen. Ich fing an zu denken, zu recherchieren und zu vergleichen. Oft schenkte ich meinen Models zum Geburtstag Horoskope, die mich durch ihre treffenden Charakterbeschreibungen verblüfften. Ich gründete in der Schweiz ein Institut und begann, der Astrologie empirisch auf den Pelz zu rücken und Zahlen statt Horoskope mit Schicksalen zu vergleichen. Die Mathematik hatte mich wieder.

Das Ergebnis der Untersuchungen veröffentlichte ich 1997 in dem Buch »Die Akte Astrologie« und hatte damit – das ist vielleicht die wichtigste Arbeit meines Lebens – mathematisch-statistisch einen Einfluss der Sterne auf unser Verhalten nachgewiesen. Als der Inhalt meiner Untersuchung bekannt wurde, hallte ein Aufschrei durch Deutschland. Während ich durch den Pressewald irrte, konnte ich Belles Gefühle auf dem Weg zu Bête verstehen – hinter den Bäumen lauerten die Experten.

Francis Crick sagte mir zum Trost, des Wissenschaftlers beliebtestes Kreuzworträtsel sei es, neue Theorien zu Fall zu bringen. Dann tröstete ich mich mit dem Schicksal Galileis – bis meine Gedanken zu Goethes Götz schweiften. Sollen sie mich doch, die Unbelehrbaren ... Die erwiesene Theorie lag ja in Buch und Kasten: dass die Astrologie auf messbaren Grundlagen ruhte.

»Und sie bewegt sich doch!«, dachte ich. Das genügte mir einstweilen.

Unter den Lesern der »Akte Astrologie« befand sich auch einer, dem das Buch so gefiel, dass er es spontan auf seiner Webseite empfahl: Kary B. Mullis, Nobelpreisträger für Chemie und einer der bedeutendsten Naturwissenschaftler unserer Tage – der Vater des »genetischen Fingerabdrucks«. Mullis und ich trafen und verstanden uns. Wir entwickelten Ideen und beschlossen 2008, die wissenschaftliche Erforschung der Astrologie mit neuen Untersuchungen voranzutreiben – soweit es die Daten, unser Geist und die technische Machbarkeit erlaubten.

Wir nannten das Projekt »Mustererkennung in der Astrologie« und wollten klären, ob neben den Sternzeichen auch bestimmte Planetenkonstellationen und Planetenwinkel signifikant häufig eine Rolle bei Ehe, Beruf oder Krankheit spielen.

Besonders interessierte uns, wie zuverlässig bekannte astrologische Prinzipien erklärt werden können und ob sogar Vorhersagen möglich sind.

Seit 2010 wurden umfangreiche Berechnungen mit eigens entwickelten Computer-Programmen durchgeführt. Für die statistische Korrektheit der Untersuchungen garantiert Walter Krämer. Mit den neuen Daten konnten ursprüngliche Befunde bestätigt, zum Teil sogar bestärkt werden. Zudem gelang es, den Einwand zu entkräften, die Ergebnisse der »Akte Astrologie« seien eher zufälliger Natur und nicht replizierbar. So wiederholten sich frühere signifikante Ergebnisse mit deutlicher Regelmäßigkeit. Ich spürte, wir betreten das Morgengrauen der Zauberer.

Dies ist das Vermächtnis, das ich hinterlasse. Ich habe mein Leben immer aus der Perspektive der Dankbarkeit gesehen; das Schicksal hat es gut mit mir gemeint – die meisten Dinge, von denen ich träumte, habe ich erlebt und verwirklicht. Daraus leite ich eine Verantwortung ab, den Menschen etwas zurückzugeben.

Wenn ich dieser Welt Adieu sage und mich zu meinen Freunden geselle, die in einer anderen Welt vermutlich Baccara spielen und – wollen wir's hoffen – den Nachzügler dereinst mit erhobenen Kelchen begrüßen, dann wünsche ich mir nur eines: dass ich als ein Mann in Erinnerung bleibe, der in der Astrologieforschung etwas bewegt hat und die Sternenkunde aus dem Halbdunkel der Spekulation ein Stück zurück ins Licht der Wissenschaft geholt hat.

Einleitung – die Vollendung eines geistigen Erbes

Noch immer fasziniert Gunter Sachs eine breite Öffentlichkeit, noch immer hat sein Name große Strahlkraft – auch über den Tod hinaus. Zeitlebens gehörte er zu den meistfotografierten Menschen der medialen Arena. Ein schillernder Paradiesvogel des Jetsets, ein glamouröser Vertreter der internationalen Gesellschaft, umgeben von den schönsten Frauen, gesichtet an den aufregendsten Plätzen rund um den Globus.

Er lunchte mit Coco Chanel und dinierte mit Salvador Dalí, sammelte Andy Warhol und heiratete Brigitte Bardot, war der deutsche Kosmopolit par excellence. Wo er auftauchte, hinterließ er Legenden. Wo er das Dolce Vita genoss, bildeten sich Epizentren der Lebensfreude, von Saint-Tropez über St. Moritz bis Acapulco.

So weit das öffentliche Bild. Weniger bekannt sind die anderen Seiten des Gunter Sachs: der Künstler, der mit kreativer Verve und preußischer Disziplin seine Projekte vorantrieb; der Verantwortungsbewusste, der sich intensiv um Familie und Freunde kümmerte; der Denker und Forscher, der neue Wissensgebiete eroberte. Hatte ein Thema ihn gepackt, ging er der Sache auf den Grund. Leicht machte er es sich dabei nie, erst recht nicht, wenn es sich um seine große Passion, die Astrologie, handelte. Sie wurde im Laufe der Jahre sein wichtigstes Projekt, die Quintessenz seiner Suche nach den verborgenen Geheimnissen hinter der sichtbaren Welt.

Dieses Forscherinteresse mag verwundern. Was erhoffte sich jemand, dem vermeintlich alles in den Schoß fiel, ausgerechnet von der Astrologie? In einer Tagebuchnotiz schrieb Gunter Sachs: »Wenn meine Neugier auf ein reizvolles Ziel trifft, sehe ich mich herausgefordert und würde sogar mit Mephisto feilschen, um es zu erreichen.«

Nachdem seine Neugier für die Astrologie erwacht war, ging er jedoch keinen faustischen Pakt ein, sondern wählte einen anderen Weg: die wissenschaftliche Erforschung des Phänomens. Wohl niemand hatte dies jemals derart systematisch getan. Vermutlich deshalb, weil niemand die nötigen Voraussetzungen dafür erfüllte. Zum einen zeichnete Gunter Sachs die geistige Unabhängigkeit eines Querdenkers aus, der sich einem ungewöhnlichen Thema stellen konnte; zum anderen scheute er nicht die Reaktionen der Öffentlichkeit, die dem Thema Astrologie zumeist mit einiger Skepsis begegnet.

Mit seinem Astrologie-Projekt bewies Gunter Sachs einmal mehr jenen Innovationsgeist, den er schon auf anderen Gebieten gezeigt hatte – sei es als Fotograf, Kunstsammler oder bei seinen Dokumentarfilmen, in denen er Ende der 1960er Jahre erstmals die Extremzeitlupe einsetzte.

Als Gunter Sachs 1997 »Die Akte Astrologie« veröffentlichte, konnte er mit berechtigtem Stolz auf eine Pioniertat verweisen. Erstmals war es gelungen, die Aussagekraft der Astrologie durch die Auswertung einer ungeheuren Fülle amtlichen Zahlenmaterials rechnerisch zu belegen. Dafür hatte Gunter Sachs 1995 eigens ein Institut gegründet, das IMWA. Hinter dem Akronym verbarg sich das »Institut zur empirischen und mathematischen Untersuchung des möglichen Wahrheitsgehaltes der Astrologie in Bezug auf das Verhalten von Menschen und deren Anlagen«. Schon der etwas umständlich gewählte Titel signalisierte: Hier hantierte man nicht mit magischen Pendeln oder glitzernden Kristallkugeln, hier bahnte sich ein beispielloses Projekt an.

Gunter Sachs hatte die Möglichkeit des Computerzeitalters erkannt. Akribisch wurden im IMWA Millionen von Daten gesichtet und statistisch ausgewertet. Die elektronische Erfassung amtlicher Register erlaubte komplizierteste Rechengänge in relativ kurzen Zeiträumen. Auch die notwendigen Gegenproben zur Absicherung der Resultate waren durch den Einsatz von hocheffizienter Hard- und Software in vergleichsweise kurzer Zeit möglich. Methodische Expertise traf auf modernste Technologie – und lieferte beeindruckende Ergebnisse.

Anhand des umfangreichen Datenmaterials konnte Gunter Sachs nachweisen, dass es einen Zusammenhang zwischen den Sternzeichen und dem Verhalten von Menschen gibt. Unterschiedlichste Themen erschienen in neuem Licht – welche Sternzeichen-Kombinationen am häufigsten heiraten, welche Sternzeichen die meisten Autounfälle verursachen oder einen bestimmten Beruf ergreifen und vieles mehr. Das war verblüffend, vor allem aber bedeutete es einen Paradigmenwechsel: Astrologisches Wissen begann sich in exakte Wissenschaft zu verwandeln.

»Die Akte Astrologie« erlebte einen überwältigenden Publikumserfolg. 21 Wochen lang stand das Buch auf der Spiegel-Bestsellerliste und wurde in mehrere Sprachen übersetzt. Doch es gab auch Gegenwind. Obwohl namhafte Statistiker an den Analysen mitgearbeitet hatten, bezweifelten einige Kritiker die Ergebnisse. Journalisten, die nie eine Statistik-Vorlesung besucht hatten, rüsteten auf. Para-Astrologen und Diplom-Mondknoten-Spezialisten bliesen zum Angriff. Ganz gleich, welche selbst ernannten Experten sich lautstark zu Wort meldeten, eines war ihnen gemeinsam: Sie wollten Gunter Sachs als Scharlatan entlarven und sich auf seine Kosten profilieren.

Die Kritik entzündete sich nur zu gern am Klischee des oberflächlichen Lebemanns. Man unterstellte Gunter Sachs einen dilettantischen Umgang mit dem Datenmaterial, weil man ihm ein seriöses Forschungsprojekt einfach nicht zutraute. Das enttäuschte und verletzte ihn zutiefst.

»Hierzulande muss der Bäcker Brötchen backen und der Schuster schustern, darf sich aber nicht als Elektriker versuchen«, schrieb er enerviert in einem Brief. »Und ein Playboy soll seinen Iso Grifo täglich mit anderen Blondinen bestücken – darf aber keinen Dreisatz lösen können.«

Sein Sarkasmus war begründet. Kaum ein Kritiker machte sich die Mühe, auf die fundierte statistische Methodik des Buches einzugehen. Sehr viel bequemer war es natürlich, dem Autor von vornherein die wissenschaftliche Satisfaktionsfähigkeit abzusprechen.

Trotz der kontroversen Debatte verkaufte sich das Buch weiterhin bestens. Vielleicht deshalb, wie Gunter Sachs augenzwinkernd mutmaßte, weil die Leser wissen wollten, bei welcher Sternenkonstellation Brigitte Bardot badete. Unversehens war sein Projekt in den Untiefen des Boulevards gestrandet. Er fühlte sich verkannt, zuweilen auch diffamiert. Mit dem Playboy-Image hatte er seinen Frieden gemacht. Dass man ihm jedoch methodische Schludrigkeit vorwarf, wollte er nicht auf sich sitzen lassen.

Die angesehene Meinungsforscherin Elisabeth Noelle-Neumann, die zur »Akte Astrologie« eine hundertseitige Studie beigetragen hatte, riet ihm, unabhängige, renommierte Statistiker um eine Expertise zu bitten. Gunter Sachs folgte diesem Rat. Er legte den beiden Grundlagenforschern Jürgen Chlumsky und Manfred Ehling vom Bundesamt für Statistik sowohl das Buch als auch die Kritiken vor.

Die Herren zeigten sich erstaunt über die wissenschaftliche Genauigkeit der »Akte Astrologie«. Mit deutlichen Worten lasen sie den Kritikern die Leviten: »Bei der Lektüre der uns vorliegenden Rezensionen oder kritischen Stellungnahmen fiel uns einerseits eine nur als unfair zu bezeichnende Polemik auf, andererseits ein recht sorgloser Umgang mit den Fakten.« Weiter heißt es: »Aus statistischer Sicht weist ›Die Akte Astrologie‹ keinen der gravierenden Mängel auf, die Kritiker dem Buch nachsagen.«[1]

Das allein war schon ein Schlag ins Gesicht voreingenommener Rezensenten. Doch die Gutachter gingen noch einen Schritt weiter. Ihre Aussage lautete: »Nach den Analysen von Gunter Sachs ist anzunehmen, dass mit den Sternzeichen zusammenhängende Merkmale einen Einfluss auf den Menschen ausüben, der nicht nur durch den Zufall erklärbar ist.«[2]

Diese Feststellung kam einem akademischen Ritterschlag gleich.

Eigentlich war der Kritik damit der Wind aus den Segeln genommen. Aber einige Medien ignorierten weiterhin die Rehabilitierung von höchster Stelle, denn auch in diesem Falle galt offenbar die alte journalistische Regel: Nur schlechte Nachrichten sind gute Nachrichten.

Die anhaltende Debatte ließ Gunter Sachs keine Ruhe. Obwohl er sein Projekt mit dem Erscheinen der »Akte Astrologie« hatte beenden wollen, beschloss er, ein zweites Buch zum Thema in Angriff zu nehmen. Mit neuen Forschungsergebnissen und weit eindringlicher noch wollte er zeigen, dass astrologische Konstellationen jenseits von Horoskopdeutungen und Vorhersagen messbare Auswirkungen haben. Im Schulterschluss mit internationalen Koryphäen wie dem Nobelpreisträger Kary Mullis wertete sein Institut weitere gewaltige Datenmengen aus und erarbeitete neue Themenfelder. Aus Erfahrung klug geworden, holte Gunter Sachs bereits im Vorfeld des zweiten Astrologie-Buches eine zusätzliche Expertise über seine früheren Arbeiten ein. Im Jahr 2008 präsentierte er seine Untersuchungen Walter Krämer, Professor für Wirtschafts- und Sozialstatistik an der Technischen Universität Dortmund. Insgesamt ließ er 14 Auswertungen begutachten, deren Ergebnisse 14-mal nacheinander signifikant, meist sogar hoch signifikant gewesen waren.

Walter Krämer kam zu folgendem Schluss: »Die Wahrscheinlichkeit, dass so etwas in 14 Experimenten 14-mal rein durch Zufall eintritt, ist ungefähr 1:1Trillion x 1Trillion. Sollte wirklich kein Zusammenhang zwischen Geburtszeitpunkt und Persönlichkeitsmerkmalen bestehen, wären wir hier Zeugen eines Ereignisses, das ganz extrem unwahrscheinlich ist. Der Zufall kommt als Verursacher nicht in Frage, es muss System dahinterstecken.«[3] Eindeutiger konnte das Urteil kaum ausfallen.

Der Ansatz von Gunter Sachs überzeugte Walter Krämer dermaßen, dass er anbot, ausgewählte astrologische Hypothesen mit konkreten Daten zu testen. Im Zeitraum von 2010 bis 2013 wurden vier solcher Studien erfolgreich abgeschlossen. Nach langen Jahren der Abstinenz war die Astrologie wieder Gegenstand akademischer Forschung geworden, wofür die Arbeit von Gunter Sachs die methodische Grundlage geschaffen hat.

So schien dem zweiten Astrologie-Buch nichts mehr im Wege zu stehen. Doch es kam anders. Am 6. Mai 2011 setzte Gunter Sachs seinem Leben von eigener Hand ein Ende. Nach seinem Tod, so hatte er es verfügt, sollten seine Familie, Weggefährten und Mitarbeiter sein Lebensprojekt weiterführen. Der statistische Nachweis der Gültigkeit astrologischer Aussagen war sein großes Anliegen gewesen, deshalb sollte es an die Öffentlichkeit gelangen.

Sein Forscherteam vollendete, was sonst ein Torso geblieben wäre. Einen bedeutenden Teil des Manuskripts hatte Gunter Sachs selbst entworfen und lanciert, nun wurde Fehlendes ergänzt und der Bogen geschlossen. Danach stellte sich die Frage, in welcher Form man die neuen Ergebnisse präsentieren könnte. Es lag auf der Hand, dass eine bloße Fortsetzung der »Akte Astrologie« Gunter Sachs nicht gerecht werden würde.

Die Basisarbeit war getan, jetzt sollte das Thema umfassender dargestellt werden. Eine reine Faktensammlung wäre nicht in seinem Sinne gewesen. Sein oft geäußerter Wunsch und zugleich seine Hoffnung waren es, dass man ihn als Vorreiter einer wissenschaftlichen Astrologieforschung im Gedächtnis behalten würde.

Rasch waren sich alle Beteiligten gemeinsam mit der Familie Sachs einig: Ein Buch mit dem astrologischen Vermächtnis von Gunter Sachs hat nur dann einen Sinn, wenn es zugleich die Würdigung seines Lebenswerks ist. Zusätzlich zu neuen Auswertungen sollte auch die astrologische Lebenserfahrung von Gunter Sachs anschaulich werden. Über einen zweiten Grundsatz herrschte ebenfalls Einigkeit: Der Schlüssel zum Verständnis dieses einzigartigen Forschungsprojekts war Gunter Sachs selbst.

Er lebte die Astrologie, weil er sich aufgrund der statistischen Untersuchungen wie auch persönlich von ihrem Wahrheitsgehalt überzeugt hatte. Immer wieder hatte er erlebt, wie präzise diese Form der Sternenkunde seine eigenen Erfahrungen widerspiegelte.

Seine Faszination für die Treffsicherheit der Astrologie war von Jahr zu Jahr gewachsen. Das ist alles andere als selbstverständlich. Als rational denkender Mensch, der Mathematik und Wirtschaftswissenschaft studiert hatte, hegte er eine gesunde Skepsis gegenüber esoterischen Theorien. Für bloße Spekulation war Gunter Sachs nicht zu haben.

Wenig bekannt ist jedoch bisher, dass seine Überzeugung von der Wirksamkeit astrologischer Gesetze viel aus eigenen Beobachtungen herrührte. Es gab also eine Vorgeschichte zur »Akte Astrologie«.

Lange, bevor er die statistisch untermauerten Fakten vorlegen konnte, hatte er festgestellt, dass die Astrologie ihm ganz konkret half, sich selbst und andere besser zu verstehen. Für ihn war die Astrologie keine graue Theorie, sondern eine Chance, das Leben in all seinen farbigen Facetten zu durchdringen.

Diese Haltung möchte das vorliegende Buch vermitteln. Es präsentiert nicht nur neue Ergebnisse, die ohne den energischen Forscherdrang von Gunter Sachs niemals entstanden wären. Zugleich widmet sich dieses Buch dem bisher unbekannten homo astrologicus Gunter Sachs. Es würdigt einen Mann, der ungewöhnliche Wege ging, weil er um den großen Nutzen der Astrologie wusste.

Als Erbe eines großen Unternehmens führte er ein materiell sorgenfreies Leben. Dennoch trieben ihn die gleichen Fragen und Themen um, die jeden von uns beschäftigen: Was ist meine Aufgabe in dieser Welt? Was bedeutet Glück? Wie erkenne ich Gleichgesinnte? Wie lassen sich die richtigen Weichen stellen, um Konflikte zu vermeiden? Welche Menschen verstehen mich und wissen mich so zu nehmen, wie ich wirklich bin? Was bedeutet der Tod?

Diese existenziellen Fragen waren eine wichtige Triebfeder seiner astrologischen Pionierarbeit. Gunter Sachs hatte etwas zu teilen und mitzuteilen – das tiefere Verständnis für den Sinn einer immer komplexeren Wirklichkeit, die wirksamen Prinzipien verborgen wirkender Kräfte. Vor allem aber wollte er das Geheimnis menschlicher Beziehungen entschlüsseln: Sein Interesse für die Astrologie entsprang vorrangig seinem Interesse an Menschen.

»Als seine wichtigste Aufgabe betrachtete er es, für andere da zu sein«, sagt seine Frau Mirja Sachs. »Er wollte immer anderen Freude bereiten und unterstützte jeden, der seine Hilfe brauchte. Nicht nur materiell – viel wichtiger war es ihm, als Freund persönlich präsent zu sein.« Jeder, der Gunter Sachs näher kannte, erlebte ihn als einen verlässlichen Vertrauten und zugewandten Gesprächspartner. Sein enger Mitarbeiter Markus Gohr nennt ihn einen »Menschenfreund und

Menschensammler«, wie auch ein »wandelndes Meinungsforschungsinstitut in eigener Mission« – immer neugierig, immer interessiert, immer offen für Begegnungen.

Einen hohen Stellenwert in seinem Selbstverständnis hatte der Begriff der Herzensbildung. Im Grunde ging es ihm bereits um emotionale Intelligenz, bevor dieser Begriff überhaupt erfunden wurde. Aufrichtigkeit, Respekt, Loyalität und Empathie hatten für ihn höchste Priorität. Mittlerweile gelten diese Eigenschaften als entscheidende soziale Kompetenzen, sei es im privaten oder beruflichen Bereich. Sie sind jedoch nicht so einfach zu erlernen wie französische Vokabeln oder das Einmaleins. Weder die Schule noch die Universität hält das Rüstzeug dafür bereit. Kein Psychologiestudium, keine Vorlesung über Verhaltensbiologie kann uns lehren, wie wir achtsam miteinander umgehen.

Auf seine intuitiv hellsichtige Weise entdeckte Gunter Sachs, dass die Astrologie ein hervorragender Kompass für gelingende Beziehungen sein kann. Anhand der Sternzeichen schulte er neben seiner Urteilskraft auch sein Einfühlungsvermögen. Des Öfteren ließ er Horoskope für Freunde anfertigen und diskutierte anschließend mit ihnen darüber. Selbst jene, die anfangs zurückhaltend reagierten, erkannten bald die besondere Qualität dieser Annäherung. Marion Bierling, eine langjährige Mitarbeiterin von Gunter Sachs, bringt es auf den Punkt: »Seine Freunde spürten, dass diese Horoskope zwar der Einschätzung ihrer Persönlichkeit dienten, vor allem aber ein Zeichen der Wertschätzung waren.«

Gunter Sachs gab sich nicht mit Oberflächen zufrieden. Die Astrologie schärfte seine Aufmerksamkeit für andere. Wenn er jemanden kennen lernte, kam das Gespräch schnell auf das Sternzeichen seines Gegenübers. Mit einem wichtigen Effekt, wie sein Sohn Rolf beobachtet hat: »Er hielt sich nicht mit Äußerlichkeiten auf.« Statt des üblichen Smalltalks habe sich ein substanzieller Austausch ergeben. »Vor allem lernte ich durch ihn, wie man mit seinen Mitmenschen umgeht, auch, dass man eine Verantwortung für sie trägt«, erinnert er sich.

Dabei ging es seinem Vater vorrangig um das, was man als die Chemie bezeichnet, nicht um Schönheit, Erotik oder Macht. Jeder kennt die glückhafte Erfahrung, dass die Chemie manchmal einfach stimmt. Warum das so ist, kann man meist nicht erklären. Warum fühlen wir uns spontan zu jemandem hingezogen? Warum verstehen wir uns mit manchen Menschen fast ohne Worte, schwimmen mit ihnen auf der berühmten gemeinsamen Wellenlänge? Und warum finden wir keinen Zugang zu anderen?

Die Antwort auf diese Frage kristallisierte sich für Gunter Sachs immer deutlicher heraus: Offenbar gibt es zwischen bestimmten Sternzeichen eine besondere Verbindung. Sie passen einfach gut zusammen – als Liebespaar, als Freunde oder Kollegen.

Persönlich harmonierte er besonders gut mit Fische-Frauen. Eine sich selbst erfüllende Prophezeiung? Keineswegs. Im Jahr 2000 saß er beim Oktoberfest im Armbrustschützenzelt am Tisch mit Freunden und einigen gutgelaunten Frauen, die er bei verschiedenen Anlässen kennen gelernt hatte: Mitarbeiterinnen, Models, Freundinnen der Familie. Auch bei dieser Gelegenheit kam er bald auf das Thema Sternzeichen zu sprechen – und stellte fest, dass alle sieben anwesenden Frauen das Sternzeichen Fische hatten.

Eine hübsche Anekdote? Vielleicht. Zufall ausgeschlossen? Für Gunter Sachs ganz ohne Zweifel. Und zugleich eine Bestätigung mehr, dass es eine intuitive Anziehungskraft zwischen ihm und den Fische-Frauen gab.

Die astrologische Leidenschaft war für Gunter Sachs jedoch weit mehr als ein Gedankenspiel. Er betrachtete sie als eine Handreichung der Lebenskunst. Sympathie, Freundschaft und Liebe, so seine Beobachtung, entstehen vor allem zwischen kompatiblen Sternzeichen. Konflikte und Unstimmigkeiten führte er dementsprechend auf inkompatible Konstellationen zurück. Damit hatte er zwar keine Patentrezepte in der Hand, aber aufschlussreiche Hinweise auf die Ursachen.

Diese helfende Perspektive der Astrologie war Gunter Sachs sehr wichtig. Mit der Sternzeichenkunde konnte er die Menschen besser erkennen und anerkennen, weil sie ihm eine zusätzliche Reflexionsebene bot. Nicht zuletzt verhalf ihm das astrologische Hintergrundwissen zu größerer Toleranz. Um es mit den Worten der französischen Schriftstellerin Madame de Staël auszudrücken: »Tout comprendre, c'est tout pardonner« – »alles verstehen, heißt alles verzeihen.«

Gunter Sachs wusste aus eigener Erfahrung: Wenn man die Eigenarten des Gegenübers astrologisch zu sehen lernt, löst man sich leichter aus dem Teufelskreis von Vorwürfen und Schuldzuweisungen. Im besten Falle lernt man, die Stärken des anderen zu schätzen und seine Schwächen zu akzeptieren. Genauso tat er es. Über Defizite konnte er großzügig hinwegschauen. Stattdessen fokussierte er die positiven Eigenschaften und betrachtete die negativen als verzeihliche Mitgift des jeweiligen Sternzeichens. Sein Lebensmotto »vivre et laisser vivre – leben und leben lassen« war Teil dieser Erkenntnis.

Astrologie als Training für soziale Kompetenz? Auf den ersten Blick mag das verwundern. Für Gunter Sachs war es eine Form der Annäherung an Menschen, die sich immer wieder bewährte. Dieser bisher unbekannte Aspekt verleiht seiner Forschungsarbeit eine neue Dimension und macht dieses Buch – über den statistisch belegten Wahrheitsgehalt der Astrologie hinaus – zu einer faszinierenden Lektüre.

»Anfangs war er keineswegs felsenfest von der Astrologie überzeugt«, erzählt sein Sohn Gunnar Sachs. »Doch er erkannte, dass sie für ihn wertvoll war. Sie half ihm, stabile

Beziehungen zu anderen aufzubauen. Das war sicherlich ein entscheidender Beweggrund für seine wissenschaftliche Erforschung der Astrologie.«

Viele Themen dieses Buches entstammen der persönlichen Erfahrungswelt von Gunter Sachs: Beruf und Berufung, Liebe und Ehe, Krankheit und Tod. Er war sicher, dass wir unser Leben besser verstehen und meistern können, wenn wir diese elementaren Themen auch aus der astrologischen Perspektive betrachten.

Umso wichtiger war es ihm, Wahrheit und Mythos trennscharf voneinander zu unterscheiden. Er wollte nur jenen Bereich der Astrologie dokumentieren, der sich mit größtmöglicher statistischer Sicherheit nachweisen ließ. Dank Gunter Sachs ist dieser Bereich inzwischen fast so bekannt wie die Energie von Elektronen, die im Atom kreisen.

Statistiker sind die sorgfältigsten Beobachter, die man für die Überprüfung astrologischer Behauptungen engagieren kann. Dieser Tatsache wird gern der populäre Allgemeinplatz entgegengehalten, dass Statistiken lügen. Wer wolle, könne damit alles oder nichts beweisen. Für objektiv gesammelte und ausgewertete Daten gilt das keineswegs. Wenn man tausendmal eine Münze wirft und 900-mal die »Kopf«-Seite nach oben zeigt, dann stimmt etwas nicht mit der Münze – beziehungsweise es stimmt etwas nicht mit der Vermutung, dass die Verteilung zwischen »Kopf« und »Zahl« ungefähr gleich sein muss.

Ähnlich verhält es sich mit der Rolle des Zufalls bei der Auswertung von Daten. Wenn das menschliche Verhalten – abhängig von der astrologischen Disposition – wiederholt signifikante Abweichungen vom Durchschnitt zeigt, kann es sich nicht um Zufälle handeln.

Oder, um ein konkretes Beispiel zu nennen: Wenn sich über Jahre deutlich weniger Widder für ein Studium entscheiden, aber deutlich mehr Stiere die Universität besuchen, so liegt die Schlussfolgerung nahe, dass sie unterschiedliche Präferenzen bei der Berufswahl haben. Damit sprechen objektive empirische Ergebnisse und nicht mehr nur Einzelfälle für die Astrologie. Mit der Konsequenz, dass die Astrologie aus dem Dunkel der Spekulation ins Licht der exakten Wissenschaft rückt.

Diese Erkenntnis ist seine vorrangige Hinterlassenschaft an die Welt. »Die Astrologie war für ihn ein Thema, mit dem er etwas Bleibendes erschaffen konnte«, urteilt sein Sohn Rolf Sachs heute. »Er wollte eine Spur hinterlassen. Manche Leute bauen ein Museum oder setzen sich auf andere Weise ein Denkmal; er hatte das Bedürfnis, der Nachwelt durch den Beweis für die Aussagekraft der Astrologie in Erinnerung zu bleiben.«

Diese Einschätzung teilt auch Gunnar Sachs: »Durch seine Forschungsarbeit begann er, etwas zu präzisieren, was niemand zuvor in dieser Weise getan hatte. Er war unglaublich stolz darauf und wollte der Welt mitteilen, dass es noch eine andere Wahrheit gibt.«

Alle, die an diesem Buch mitgearbeitet haben, waren sich der Verantwortung bewusst, neben den neuen Fakten ein authentisches Bild von Gunter Sachs zu zeichnen. Es ging darum, seinem astrologischen Vermächtnis gerecht zu werden, um sein geistiges Erbe. Dieses lag jedoch nicht einfach vor, es musste erschlossen werden. Oder, wie es Goethe formulierte: »Was du ererbt von deinen Vätern, erwirb es, um es zu besitzen.«

Der Goethe'sche Imperativ wurde zum Motto der Autorengemeinschaft, die dieses Buch im Geiste von Gunter Sachs vollendete. Äußerst wertvoll war die Bereitschaft der Familie Sachs, daran mitzuwirken. Gunter Sachs' Frau Mirja sowie seine Söhne Rolf und Gunnar sprachen ausführlich über die astrologische Passion des Ehemanns und Vaters, hielten bewegende Momentaufnahmen fest. Manches Vorurteil kann auf diese Weise revidiert werden, manch neue Einschätzung komplettiert das Bild von Gunter Sachs. Dafür gebührt der Familie großer Dank.

Ein weiterer Dank geht an die ehemaligen persönlichen Mitarbeiter Martha Kundert und Marion Bierling. Auch sie erklärten sich bereit, Einblicke in das astrologische Denken von Gunter Sachs zu geben. Ihre Erfahrungen ergänzen die neuen Untersuchungen um aufschlussreiche persönliche Details. Wesenszüge und Gefühlslagen werden deutlich, auch das, was der Mensch Gunter Sachs bei wichtigen Weggabelungen seines Lebens empfand, was ihn antrieb und bewegte.

Anschließend mussten alle Fäden zu einem Gewebe zusammengefügt werden. Für die geistigen »Testamentsvollstrecker« stand im Vordergrund, die Gedanken von Gunter Sachs für die Nachwelt festzuhalten. Alles, was im Weiteren folgt, basiert auf Texten und Ideen von Gunter Sachs sowie auf den zahlreichen Diskussionen und Gesprächen mit ihm. Das Forschungsprojekt, dessen Ergebnisse hier vorgestellt werden, hat er zu seinen Lebzeiten angeregt, gefördert und durch seine Unterstützung erst möglich gemacht.

Dieses Buch ist die Frucht vieler Jahre harter Arbeit. Zugleich ist es das Abschiedsgeschenk an einen langjährigen Freund und Wegbegleiter. Als Spiritus Rector war Gunter Sachs bei der Fertigstellung dieses Buches stets präsent. Seine Energie, seine Zielstrebigkeit und sein Erfindungsgeist haben alle Beteiligten über seinen Tod hinaus beflügelt. Entstanden ist ein Tribut an einen vorbildlichen Forscher und Wissenschaftler, vor allem aber eine Hommage an den großartigen Menschen Gunter Sachs.

1 Der Weg zur Astrologie

Vom Interesse zur Passion – wie Gunter Sachs die Astrologie entdeckte

> »Ich habe einmal versucht, das Glück beziehungsweise das Glücklichsein zu analysieren und zu messen. Dazu gab ich ihm sogar eine Maßeinheit mit einer Skala von 1 bis 100 Glü und sprach mit einigen klugen Köpfen über die verschiedenen Spielarten des Glücks.«

Seit mindestens zwei Millionen Jahren leben, lieben und leiden Menschen auf unserem Planeten. Manchmal werden sie glücklich, ohne zu wissen, warum. Andere trifft aus heiterem Himmel ein ungnädiges Schicksal. Manchmal ist der Weg zum gefühlten Glück auch ausgesprochen langwierig – falls man denn je das Ziel erreicht. Wer wünschte sich da nicht, eine Abkürzung zu kennen? Gunter Sachs gehörte zu den Menschen, die sich intensiv mit dieser Frage befasst haben, und es lag ihm viel daran, seine Erkenntnisse zu veröffentlichen – weil er herausgefunden hatte, dass die Astrologie dafür viel Hilfreiches bieten kann.

Auf seiner Suche musste er allerdings auch erfahren, dass das »höhere Stellwerk«, wie er es nannte, die Weichen nicht nur für glückliche Verbindungen und Erlebnisse stellte. So sorglos sein Leben von außen erschien – neben strahlenden

Höhen durchlebte er viele schmerzhafte Tiefpunkte. Mehr als einmal stürzte seine vertraut gewordene Welt in sich zusammen.

Am empfindlichsten traf ihn, dass er geliebte Menschen durch einen frühzeitigen Tod verlor. Seine erste Frau starb durch einen Narkosefehler. Ein schrecklicher Unfall, der ihn fassungslos machte. Sein Vater erschoss sich, vermutlich, weil er unter Depressionen litt. Sein Bruder Ernst Wilhelm kam bei einem Lawinenunglück ums Leben. Einige seiner Freunde fanden den Tod durch Autounfälle.

Solche tragischen Erlebnisse prägen einen Menschen ebenso wie die glücklichen Fügungen. Sie werfen aber auch Fragen auf: Sind das zufällige Ereignisse? Oder existiert vielleicht eine verborgene Struktur hinter dem nicht Fassbaren? Und wenn das so wäre, haben wir dann einen Einfluss darauf?

Im Laufe seines Lebens hat sich Gunter Sachs mehrfach mit Astrologen über Themen wie Bestimmung und Entscheidungsfreiheit unterhalten. Er wollte wissen, wie viel Spielraum existiert und ob wir das Ruder herumreißen können, wenn eine astrologische Prognose auf Negatives hindeutet.

Die Antworten sollten ihm helfen, schwierige Situationen besser einzuordnen, Menschen in ihrer Einzigartigkeit zu verstehen und seinen eigenen Weg zu gehen. Aber warum ausgerechnet mithilfe der Astrologie?

Als er am 14. November 1932 geboren wurde, als Sohn des Unternehmers Willy Sachs und seiner Frau Elinor von Opel aus der gleichnamigen Autodynastie, erblickte ein Skorpion das Licht der Welt. Eine Tatsache, die für seine Mutter von Bedeutung war. In den Kreisen der damaligen Gesellschaft war es nämlich durchaus üblich, ein Geburtshoroskop zu erstellen, deshalb wandte sie sich an Elsbeth Ebertin, seinerzeit eine berühmte Astrologin.

Es sollte das erste einer Reihe von Horoskopen sein, die Gunter Sachs später selbst in Auftrag gab. Dazu trieb ihn zunächst Neugier an, dann Faszination, schließlich erwachte ein Forscherinteresse.

Oft erntete er nur Kopfschütteln. Wie passte das zusammen – der logisch denkende Mathematiker und die Astrologie? Warum beschäftigte sich ein Mann mit seinen Möglichkeiten mit einem Weltbild, das, so schien es jedenfalls, auf den tönernen Füßen spekulativen Wissens stand?

Es waren zwei Erlebnisse, die Gunter Sachs' Aufmerksamkeit auf die Sternenkunde lenkten – mit einer großartigen Pointe:

Sein erstes Schlüsselerlebnis hatte er ausgerechnet, als er einem Bekannten die Sinnlosigkeit der Astrologie vor Augen führen wollte.

Für diese Demonstration nahm er Anfang der 1970er Jahre Kontakt mit dem berühmten Astrologen Francesco Waldner in Rom auf. Per Brief ließ Gunter Sachs ihm Daten von drei seiner Freunde übermitteln und bat um Charakterbeschreibungen. Es waren Blindhoroskope. Die Identität des Trios gab er nicht preis, das gehörte zum Test. Waldner sollte allein aus den Geburtsdaten auf Charakter, Neigungen und Talente schließen.

Gunter Sachs war sicher, dass er nichts als haarsträubenden Humbug zu lesen bekäme. Zu seiner größten Verblüffung hielt er jedoch wenig später drei Charakterstudien in Händen, die mitten ins Schwarze trafen. Bereits das gab ihm zu denken. Doch ein weiteres Schlüsselerlebnis sollte folgen.

Als er 1975 Dreiviertel seiner Anteile am väterlichen Unternehmen Fichtel & Sachs veräußern wollte, ließ er ein weiteres Mal Francesco Waldner kontaktieren. Dessen Prognose lautete: Ein Mensch aus Schweinfurt werde das Geschäft stören. Es bestehe aber kein Anlass zur Sorge, am Ende winke ein Gewinn – sogar weit höher als erwartet.

Verständlicherweise bereitete Gunter Sachs der erste Teil der Vorhersage einiges Kopfzerbrechen. In Gedanken ging er sämtliche Mitglieder des Vorstands und des Aufsichtsrats von Fichtel & Sachs in Schweinfurt durch. Vergebens. Er konnte niemanden entdecken, der intervenieren würde.

Zunächst schien alles problemlos abzulaufen. 1976 unterzeichnete er einen Kaufvertrag mit dem britischen Maschinenbaukonzern GKN in London. Hatte der berühmte Astrologe sich geirrt? Es schien so. Bis wenig später das Bundeskartellamt Gunter Sachs einen Strich durch die Rechnung machte: Die wirtschaftliche Dimension des Verkaufs hätte dazu geführt, dass ein marktbeherrschender Konzern entstanden wäre.

Bemerkenswert am Veto der damals in Berlin ansässigen Behörde war eine aparte Fußnote: Der Referatsleiter, der den Verkauf vereitelte, kam gebürtig aus Schweinfurt.

Damit bestätigte sich Waldners Prognose. Gunter Sachs war noch tiefer beeindruckt. Auch der lukrative Ausgang dieser Geschichte ließ, wie vorhergesagt, nicht lange auf sich warten. Nach dem Einspruch der deutschen Wettbewerbsbehörde musste neu verhandelt werden, mit dem Ergebnis, dass er seine Anteile nicht im geplanten Umfang an GKN verkaufen durfte. Die übrigen bot er einige Zeit später der Salzgitter AG an. Dies erwies sich als glänzendes Geschäft. Das bundeseigene Unternehmen zahlte geschätzte 75 Millionen Mark mehr für die Anteile, als der britische Konzern geboten hatte.

Zweimal hatte der Astrologe Recht behalten. Zwei denkwürdige Erlebnisse, zwei mentale Provokationen für einen rational denkenden Menschen wie Gunter Sachs. Was er erlebt hatte, waren jedoch Tatsachen: die Übereinstimmung von astrologischer Prognose und Realität.

Andere hätten diese Erfahrungen vielleicht schulterzuckend ad acta gelegt. Doch bei ihm wurde sein Forschergeist geweckt. Auch wenn Gunter Sachs nach wie vor skeptisch an die Sache heranging, wollte er doch mehr und vor allem Verlässliches über die Aussagekraft der Astrologie wissen.

Zunächst verfiel er auf die Idee, die astrologische Aussagekraft anhand eines weiteren Blindhoroskops zu untersuchen. Diesmal sollte es um ihn selbst gehen. Er hatte von dem Zürcher Astrologen Michael Vescoli gehört, dem ein hervorragender Ruf vorauseilte. In einer Schweizer Fernsehsendung erstellte er Horoskope berühmter Persönlichkeiten, ohne diese zu kennen. Eine Art astrologisches »Was bin ich?«

Als die Redaktion Gunter Sachs 1976 offiziell zu einer Sendung einlud, schickte er anonym sein Geburtsdatum und die genaue Uhrzeit an die Redaktion des Senders. Da der Ort seiner Geburt, das Schloss Mainberg in Franken, zu auffällig gewesen wäre, gab er als Geburtsort Würzburg an, das geografisch im selben astrologisch relevanten Sektor liegt.

Das Horoskop vom 30. September 1976, das einige Zeit später im Fernsehen vorgestellt wurde, ließ ihn ungläubig staunen. Darin fand er nicht nur eine zutreffende Analyse seines Charakters; die Blinddiagnose benannte darüber hinaus Details, die auf nahezu hellsichtige Weise persönliche, auch neuralgische Lebensthemen berührten.

> »Dieser Mann gewinnt die Sympathie seiner Mitmenschen sowohl durch sein Aussehen, Benehmen und Auftreten wie durch seine ausgewogene Sprache«,

beginnt Michael Vescoli seine Ausführungen. Das klang nach charmanten Floskeln und in jedem Fall schmeichelhaft. Wer würde sich nicht gern in diesem Satz wiederfinden? Doch es war das, was ihm auch sein Umfeld widerspiegelte.

»Der erste Eindruck war eine große Überraschung für mich«, erzählt Mirja Sachs, »denn ich erlebte ihn so ganz

Blindhoroskop Gunter Sachs, 1976 (Faksimile)

"Blinddiagnose" Geburt 14.11.32.Würzburg o4.Uhroo MEZ männlich

Dieser Mann gewinnt dieSympathie seiner Mitmenschen sowohl durch sein Aussehen,Benehmen und Auftreten wie durch seine ausgewogene Sprache.Ein wichtiges Leitbild im seinem Leben lässt sich auf den direkten oder indirekten Einfluss der Mutter zurückführen.Die damit in Zusammenhang stehenden emotionellen Spannungen liefern die Motive für das berufliche Streben,die immer neuen Ziele.
Er packt alles sehr methodisch an,ist ein guter Stratege,der ihm gesetzte Aufgaben mit Fleiss und Präzision bewältigt.Erstaunlich ist bei ihm,dass er dem Detail so viel Beachtung schenken kann ohne den Blick fürs Ganze zu verlieren.Was immer er tut,er denkt und sinnt darüber nach.So ist er ein optimaler Verwerter jeder Erfahrung.Dabei scheint er sein Interesse gerne auch auf Bereiche zu richten,die nicht allgemein anerkannt sind.Je nach menschlichem Niveau und ererbter Intelligenz mag er damit Breitenwirkung erzielen,dāā sich für die Gemeinschaft sehr wertvoll erweist.

Er reagiert empfindlich auf Leute,die ihn oder die Sache,die er vertritt nicht anerkennen wollen.Geltungs- und Anerkennungsprobleme schlagen ihm auf die Magen und Darmnerven,so sorgt er mit manchmal hypochondrischer Disziplin für Gesundheit und pflegt sich wie der gestiefelte Kater.

In die Zeit von Oktober 1956 bis September 1958 fallen schicksalshafte Ereignisse in Zusammenhang mit Mutter,Frau und beruflichen Zielsetzungen.Es war eine Zeit extremer Veränderungen mit gesteigertem oder uebersteigertem Gefühlsreaktionen.
Dieses Jahr(76)und auch nächstes und uebernächstes bleibt ihm fast nichts anderes übrig,als sich mit seinen Zielen zu identifizieren, er sollte aufpassen,dass sie ihm nicht über den Kopf wachsen(besonders wenn er von kleiner Statur ist = Witz!)Jetzt bricht aus ihm hervor, was in ihm in der Tiefe steckt.Wenn er lokal bekannt war,dann wird er jetzt landesbekannt,wenn er landesbekannt war,wird er jetzt weit über seine Grenzen hinaus bekannt.Jedenfalls wirken kollektive Kräfte stark auf ihn ein und/oder er wirkt stark auf die Massen.Da ich keine Ahnung von seinem biologischen Erbgut,von seinem Bildungsniveau und vom Grade seiner psychologischen Entwicklung habe,kann ich keine konkreteren Angaben machen.

Zürich,den 3o.9.76.

anders, als ich erwartet hatte: ein hochsensibler, charmanter, liebenswürdiger und sanfter Mann.«

Rolf Sachs ergänzt: »Wenn ich mich an meinen Vater erinnere, dann habe ich das Bild eines Mannes vor Augen, der sehr energisch und strahlend im Leben steht.«

»Er konnte Menschen sofort für sich einnehmen«, sagt Markus Gohr, ein langjähriger enger Mitarbeiter.

Vescolis Hinweis auf das »Benehmen« könnte man fast überlesen. Für Gunter Sachs war es jedoch ein wichtiges Stichwort, weil er sein Leben lang größten Wert auf gepflegte Umgangsformen legte. Das war kein Synonym für steife Etikette. Vielmehr hatte er ein Faible für etwas, was sich nicht andressieren lässt: Stil. Und den, so Gunter Sachs, könne man meist schon an Kleinigkeiten erkennen: »Wie der Mann einen Pfirsich zuhause isst, entspricht seinem Wesen, seine Essmanieren im Restaurant spiegeln nur seine Erziehung.«

Stil empfand er als einen Charakterzug, als innere Kultiviertheit, die weit über Förmlichkeiten hinausgeht, sie sogar überschreiten darf. Gunter Sachs konnte in einem weit aufgeknöpften Oberhemd stilvoll wirken – weil die innere Haltung stimmte. An eine bezeichnende Szene erinnert sich sein Sohn Rolf:

»Einmal besuchte er mich von St. Moritz aus in Valbella, wo ich bei meiner Großmutter lebte. Die Erziehung war sehr liebevoll, aber auch streng. Es herrschten Zucht und Ordnung, auch bei Tisch. Während des Essens nahm mein Vater eine Silbergabel, bog die Zinken auseinander und stellte sie aufs Tischtuch. Meine Großmutter war entsetzt, wie er mit dem Familiensilber umging – ich fand es natürlich äußerst amüsant. Es war nicht das, was er getan hatte, sondern die schalkhafte, freie Lebenseinstellung.«

Der strengen und liebevollen Großmutter, der Mutter von Gunter Sachs, widmet sich auch Vescolis Horoskop. Darin heißt es:

»Ein wichtiges Leitbild in seinem Leben lässt sich auf den direkten oder indirekten Einfluss der Mutter zurückführen. Die damit in Zusammenhang stehenden emotionellen Spannungen liefern die Motive für das berufliche Streben, die immer neuen Ziele.«

Man muss bedenken: Der Astrologe aus Zürich kannte zu diesem Zeitpunkt weder Gunter Sachs noch seine familiären Verhältnisse. Und doch benannte er einen entscheidenden Faktor in der Biografie seines anonymen Klienten. Da sich dessen Eltern trennten, als er drei Jahre alt war, wurde seine Mutter, nach einem kurzen Intermezzo im Waisenhaus, zur Zentralfigur. Sie zog ihn und seinen älteren Bruder Ernst Wilhelm allein groß. Mit eisernen Regeln, wenn auch äußerst liebevoll. »Auf Fremde und flüchtige Bekannte wirkte sie streng, im Kern war sie jedoch selbstlos und gütig«, beschrieb Gunter Sachs sie selbst. »Für mich war sie die wichtigste und liebste Person auf der ganzen Welt – dieses Gefühl konnten auch größere Donnerwetter nicht erschüttern. Sie war und blieb die gute Feen-Mama.«

»Er hatte unglaublich viel Respekt und Achtung vor seiner Mutter«, erzählt Mirja Sachs. »Sie war sein großes Vorbild. Und er hat seine Mutter sehr, sehr geliebt.«

Gunter Sachs übernahm vieles von seiner Mutter, vor allem den Umgang mit Menschen und ihre preußische Disziplin. Ohne diese mütterliche Mitgift wäre die zielstrebige, disziplinierte Arbeitsweise vermutlich nicht möglich gewesen, die ihn als Fotograf, Regisseur und später auch als Astrologie-Forscher auszeichnete. Jeder, der mit ihm zusammenarbeitete, wusste: Gunter Sachs verlangte nicht nur viel, er ging auch mit gutem Beispiel voran. Die leistungsbetonte Erziehung seiner Mutter wird dazu beigetragen haben.

Das Horoskop spricht auch von immer neuen Zielen – ein zutreffendes Detail mehr. Ohne Projekte konnte Gunter Sachs nicht leben, oft waren es mehrere gleichzeitig. Aber allen verschrieb er sich mit Haut und Haar: als Unternehmer, Fotograf, Filmemacher, Kunstsammler, Museumsdirektor, Sportsmann, Gründer des Dracula-Clubs in St. Moritz. Er war ein »homo ludens«, im ernsthaften Sinne des Begriffs: viele Spielflächen, keine halben Sachen.

»Er verstand es, das Leben zu genießen«, sagt Mirja Sachs. »Dennoch wäre ihm der Genuss allein viel zu wenig gewesen. Genauso wichtig war seine nachdenkliche, tiefgründige Seite. Stets suchte er sich anspruchsvolle Aufgaben. Es gab nichts Größeres für ihn als Arbeit, Arbeit, Arbeit! Manchmal stand er nachts um vier Uhr auf, setzte sich an den Schreibtisch und machte erst wieder um zehn Uhr morgens eine Pause.«

Woher rührte diese Unrast? Warum die immer neuen Herausforderungen und die Beharrlichkeit, mit der er vorging? Von Zielstrebigkeit und Tiefe sprach jedenfalls auch der Astrologe:

> »Er packt alles sehr methodisch an, ist ein guter Stratege, der ihm gesetzte Aufgaben mit Fleiß und Präzision bewältigt. Erstaunlich ist bei ihm, dass er dem Detail so viel Beachtung schenken kann, ohne den Blick für den Genuss zu verlieren. Was immer er tut, er denkt und sinnt darüber nach. So ist er ein optimaler Verwerter jeder Erfahrung. Dabei scheint er sein Interesse gerne auch auf Bereiche zu richten, die nicht allgemein anerkannt sind. Je nach menschlichem Niveau und ererbter Intelligenz mag er damit Breitenwirkung erzielen, die sich für die Gemeinschaft sehr wertvoll erweist.«

Man muss nicht lange überlegen, um diesen Passus auch auf das damals noch in den Sternen stehende Astrologie-Projekt zu beziehen. Dabei stimmen Analyse und Realität gleich in mehrerer Hinsicht überein: das strategische Vorgehen, der unerlässliche Fleiß und die Präzision, mit der Gunter Sachs die Astrologie untersuchte; die Vereinbarkeit mit einem genussvollen Leben; die eigenen Beobachtungen, die sein Interesse für die Astrologie weckten; die Wahl eines »nicht allgemein anerkannten« Themas; und schließlich die Breitenwirkung, verbunden mit dem Ziel, sein Wissen der Allgemeinheit zugänglich zu machen.

Die Übereinstimmungen setzen sich in der anschließenden Bemerkung des Horoskops fort:

> »Er reagiert empfindlich auf Leute, die ihn oder die Sache, die er vertritt, nicht anerkennen wollen«

– womit Gunter Sachs ein weiteres Mal ein Spiegel vorgehalten wurde. Denn wenn er eine Sache durchdacht hatte, sie ihm sinnvoll erschien und er sich dafür engagierte, traf ihn unsachgemäße Kritik umso heftiger.

»Eine typische Skorpion-Eigenschaft war seine Sorge, abgewiesen zu werden«, sagt seine ehemalige Studioassistentin Marion Bierling. »Dann intervenierte er entrüstet, war aber auch sehr selbstkritisch.«

Hinsichtlich seines Astrologie-Projekts war die Schlussfolgerung von Michael Vescoli in jedem Fall ein Treffer ins Schwarze. Über die Kritik an der »Akte Astrologie« sagt Mirja Sachs: »Gunter war sehr enttäuscht. Ohnehin hatte er viele negative Erfahrungen mit der Presse gemacht, doch die ungerechtfertigte Kritik an seinem Astrologie-Buch erzürnte ihn besonders. Er hat nichts leicht genommen. Im Gegenteil. Er nahm sich alles schwer zu Herz und Seele. Und alles hat ihn sehr berührt. Sicher hat er das nicht nach außen gezeigt und getragen, aber er war ein hochsensibler Mensch.«

Nach den allgemeinen Charakterisierungen folgte nun der noch erstaunlichere Teil der Blinddiagnose, mit dem Michael Vescoli auf einen besonderen Zeitraum eingeht:

»In die Zeit von Oktober 1956 bis September 1958 fallen schicksalhafte Ereignisse im Zusammenhang mit Mutter, Frau und beruflichen Zielsetzungen. Es war eine Zeit extremer Veränderungen mit gesteigerten oder übersteigerten Gefühlsreaktionen.«

Die Zielsicherheit, mit welcher er eine äußerst schwierige Phase in der Vita von Gunter Sachs beschreibt, verblüfft in der Tat: Der Astrologe weist auf einen Zeitraum hin, der lebensverändernd für Gunter Sachs war. Besonders das Jahr 1958 wurde durch den Tod seiner ersten Ehefrau und seines Vaters zu einem Schicksalsjahr, mit hohen emotionalen Belastungen. In diesem Moment stand ihm seine Mutter zur Seite: »Sie tat etwas, was ich ihr mein Leben lang nicht vergessen habe: Sie übernahm die Erziehung meines Sohnes Rolf, bis er in Lausanne in die Schule kam. Ich kenne keine ältere Dame, die ihren Enkel mit mehr jugendlichem Elan aufgezogen hätte als sie: Die Fee war wieder da.«

Beruflich bedeutete dieses Jahr, dass Gunter Sachs gemeinsam mit seinem Bruder Ernst Wilhelm die Verantwortung für den väterlichen Konzern übernahm. Im Alter von nur 26 Jahren musste er unversehens aus der jugendlichen Sturm-und-Drang-Phase in die Erwachsenenrolle überwechseln.

Bloße Vermutungen oder fantasievolle Erfindungen konnten Michael Vescoli keinesfalls zu seinen Schlussfolgerungen gebracht haben. Auf nur einer einzigen maschinengeschriebenen Seite hatte er seine Analyse zusammengefasst. Auch bei der abschließenden Bestandsaufnahme seines Klienten handelte es sich gewissermaßen um eine Punktlandung. So schrieb der Astrologe:

»Dieses Jahr (76) und auch nächstes und übernächstes bleibt ihm fast nichts anderes übrig, als sich mit seinen Zielen zu identifizieren [...]. Jetzt bricht aus ihm her-

> vor, was in ihm in der Tiefe steckt. Wenn er lokal bekannt war, dann wird er jetzt landesbekannt, wenn er landesbekannt war, wird er jetzt weit über seine Grenzen hinaus bekannt. Jedenfalls wirken kollektive Kräfte stark auf ihn ein und er wirkt stark auf die Massen.«

Wie schon geschildert, unterschrieb Gunter Sachs 1976 den Vertrag für den Verkauf seiner Anteile an Fichtel & Sachs. Damit leitete er das Ende seines beruflichen Engagements in der Sachs-Gruppe ein, und das bedeutete eine neue Freiheit: weniger Bürostunden, Konferenzen und Aufsichtsratssitzungen. Nach der Pflicht winkte die Kür. Er war frei, sich neue, eigene Aufgaben zu suchen. Er intensivierte seine Arbeit als Fotograf, bevorzugt für die französische Zeitschrift *Vogue*, organisierte internationale Ausstellungen und gab Foto-Bildbände heraus. 1976 wurde er dafür mit dem Leica-Preis ausgezeichnet.

Michael Verscoli hatte den Test mit Bravour bestanden. Trotz der Kürze und Prägnanz wirkte der Text, als hätte der Astrologe Gunter Sachs schon Jahre gekannt. Elementare Wesenszüge und Lebensumstände waren aufgelistet.

Hinzu kommt, dass Vescoli beim Blick in die Zukunft eine nahezu traumwandlerisch sichere Prognose abgegeben hat. Nur aus den Geburtsdaten entwarf er das Portrait eines Mannes mit beeindruckenden Facetten.

Tricks und Winkelzüge bei der Abfassung des Horoskops waren ausgeschlossen. Auch das beliebte Verfahren mancher Astrologen, im Gespräch mit ihren Klienten Informationen für die spätere Diagnose zu sammeln, hatte keine Rolle gespielt. Spätestens jetzt war Gunter Sachs überzeugt, einem ganz besonderen Mysterium auf der Spur und einen wichtigen Schritt näher zu sein.

Vom Gedankenspiel zur Lebenskunst – die Astrologie im Alltag von Gunter Sachs

Nach den ersten astrologischen Offenbarungen wollte Gunter Sachs weiter auf das neue Terrain vordringen. Die Astrologie hielt ihm einen Spiegel vor, schien sogar in die Zukunft blicken zu können. Wie war das möglich? Eröffnete sich hier die Chance, das Leben aus einer neuen, erhellenden Perspektive zu betrachten? Konnte die Astrologie für ihn hilfreich sein?

Ein bloßes amüsantes Gesellschaftsspiel war die Sternenkunde keineswegs. Es steckte mehr dahinter, weshalb Gunter Sachs auch seiner Familie und seinen Freunden die Gelegenheit zu astrologischen Beratungen geben wollte.

Wiederholt ließ er Horoskope für die Menschen seines Umfelds anfertigen und lud Michael Vescoli, der inzwischen nach Teneriffa gezogen war, zu sich nach Hause ein. Immer wieder stellte er fest, dass es exakte Übereinstimmungen zwischen den astrologischen Charakteristika und den jeweils individuellen Eigenschaften und Verhaltensweisen der betroffenen Personen gab.

Den Grund dafür suchte er nicht in esoterischen Theorien – wie etwa der Existenz einer planetaren Strahlung. Vielmehr betrachtete er die Stellung der Gestirne bei der Geburt in Analogie zu einer genetischen Codierung, die sich bei phänomenologischer Beobachtung bestätigte: »Die Gene sind unsere physischen Voraussetzungen und Grundstrukturen. Astronomische Konstellationen bestimmen unseren Charakter und unsere Neigungen. Die Erziehung ist der Lack obendrauf.«

Zu dieser Schlussfolgerung kam im Jahr 1976 eine weitere denkwürdige Begegnung: Auf der Suche nach einer persönlichen Sekretärin für sein Büro nahe Lausanne lernte er Martha Kundert kennen. Die junge Frau arbeitete damals bei der Schweizerischen Fachstelle für Alkohol und andere Drogenprobleme. Eigentlich hatte sie sich nur für den Job beworben, um ihren Marktwert zu testen, wie sie ihm später gestand. Doch die Chemie während des Vorstellungsgesprächs stimmte. Und das, obwohl sie selbstbewusst mehr Geld forderte, als Gunter Sachs für die Position vorgesehen hatte. Offenbar gefiel ihm ihre kesse Art, denn wenig später trat sie die Stelle an.

Was Gunter Sachs nicht ahnte: Martha Kundert, die er aufgrund ihres Mädchennamens »Keiserli« nannte, war eine exzellente Kennerin der Astrologie. An die große Glocke hängte sie das nicht. Es waren eher beiläufige kleine Bemerkungen, die ihn hellhörig machten. Etwa, wenn sie über einen Besucher sagte: »Aha, das ist auch ein Steinbock.« Dann fragte er nach, was es damit auf sich habe.

Denn nahezu täglich begegnete er Menschen mit einer unendlichen Variationsbreite von Eigenschaften, Talenten und Verhaltensweisen, die er für sich gedanklich ordnete. Wobei Martha Kundert zu bedenken gab, dass man die Menschen nicht nur nach den zwölf Sternzeichen kategorisieren könne. Weil Gunter Sachs mehr wissen wollte, diskutierte die Sekretärin nicht weiter mit ihrem Chef, sondern schenkte ihm ein selbstgemachtes Büchlein über die Sternzeichen und Aszendenten. Eine wertvolle Lektüre, mit deren Hilfe Gunter Sachs beobachtete und Vergleiche anstellte und in der er nachschlug, wenn er es genauer wissen wollte. Bald begleitete ihn das Buch auf Schritt und Tritt.

Die Sternenkunde wurde eine Art Vademecum. Umso mehr, nachdem »Keiserli« in ihrer Freizeit den gesamten Text noch einmal in den Computer getippt und mit eigenen Anmerkungen ergänzt hatte. Als sie ihm die Textdatei auf einer Diskette zum Geburtstag überreichte, war er überwältigt.

Dank der neuen Errungenschaft begann er, sich noch intensiver mit seinem eigenen Tierkreiszeichen zu beschäftigen. Die Übereinstimmungen waren für ihn evident.

»Er identifizierte sich absolut mit seinem Sternzeichen«,

erinnert sich Rolf Sachs. »Der Skorpion war sein Charakterbild – das tiefe Gründeln, das ›Stechen‹, das Geheimnisvolle, die Erotik, die Liebe zum Taktieren.«

»Er war ein typischer Skorpion, mit der Inbrunst, eine Sache zu verfolgen, mit der Fähigkeit, etwas mit Leidenschaft zu Ende zu bringen«, sagt auch Marion Bierling, ehemals Studioassistentin. Die Astrologie half Gunter Sachs, sein Wesen zu reflektieren. Sie war eine zweite Ebene, auf der er sich betrachten konnte, eine zweite Beschreibungswirklichkeit. Durch sie konnte er eine gewisse Distanz zu sich selbst einnehmen, da sie für ihn gleichsam eine neutrale Instanz war. Zumal bei ihm, so schien es, der Skorpion sehr kräftig durchschimmerte.

»Er ließ nicht locker, bis etwas abgeschlossen war, oft arbeitete er bis in die Nacht hinein«, so charakterisiert ihn sein Mitarbeiter Markus Gohr. »Fertig ist es, wenn es fertig ist, hieß es dann.«

Auffallend war trotzdem, dass Gunter Sachs allzu viel astrologische Introspektion zunächst nicht zuließ. Wesentlich spannender fand er sein Umfeld; erst einmal wollte er mehr über die Persönlichkeit der Menschen erfahren, mit denen er umging.

Dabei schien ihm die Astrologie vor allem geeignet zu sein, um herauszufinden, ob er jemandem vertrauen konnte. In seiner Situation war das naheliegend. Vermögende und großzügige Menschen wirken bekanntlich wie ein Magnet auf Profiteure und Glücksritter, deshalb fürchtete auch Gunter Sachs Indiskretion und Berechnung, Opportunismus und auch Neid.

»Im Laufe der Zeit gewöhnte er es sich deshalb an, Horoskopvergleiche im Hinblick auf sich anbahnende Geschäftsbeziehungen oder Freundschaften in Auftrag zu geben«, erzählt Martha Kundert.

Im Grunde reichte seine Menschenkenntnis aus, um sich zu schützen. Aber wenn es denn schon ein Instrumentarium gab, um in unsichere Kandidaten »hinein« zu schauen – warum sollte er es nicht nutzen? Meist wurde seine Intuition bestätigt, letztlich hätte er die Astrologie gar nicht gebraucht. Er spürte durchaus, ob jemand aufrichtig war oder nicht.

Jede Bestätigung war jedoch ein Mosaikstein mehr, und die Astrologie wurde für ihn auch zu einer Schule der Toleranz.

»Er drückte schon mal ein Auge zu, wenn jemand von seiner Großzügigkeit profitierte«, erzählt Martha Kundert. Solche kleineren atmosphärischen Störungen betrachtete Gunter Sachs auf einer anderen Ebene, als ein Geben und Nehmen. Wenn jemand ein guter Gesprächspartner war oder sich auf Reisen als verlässlicher Begleiter bewährte, sah er über Begehrlichkeiten hinweg.

»Er konnte mit den Schwächen der anderen umgehen«, schildert Martha Kundert diese Großzügigkeit. »Oft hatte er sogar ein Faible dafür. Gunter Sachs konnte die Unzulänglichkeiten der anderen akzeptieren und sie dennoch lieben, das zeichnete ihn aus.«

Man sagt der Astrologie oft nach, sie werde nur aus Eigennutz und Eigenliebe betrieben. Im Gegensatz dazu könnte man – selbst wenn es vielleicht etwas pathetisch wirkt – sagen, dass Gunter Sachs die astrologischen Erkenntnisse als Philantrop bemühte. Er wollte wissen, um verstehen zu können, in dem Bewusstsein, dass es gewisse Grenzen der Selbstentfaltung gibt.

Auch bei der Wahl seiner Mitarbeiter zog Gunter Sachs die Sterne zu Rate, um die mögliche Qualität der Zusammenarbeit zu erkunden. Etwa, ob jemand seinen Enthusiasmus teilte, loyal und verlässlich war und ins Team passte. Gunter Sachs arbeitete bevorzugt mit Leuten zusammen, die seine Euphorie und Passion teilten, und das Sternzeichen war ein elementares Kriterium bei der Wahl neuer Mitarbeiter.

Als sich Markus Gohr bei ihm bewarb, war das nicht anders. Wie bei anderen Vorstellungsgesprächen thematisierte Gunter Sachs das Geburtsdatum: »Ich muss vorsichtig sein, denn Sie sind ein Wassermann wie mein Freund Ernst Fuchs. Der will mit mir gerade eine Kathedrale bauen, und darüber gleich die nächste und noch eine – ihr Wassermänner habt immer den Kopf in den Wolken.«

Zufälligerweise hatte Markus Gohr kurz zuvor ein Horoskop zum Geburtstag bekommen, das Geschenk eines Freundes. In seiner Not und ohne den tieferen Sinn zu durchschauen erwiderte er: »Dafür habe ich den Aszendenten Steinbock.« Woraufhin Gunter Sachs befand: »Das ist gut, dann sind Sie geerdet.«

Ein weiterer Anlass, bei dem Gunter Sachs gern auf die Sternzeichen zurückgriff, war die Zusammenstellung von Assistenten und Models für seine großen Fotoshootings. Auf diese Weise wollte er von vornherein Unstimmigkeiten und mögliche Konfliktpotenziale verhindern. Dazu gab es, neben der emotionalen Basis, auch ganz praktische Hintergründe. So hatte er mit im Sternzeichen Stier geborenen Models die Erfahrung gemacht, dass sie lange durchhalten.

Bei weiblichen Mitarbeitern bevorzugte er ansonsten das Fische-Sternzeichen, da es der astrologischen Expertise und auch seiner eigenen Beobachtung nach am besten mit seinem eigenen Sternzeichen harmonierte. Sehr gern unterhielt er sich auch mit Jungfrau-Frauen.

Die Sternzeichenkunde ergänzte seinen Instinkt für Menschen und gab seiner Intuition die nötige Rückversicherung.

Seine Erfahrungen bestätigten sich auch, als er 1990 eine neue Studioassistentin suchte und Marion Bierling kennen lernte. Ohne ihre Bewerbungsunterlagen je gesehen zu haben, sagte er ihr schon nach drei Sätzen auf den Kopf zu: »Du bist Sternzeichen Fische, stimmt's?« Vollkommen verblüfft nickte sie. Dann setzte er ihr den Charakter ihres Sternzeichens auseinander und erklärte, dass es gut zum Skorpion passe.

»Er wusste genau, dass er richtig lag, und er sollte Recht behalten«, erzählt Marion Bierling. »Von Anfang an empfanden wir parallel, was Themen, Bücher, Menschen betraf. Es war ein Gleichklang. Auf vielen Ebenen waren wir uns sofort einig.«

Aus der Astrologie wie auch aus eigener Anschauung ging Gunter Sachs zwar davon aus, dass Fische-Geborenen das Planen schwerfalle, weil sie Schwierigkeiten hätten, sich festzulegen. Vorrang hatten für ihn jedoch Einfühlungsvermögen und Euphorie, beides Wesenszüge, die auch zum astrologischen Charakterbild des Fisches gehören. Obwohl es also in seinen Augen ein Wagnis war, ausgerechnet einen ungern planenden Fisch als Studioassistentin einzustellen, engagierte er die junge Frau.

Fische seien angenehme Weggefährten, begründete er seine Entscheidung. Zudem schätzte er an Marion Bierling ihre Flexibilität und ihre diplomatische Art, die ebenfalls als typisch für ihr Sternzeichen gelten.

»Die Astrologie diente ihm zur Orientierung«, meint Marion Bierling, »und war oft die Basis, sich mit jemandem intensiv auseinanderzusetzen. Das Besondere an ihm war, dass er nie in ein Schubladendenken verfiel, sondern durch die Astrologie viele Facetten wahrnahm, die andere vielleicht nicht gesehen hätten.«

Als hilfreiches Werkzeug erwies sich die Astrologie zuweilen auch im Umgang mit den Medien. So passierte es, dass er vor wichtigen Interviews Martha Kundert bat, das Sternzeichen des jeweiligen Journalisten und die Tageskonstellation für das Treffen anzuschauen. Letzten Endes war es ein Wissensvorsprung, den er taktisch zu nutzen verstand.

Nachdem Gunter Sachs intensiver Bekanntschaft mit der Astrologie gemacht hatte, wagte er den nächsten Schritt: Es ging von der Diagnose zur Prognose. Die erste Vorhersage von

Francesco Waldner aus dem Jahr 1976 war diesbezüglich eine Episode geblieben. Nun sollte die astrologische Erkundungsreise weitergehen.

So bat er Martha Kundert von Zeit zu Zeit, die »astrale Wetterlage« zu beurteilen. Vor allem dann, wenn er schwierige Zeiten durchlebte, schaute sie für ihn nach, in welchem astrologischen Einflussbereich der Gestirne er sich befand. Sprach sie dann von einem rückläufigen Saturn oder auch von der Venus, die bald zu Hilfe eilen werde, schätzte er solche Hinweise, obwohl Zweifel blieben.

Beinahe zwangsläufig geriet er so auch in manchen Zwiespalt. Kurz vor einer geplanten Foto-Ausstellung muss seine Intuition ihn gewarnt haben, denn sozusagen im letzten Moment konsultierte er wiederum seine Sekretärin, die ihm aus astrologischer Sicht von dem Projekt abriet. Das gab ihm zu denken, andererseits meinte er, unmöglich die Ausstellung absagen zu können. Alles war fest verabredet, die Presseankündigungen waren längst gedruckt. Wie sollte er seinen plötzlichen Rückzieher begründen? Etwa mit astrologischen Bedenken?

Die Ausstellung fand wie geplant statt – und nahm den vorhergesagten enttäuschenden Verlauf. Diese Erfahrung brachte Gunter Sachs dazu, auch bei anderen Projekten versuchsweise die Sterne befragen zu lassen. Oft stellte sich die »zweite Meinung« der Astrologie dann als verblüffend konkrete Richtschnur heraus.

Von außen betrachtet, mag das alles wie ein sympathischer Spleen wirken. Doch wenn Brecht schrieb, die Güte des Puddings erweise sich beim Essen, so erwies sich die Qualität der Astrologie für Gunter Sachs in ihrer praktischen Anwendung. Vieles war reine Neugier, manchmal auch ein Test, wenn er Martha Kundert um Rat fragte. Die Treffsicherheit ihrer Prognosen ließ ihn dann aber doch stutzen. Mit Zufall konnte das Ganze immer weniger zu tun haben.

Mehr und mehr entdeckte Gunter Sachs seinen Resonanzboden für astrologische Themen. Wie so viele andere auch, irritierte ihn allerdings der schillernde Ruf der Sternenkunde: »Einerseits wendet sie sich ab von ihren esoterischen Schwestern, dem Pendel, den Tarotkarten und anderem Tand der Zukunftsspäherei, andererseits bewegt sie sich eher im Dunkel des Mystischen als im Licht der Wissenschaft.«

Ein Spannungsfeld entstand, in dem sich Einschätzungen ergänzten, aber auch Gegensätze aufeinanderprallten: Intuition und Intellekt, Ratio und Astrologie als widerstreitende Begriffspaare. Diese Widersprüche lösten sich erst auf, als Gunter Sachs in den 1990er Jahren nach einer wissenschaftlichen Grundlage für astrologische Aussagen suchte.

Allerdings war ihm bereits vorher bewusst, dass die Astrologie keineswegs ins Reich finsteren Aberglaubens gehörte. Als Erfahrungswissenschaft war sie aus der Beobachtung von wiederkehrenden Mustern und Strukturen entstanden, die über die Jahrhunderte zur Erkenntnis eines aktiv wirkenden Prinzips geführt hatte. Dieses Wissen respektierte Gunter Sachs zunehmend, ohne die dahinter liegenden Mechanismen zu kennen. Daher war die Astrologie für ihn keine Frage des Glaubens.

Schon vor der statistischen Überprüfung akzeptierte er, dass die astrologischen Theorien zwar nicht wissenschaftlich ergründet waren, aber offensichtlich einen hohen Wahrheitsgehalt besaßen. Dafür sprach auch, dass kein Argument der kühlen Vernunft die Existenz der Astrologie erschüttert hatte. Für all jene, die sich an ihr orientierten, so Gunter Sachs, »blieb der Beweis der Gültigkeit astrologischer Aussagen so unerheblich wie für den Priester der Gottesbeweis«.

Von der Beobachtung zum Weltbild – die Anfänge der Astrologie

Zugegeben – Gunter Sachs' Ahnung von einem »höheren Stellwerk« und schließlich auch sein Faible für Astrologie könnte so wirken, als ob ein kühler Kopf zu Mythos und Magie konvertiert sei. Auch einen gewissen Fatalismus könnte man hier vermuten. Das Gegenteil ist jedoch der Fall. Denn die Astrologie ermutigte ihn, sie als wertvolle Quelle und Hilfestellung zu begreifen, statt sich einem festgelegten Schicksal zu unterwerfen.

Damit befand er sich in einer langen Tradition. Von jeher suchten die Menschen nach einer Ordnung in der Vielfalt des Lebendigen, um in einer Welt der Bedrohungen und Gefahren besser überleben zu können.

Mögliche Antworten gab schon früh die Astrologie. Aus der Beobachtung der Gestirne entwickelte sie ein Weltbild, das auf der Übereinstimmung von Makrokosmos und Mikrokosmos beruhte. Wie oben, so unten – dieser ganzheitliche Ansatz verknüpfte das Geschehen auf der Erde mit dem bewegten Universum.

Man nahm an, dass der Lauf der Gestirne so berechenbar ist, wie das irdische Geschehen, weil beide Sphären miteinander verbunden sind. Später kamen weitere Aspekte hinzu, wonach die Sonne, der Mond und die Planeten ebenfalls einen prägenden Einfluss auf den einzelnen Menschen ausüben, auf sein Wohl und Wehe, seine Talente und sein Verhalten, auf Liebe, Glück und Tod.

Das sind steile Thesen. Auf welchem Fundament sind sie entstanden? Werfen wir dazu einen Blick auf die Entstehungsgeschichte der Astrologie.

Die Astrologie wurde vor rund fünf Jahrtausenden unter dem klaren Himmel Mesopotamiens geboren, zwischen Euphrat und Tigris. Um den Willen ihrer Götter zu erforschen, richteten die Sumerer den Blick vom Staub der Erde in die unendliche Weite des Kosmos: Was ließ sich aus der Stellung der Gestirne ablesen? Was hatten die Götter vor?

Damals baute man mit einfachsten Mitteln die ersten Sternwarten. Die Sumerer erwiesen sich als exzellente Wissenschaftler, weil sie früh über zwei unschätzbare Errungenschaften verfügten: die Schrift und die Mathematik.

Die Hieroglyphen ihrer Schrifttafeln erzählen von Tierkreiszeichen und von Göttern, deren Omen durch den Stand der Gestirne sichtbar wurde. Um die himmlischen Botschaften zu dechiffrieren, taten die Sumerer im Grunde nichts anderes als die ersten Naturwissenschaftler: Sie sammelten Daten. Als Astronomen zeichneten sie den Lauf der Gestirne auf, als Chronisten hielten sie außergewöhnliche Begebenheiten fest. Anschließend suchten sie nach Koinzidenzen.

Fielen besondere Ereignisse wie kriegerische Überfälle, katastrophale Dürren oder gute Ernten immer wieder mit bestimmten Konstellationen der Gestirne zusammen, so folgerten sie daraus, dass es sich um allgemeine Prinzipien handeln musste.

Doch so schicksalsergeben, wie man es der Astrologie fälschlich nachsagt, war sie schon in ihren Anfängen nicht. Die Sumerer beugten keineswegs ihren Nacken unter das Joch launischer Gottheiten, vielmehr sahen sie ihren Göttern listig über die Schulter und sannen darauf, wie drohendes Unheil vermieden werden könnte. Dafür eignete sich die astrologische Prognose offenbar besser als sybillinisch raunende Orakel oder blutüberströmte Priester, die die Zukunft aus tierischen Eingeweiden herauslasen.

Standen himmlische Konstellationen bevor, die sich in der Vergangenheit mehrfach als fatal erwiesen hatten, versuchten die Sumerer, göttliches Ungemach trickreich abzulenken. Überliefert ist zum Beispiel, dass sie ihre Könige absetzten, wenn sich die Gefahr abzeichnete, diese könnten an einem astronomisch berechneten Zeitpunkt eines unnatürlichen Todes sterben. Kurzerhand überließ man einem unbedeutenden Stellvertreter den Thron und wartete, bis die Gefahr vorüber war – ein frühes Beispiel für den äußerst pragmatischen Umgang mit astrologischen Erkenntnissen.

Auch im babylonischen Großreich der Chaldäer wurde das Wissen um den Zusammenhang zwischen Sternenhimmel und Menschenschicksal immer genauer und detaillierter erforscht, wodurch der Einfluss der Astrologie wuchs. Die Sternwarten wuchsen buchstäblich in den Himmel. Manche Observatorien sollen zwölf Stockwerke hoch gewesen sein, analog zu den zwölf Tierkreiszeichen.

Beim Turmbau zu Babel, von dem das Alte Testament erzählt, soll es sich ebenfalls um eine Sternwarte gehandelt haben. Dass die Sache in der Bibel schlecht ausgeht, ist bekannt: Damit bezeugt die Bibel das Misstrauen, das der Astrologie entgegenschlug, insbesondere von Vertretern der monotheistischen Religionen. Wer an einen einzigen, unsichtbaren Gott glaubte, hielt die Verehrung der Sterne für Götzendienst. Doch auch andernorts stellte man die Frage: Darf man den Göttern in die Karten schauen?

Neben den Chaldäern orientierten sich die wichtigsten alten Hochkulturen am universalen Weltbild der Astrologie. Ob Ägypter, Inder oder Chinesen, sie alle widmeten ihr eingehende Untersuchungen. Und so unterschiedlich die Astrologie auch aufgefasst wurde, sie diente weniger den Göttern und stattdessen mehr den Menschen, denn mit der Erforschung der Gestirne schien man dem Schicksal stets einen Schritt voraus zu sein.

Das universale Denken der Astrologie spiegelte sich in der Vielfalt ihrer Grundlagen wider. Astronomie und Philosophie, Wissenschaft und Götterglaube waren untrennbar miteinander verknüpft. Dabei blieb es auch, als die Griechen im achten Jahrhundert v. Chr. gen Osten zogen, Bekanntschaft mit dem ausgefeilten astrologischen System der Chaldäer machten und es für sich adaptierten.

Mit der Beweglichkeit ihres philosophisch geschulten Intellekts passten die Griechen die babylonische Götterwelt ihrer eigenen Mythologie an. Fortan trugen die Planeten neue, griechische Namen. Weiterhin galten sie als Götter, jedoch mit individuellen, höchst menschlichen Eigenschaften.

Die Astrologie besaß allerdings eine solide Basis, die Astronomie. Im Gegensatz zu den Götterwelten der Religionen beruhte sie vorrangig auf Erfahrungswissen. Sie behauptete nicht, sie beobachtete: Wenn bestimmte Phänomene immer wieder gekoppelt auftreten, besteht offenbar ein verbindender Zusammenhang. Und mehr noch: Es ließ sich vorhersagen, was wann in Zukunft geschieht, abhängig von den unwandelbaren Planetenbahnen.

Solche Mechanismen kamen ohne das Prinzip der Kausalität aus. *Warum* die Astrologie funktionierte, darüber konnte man trefflich streiten, aber *weil* sie funktionierte, erübrigte sich die Frage nach dem Grund. Man musste also weder an Götter noch an Gelehrte glauben, um den Nutzen der Astrologie zu bewerten.

Ganz ähnlich näherte sich Gunter Sachs der Astrologie an: Je häufiger er feststellte, dass ihre Regeln von der Realität bestätigt wurden, desto fester wurde seine Überzeugung, dass sie sich als nutzbringende Beratungsinstanz eignete. Dies wirkte auf ihn umso erstaunlicher, weil seit der Entstehung der Sternenkunde im Zweistromland Jahrtausende vergangen waren. Über die Zeiten hinweg war etwa die Lehre von den Sternzeichen – ein vergleichsweise simpler Baustein der Astrologie – ein treffsicheres Diagnoseinstrument für den menschlichen Charakter geblieben.

Gunter Sachs entwickelte im Laufe der Zeit ein exzellentes

Gespür dafür, wes Geistes Kind und welches Sternzeichen sein Gegenüber war. Einige Gesten, Blicke, Sätze genügten ihm meist, und seine Trefferquote wurde mit den Jahren stetig höher.

»Wenn er mit jemandem sprach, konnte er recht schnell sagen: ›Dieser Mann ist ein Löwe‹, oder: ›Diese Frau ist ein Steinbock‹«, erinnert sich sein Sohn Gunnar. »Und wenn man dies öfter in seinem Umfeld erlebt, verstärkt das natürlich die Faszination für die Astrologie.«

Die Sternzeichen waren für Gunter Sachs aber immer nur der Auftakt, um jemanden näher zu ergründen. »War jemand ein Löwe, so bedeutete das für Gunter Sachs lediglich eine erste Orientierung«, beschreibt Marion Bierling den Annäherungsprozess. »Es ist so ähnlich, als ob man sagt: Diese Blume ist rot. Und wie wir alle wissen, gibt es Hunderte von Rottönen. Die Farbe ist also nur ein erster Hinweis, der sich individuell in vielen Schattierungen zeigen kann.«

Bei seiner Auseinandersetzung mit der Sternenkunde stieß Gunter Sachs unter anderem auf die Theorie, die astrologische Typologie präge nicht nur den Charakter, sondern auch die Physiognomie. So hätten beispielsweise Jungfrauen besonders klare Gesichtszüge. Gunter Sachs dachte sogar darüber nach, diese kühne Behauptung in einem eigenen Projekt zu überprüfen: Er wollte Gesichter fotografieren, sie exakt vermessen und dann die Daten mit der Sternzeichen-Zugehörigkeit vergleichen.

Dabei war Gunter Sachs fasziniert vom Goldenen Schnitt – seit der Antike bekannt als Lehre der idealen Proportion. Viele seiner Fotos plante und inszenierte er sorgfältig und achtete darauf, dass sie den ausgewogenen Verhältnissen dieses Konstruktionsprinzips entsprachen.

Diese Idee kennzeichnet ganz allgemein seinen Zugang zur Astrologie: Alles, was einer mathematisch belegbaren Systematik entsprach, sich also errechnen ließ, konnte bei ihm Evidenz beanspruchen. Er begriff die Mathematik als Sprache der Natur.

Ein Kriterium, das bei Galileo entlehnt war. Was die Welt im Innersten zusammenhält, war nach Meinung des Astronomen nur im »Buch des Universums« zu lesen. Auf wunderbar einleuchtende Weise erklärte der Universalgelehrte aus Pisa, wie man dabei vorgehen sollte: »Das Buch ist nicht zu verstehen, wenn man nicht zuvor die Sprache erlernt und sich mit den Buchstaben vertraut gemacht hat, in denen es geschrieben ist. Es ist in der Sprache der Mathematik geschrieben, und deren Buchstaben sind Kreise, Dreiecke und andere geometrische Figuren, ohne die es dem Menschen unmöglich ist, ein einziges Bild davon zu verstehen; ohne diese irrt man in einem dunklen Labyrinth herum.«

Auch Gunter Sachs näherte sich der Astrologie an, indem er ihre mathematische Sprache erlernte. Buchstabe für Buchstabe fügte er das astrologische Alphabet zusammen, die Kreise und Dreiecke, die Winkelpositionen der Gestirne. Damit wurde für den studierten Mathematiker die Wissenschaft der Zahlen und Figuren zunehmend zum Schlüssel für das Verständnis der Astrologie.

Ihren eigentlichen Ursprung hatte diese Auffassung bei jenen griechischen Philosophen, die astrologische Theorien ohne deren religiöse und mythische Färbung weiterentwickelten. Als im hellenistischen Griechenland die Naturwissenschaften aufblühten, trat die Mathematik als Leitdisziplin der Astronomie und Astrologie in den Vordergrund. Die Sternenkunde stieg zur Wissenschaft auf.

Der in Alexandria geborene Astronom und Mathematiker Claudius Ptolemäus gab der Astrologie dann im zweiten Jahrhundert n. Chr. entscheidende neue Impulse. Mit dem Almagest gelang ihm ein Standardwerk, das bis ins 17. Jahrhundert hinein als Bibel der Astronomen und Astrologen galt. Ptolemäus entwickelte einen systematisch aufgebauten Sternenkatalog. Ausgiebig widmete er sich den sogenannten Aspekten, den Winkelpositionen der Gestirne zueinander. Der Weg dafür war geebnet worden durch die hoch entwickelte griechische Mathematik und Geometrie.

Hatte sich die Astrologie der Chaldäer und auch der Ägypter vorrangig auf das Schicksal des Staates und des Volkes bezogen, rückte mit Ptolemäus nun das Individuum in den Mittelpunkt.

Eine seiner bedeutenden Neuerungen war die genauere Ausarbeitung von Geburtshoroskopen. Zwar gab es sie schon in der neubabylonischen Periode, also im siebten bis vierten Jahrhundert v. Chr., doch Ptolemäus ging in nie dagewesener Weise ins Detail. In den Tetrabiblos, einem vierbändigen astrologischen Werk, erläuterte er, wie die Konstellation der Gestirne im Moment der Geburt zu deuten sei: Welche Vorhersagen sind möglich? Was signalisieren die Gestirne im Hinblick auf Ehre, Reichtum und Gesundheit?

In seiner Interpretation der Astrologie begannen die Götter zu verblassen. Die Säkularisierung der Astrologie war nicht mehr aufzuhalten.

Gleichwohl hätten deren Theorien ihre Namensgeber kaum überlebt, wenn sie nicht erfolgreich gewesen wären. Hätten sich falsche Prognosen und unzutreffende Charakterisierungen unzulässig gehäuft, so wären die Astrologen schnell in Vergessenheit geraten. Obwohl es in der Geschichte der Astrologie von Fehlprognosen wimmelt, faszinierten die zutreffenden Vorhersagen offenbar so sehr, dass sich vieles vom astrologischen Erfahrungswissen zu weithin akzeptierten Gewissheiten verfestigte.

Die Treffsicherheit war es, die die Astrologie attraktiv machte. Das unterscheidet sie bis heute von den vermeintlich todsicheren Gewinnsystemen, die für Glücksspiele kursieren, sich mangels Erfolg aber nie durchsetzen. Und es unterscheidet die Astrologie vor allem auch von den Religionen.

Was sie sympathisch machte, war die Tatsache, dass sie im Gegensatz zum Christentum und Islam weder gewaltige Tempel gebaut noch Heilige Kriege geführt hatte. Genauso wenig forderte sie blinden Gehorsam. Die Astrologie war immer eine Option, kein Dogma. Ihre Versprechungen waren auch nicht so irrational wie die der Offenbarungsreligionen: Es ging um den konkreten Nutzen im Diesseits und nicht um dereinstige Freuden im Jenseits.

Als Mathematiker traute Gunter Sachs lieber seinem Verstand als irgendwelchen Glaubenspostulaten. Der Vorteil der Astrologie – und das war für ihn ein springender Punkt – lag allerdings in ihrem astronomisch-mathematischen Fundament und in ihrer faktischen Plausibilität. Mit anderen Worten: Die Astrologie bot eine sinnstiftende Struktur an, die ganz ohne Götter auskam.

Ein weiterer Grund für die Faszination, die die Astrologie auf Gunter Sachs ausübte, mag auch ihr Einfluss auf gekrönte Häupter und mächtige Entscheider gewesen sein. Im Laufe ihrer Geschichte war die Astrologie von der Königin der Wissenschaften zur Königsdisziplin aufgestiegen: als Herrschaftswissen der Mächtigen.

Nachdem sie im ersten Jahrhundert v. Chr. von Griechenland nach Rom gekommen war, machte sie dort rasch Karriere als Entscheidungshilfe der Herrschenden. Hofastrologen umgaben Kaiser Augustus und seinen Nachfolger Tiberius, und wer auf sich hielt, tat es ihnen nach. Auch Weltanschauungen können stilbildend sein. In den nachfolgenden Jahrhunderten genossen gut ausgebildete Astrologen höchstes Ansehen. Wirkmächtige Sterndeuter berieten Könige, Päpste und Feldherren, berechneten günstige und ungünstige Zeitpunkte für besondere Unternehmungen, erstellten Prognosen für Schlachten und Eheschließungen.

Dass Kaiser und Könige der Astrologie vertraut hatten, gab ihr das Fluidum eines Privilegs. Immerhin hatten selbst christliche Herrscher wie Karl der Große, Ludwig der Fromme und Friedrich II. Astrologen konsultiert. Dies kam einem Ritterschlag aus erster Hand gleich: Die Astrologie signalisierte ihre Relevanz schon allein dadurch, dass sie den Herrschenden offenbar einen Wissensvorsprung bescherte.

Berühmt wurden die Prognosen, die etwa Johannes Kepler für seinen nicht minder berühmten Klienten und Förderer Albrecht von Wallenstein erstellte. Der gab im Laufe seines Lebens gleich mehrere Horoskope bei dem Astronomen in Auftrag, und darin war nicht nur Schmeichelhaftes zu lesen. Doch Kepler erwies sich als treffsicher – von der Verheiratung Wallensteins mit einer reichen Frau bis zu den »fürchterlichen Wirren« des Jahres 1634, in dem Keplers letzte Prognose endet; es war das Jahr, in dem Wallenstein ermordet wurde.

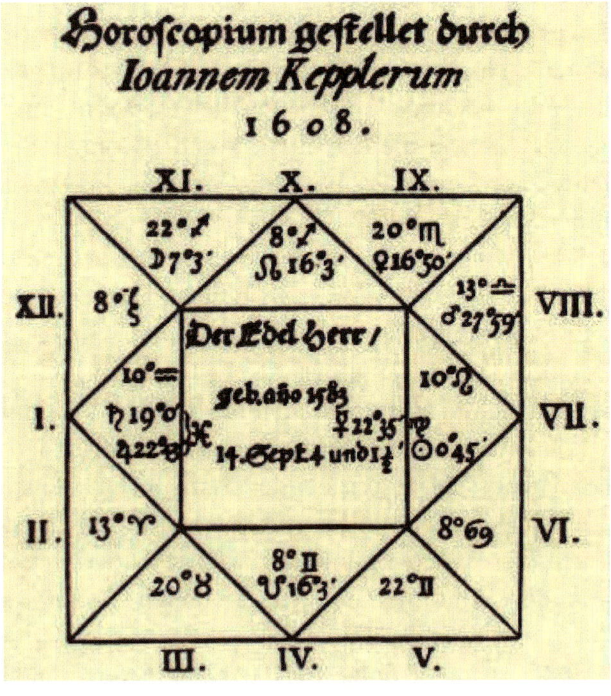

Keplers Horoskop für Wallenstein aus dem Jahr 1608

Als Gunter Sachs begann, sich der Astrologie zu widmen, lagen deren ruhmreiche Zeiten weit zurück. Auch die mathematisch-astronomische Grundlage war weitgehend in Vergessenheit geraten. Stattdessen sah er sich mit dem Vorurteil konfrontiert, in unserer vernunftbestimmten Epoche sei die Astrologie nichts weiter als ein Relikt des mythologischen Zeitalters, wenn nicht sogar naiver Aberglaube, der allenfalls in der Nische der Heftchenhoroskope blühe.

Als bekennender Querdenker beschäftigte sich Gunter Sachs jedoch mit Fragen wie: Ist diese Sicht der Astrologie vielleicht nur die politisch korrekte Diagnose? Ein Zugeständnis an den rationalen Zeitgeist? Könnte es sein, dass die Astrologie in Wahrheit nach wie vor hohe Wertschätzung genießt?

Dafür sprachen zahlreiche Indizien. Immer wieder sickerte durch, dass mächtige Männer auf Astrologen hörten. Offenbar war die einstige Königsdisziplin immer noch gefragt: »Sie gedieh in Demokratie und Diktatur«, schrieb Gunter Sachs. »Der unsterbliche Caruso und der Sohn der großen Queen Victoria ließen in den Sternen lesen. Ein halbes Jahrhundert bevor die Astrologie mit Nancy Reagan Einzug ins Weiße Haus hielt. Auch Boris Jelzin, der Übernatürlichem zugeneigt schien und sich von einer Wunderheilerin behandeln ließ, wurde als sternengläubig beschrieben.«

Lange waren es nur Gerüchte, heute behauptet zumindest Elisabeth Teissier selbst, dass sie sieben Jahre lang den französischen Staatspräsidenten François Mitterrand (Sternzeichen Skorpion) bei brisanten politischen Entscheidungen beriet. So soll sie eine internationale Krise für das Jahr 1990 vorausgesagt haben – es war das Jahr, in dem Saddam Hussein in Kuwait einmarschierte.

Gunter Sachs war Madame Tessier ebenfalls begegnet und wusste zudem, dass auch viele andere Staatsmänner und sogar Wirtschaftskapitäne astrologischen Rat suchten. So war in eingeweihten Zirkeln bekannt, dass Axel Springer vor wichtigen Entscheidungen seine Hausastrologin befragte.

Beispielsweise 1958, als er seine berühmt gewordene Reise nach Moskau antrat und vorher den günstigsten Zeitpunkt für das Gespräch astrologisch ausrechnen ließ. Seinen Aufstieg zu einem der wichtigsten europäischen Zeitungsverleger verdanke er, so meinte Springer selbst, unter anderem seinem Bund mit den Gestirnen.

Alles nur Aberglaube? Gern verwies Gunter Sachs auf das Bonmot des amerikanischen Bankers James Pierpont Morgan: »Millionäre glauben nicht an Astrologen. Milliardäre halten sich welche.«[4] Morgan hatte sich bei der New Yorker Astrologin Evangeline Adams über den Einfluss der Planeten auf die Börse informiert, mit überwältigendem Erfolg.

Dass die Astrologie hinter den geschlossenen Türen von Macht und Einfluss geschätzt wurde, bestärkte Gunter Sachs in der Annahme, sie führe keineswegs ein Schattendasein und sei wesentlich aussagekräftiger als allgemein angenommen.

Von Göttern und Dämonen – die umstrittene Astrologie

Man könnte es eine gewisse Bigotterie nennen: Selbst jene Zeitgenossen, die jederzeit schwören würden, sich lieber auf ihre kristalline Vernunft zu verlassen, blättern bisweilen verstohlen in der Zeitung, um vor einem wichtigen Geschäftsabschluss oder dem ersten Rendezvous ihr Tageshoroskop zu lesen. Heimlich natürlich, um sich keine Blöße zu geben.

Man belächelt die Astrologie. Wer ihr dennoch eine gewisse Aussagekraft zuspricht, behält diese Einschätzung besser für sich, um am Ende nicht selbst belächelt zu werden.

Des zweifelhaften Rufs der Astrologie war sich Gunter Sachs nur allzu bewusst. Er verglich sie mit einer feuerrothaarigen, prallbusigen Mätresse, die man begehrt und mit der man verkehrt – die man jedoch verschämt versteckt, weil sie nicht gesellschaftsfähig ist. »Blamier mich nicht, mein schönes Kind, grüß mich nicht unter den Linden«, zitierte er Heine, »wenn wir nachher zu Hause sind, wird sich schon alles finden.« Nur im Verborgenen kultivierten viele Leute ihr astrologisches Faible.

Auf derartige Versteckspiele ließ sich Gunter Sachs nie ein. Eines musste er im Laufe seiner Forschungsarbeit jedoch immer wieder feststellen: Er beschäftigte sich mit einer Materie, die bei manchen eine nahezu hysterische Ablehnung hervorrief.

Für diese Aversion gab es Gründe. Und die beruhten nicht nur auf der Kollision von Ratio und Mythos, sondern auf der wechselvollen Geschichte der Astrologie. Wer heute Front gegen all jene macht, die mit noch so vernünftigen Argumenten die Faktizität astrologischer Aussagen darlegen, steht auf den Schultern unzähliger Generationen, die sich mit Schaudern abwandten oder sogar handgreiflich wurden. Die Astrologen hatten zwar das Ohr der Mächtigen, nicht aber deren Macht. Stürzten die Herrscher, so zerrte man auch ihre astrologischen Berater aus den Gelehrtenstuben, sperrte sie ein oder tötete sie.

Ein Blick in die Historie zeigt: Je populärer die Astrologie wurde, desto häufiger stieß sie auf erbitterten Widerstand – vor allem deshalb, weil sie als Bedrohung religiöser Glaubenslehren betrachtet wurde.

Schon zur Zeit des Kaisers Augustus missfiel die Astrologie all jenen, die im Glauben an die römische Götterwelt eine staatstragende Komponente sahen. Mit Nachdruck wandte sich etwa Cicero gegen jede Art der Weissagung und zählte die Astrologie zum gefährlichen Aberglauben. Auch andere Gelehrte wie Seneca und Tacitus verurteilten die Astrologiegläubigkeit von Herrschern und Volk.

Zum Misstrauen trug bei, dass die Sternenkunde lange als Geheimwissenschaft betrieben wurde. Nur wenige Wissende kannten sich in der Kunst komplizierter Berechnungen und Interpretationen aus. Dennoch beeinflussten Astrologen die Verhältnisse, über den Umweg der weltlichen Herrscher, was ihnen die Unterstellung bescherte, sie verfolgten verschwörerische Absichten.

Der eigentliche Niedergang der Astrologie in der westlichen Welt begann jedoch mit dem Bannstrahl der christlichen Kirche. Nachdem im Jahr 380 das Christentum zur Staatsreligion des Römischen Reichs erhoben wurde, achtete man peinlichst genau darauf, dass das erste Gebot befolgt wurde: Du sollst keine anderen Götter haben neben mir. Die Astrologie mit ihrer überkommenen Götterwelt wurde als heidnischer Kult, wenn nicht gleich als Teufelswerk verfemt. Auch der freie Wille, die Basis christlicher Theologie, schien durch die Annahme eines astrologisch bestimmbaren Schicksals bedroht.

Hart ging Kirchenvater Augustinus, geboren 354 n. Chr., mit der Sternenkunde ins Gericht. Nebenbei outete er sich aber auch als astrologischer Saulus, der zum frommen Paulus geworden war. In seinen »Confessiones« gesteht er, einst sei er selbst der Versuchung erlegen, »jene Gaukler zu befragen, die man Astrologen nennt«. Ein schwerer Irrtum, wie er nachträglich meint. Augustinus hielt die astrologischen Prophezeiungen nicht nur für trügerisch, er verurteilte sie auch als Freibrief für ein gottloses Leben: »Unser ganzes Heil aber drohen diese zu vernichten, die da sagen: ›Vom Himmel kommen die unvermeidlichen Gründe für die Sünde‹ und ›Venus hat das getan oder Saturn oder Mars‹.« Stattdessen solle ein wahrer Christ allen Anfechtungen widerstehen.

Das Christentum war erst wenige Hundert Jahre alt, als es gegen die Astrologie Sturm lief. Auf den ersten Blick war es ein ungleicher Kampf. Die Kirchenväter hatten es mit einer uralten Tradition der Stern- und Weltdeutung zu tun. Sie war ein kulturelles Erbe, über Jahrtausende weitergegeben. Man konnte die Astrologie verbieten, ihr auf Dauer den Garaus machen konnte man nicht. Doch zunächst verdunkelte sich der Himmel.

Als Kaiser Justinian I. die Astrologie 533 offiziell verbot, verließen die meisten Astrologen das Römische Reich und gingen ins Exil. Sie wanderten nach Persien und in arabische Länder aus, wo man das astrologische Weltbild nicht als Bedrohung des Islam betrachtete. Erst mit dem Vordringen der Mauren nach Sizilien und Spanien zu Beginn des 8. Jahrhunderts kehrte die Astrologie nach und nach ins Abendland zurück. Im Gefolge der arabischen Eroberer kamen hochgebildete Wissenschaftler aus dem Vorderen Orient nach Europa. Sie hatten exzellente Kenntnisse der Medizin, Chemie, Mathematik, Astronomie und auch der Astrologie im geistigen Gepäck. Unter ihrem Einfluss blühte die Astrologie in den folgenden Jahrhunderten in den christlich geprägten Ländern Europas wieder auf.

Ein Stein des Anstoßes blieb die Astrologie dennoch. Thomas von Aquin konzedierte zwar, die Gestirne hätten Einfluss auf Körper und Seele der Menschen, Horoskope und Prognosen aber verachtete er. Er war der Meinung, die Astrologie könne nichts über das menschliche Verhalten sagen, und im Übrigen hätten die Dämonen ihre Finger im Spiel.

Die Unterstellung teuflischer Machenschaften war ein schwerwiegender Vorwurf. Wer sich mit dämonischen Kräften verbündete, galt schnell als gotteslästerlicher Ketzer. Das hinderte die Naturwissenschaftler jener Zeit nicht daran, die Astrologie immer häufiger als Hilfswissenschaft zu bemühen. Die Gelehrten der folgenden drei Jahrhunderte waren vor allem am kosmologischen Weltbild der Astrologie interessiert: an dem geistigen Gesetz, wonach alles mit allem verbunden ist. Dieser Grundsatz wurde als Schlüssel zum Verständnis vieler Phänomene verstanden, sei es die Natur, die menschliche Seele oder der Körper.

Ab Mitte des 15. Jahrhunderts gehörte die Astrologie wieder ganz selbstverständlich zum Kanon der Wissenschaften und wurde an vielen europäischen Universitäten gelehrt – diese akademische Nobilitierung vergessen jene Kritiker, die meinen, die Astrologie hätte sich nie aus dem mystischen Nebel okkulter Praktiken befreit. In gebildeten Kreisen debattierte man über Häusersysteme und Planetenwinkel, und da Astrologen in Personalunion Astronomen waren, zweifelte man nicht daran, dass es sich hier um eine seriöse Wissenschaft handelte.

Die Erfindung des Buchdrucks durch Gutenberg um 1450 beschleunigte die Verbreitung astrologischer Ideen. Aus dem ominösen Geheimwissen wurde ein Objekt öffentlichen Interesses. Sternkarten und Horoskop-Deutungen zirkulierten, und jeder konnte in den sogenannten Ephemeriden nachschlagen, welche Konstellation der Gestirne Tag für Tag zu erwarten war. Dieser astrologische Kalender trug wesentlich zur Popularität der Astrologie bei.

Auch die Universität zu Wittenberg bot astrologische Vorlesungen an, mit einem pikanten Detail: Ausgerechnet Melanchthon, der reformatorische Mitstreiter Luthers, tat sich als versierter Astrologe hervor. Er übersetzte einige astrologische Werke des Ptolemäus ins Deutsche und veröffentlichte selbst Schriften zur Astrologie. Bis zu 2500 Studenten sollen in seine Vorlesungen geströmt sein. Für Luther war dies ein skandalöses Ärgernis. Wiederholt stritt er mit seinem Freund Melanchthon, der keinen Widerspruch zwischen dem Einfluss der Himmelsgestirne und dem christlichen Gott empfand.

Trotz der Anfeindungen durch die christlichen Kirchen erlebte die Astrologie im 16. Jahrhundert einen ungeheuren Aufschwung. Sie inspirierte Philosophen, Forscher und Gelehrte. Auch die politischen Wirren werden zur Attraktivität astrologischer Orientierung beigetragen haben. Es war das Jahrhundert zahlloser Kriege, Bauernaufstände und Hungersnöte. Man suchte nach neuen Paradigmen, nach einer höheren Ordnung – gesellschaftlich wie wissenschaftlich.

Einige der Wissenschaftler gehörten zu den brillantesten Köpfen ihrer Zeit. Etwa der berühmte Mediziner Paracelsus, der seine Patienten ganz selbstverständlich nach astrologischen Gesichtspunkten therapierte. Oder die Astronomen Tycho Brahe und sein zeitweiliger Assistent Johannes Kepler.

Johannes Kepler, der Brahe im Jahr 1600 zum ersten Mal traf, ging bekanntlich als wegweisender Astronom in die Geschichte ein. Nebenbei erstellte er Horoskope für Freunde und Bekannte, für Könige, Kaiser und die Berühmtheiten seiner Zeit – ein lukrativer Nebenjob sozusagen. Schlagartig bekannt wurde Kepler, nachdem er für das Jahr 1595 eine Kältewelle, politische Unruhen und die Eroberungszüge der Türken prophezeit hatte – drei Ereignisse, die alle eintrafen.

Als Hofastrologe, Hofmathematiker und Leiter der kaiserlichen Sternwarte im Dienst von Rudolf II. sorgte er mit einer weiteren Prognose für Aufsehen: Kepler sagte für das Jahr 1618 den Beginn kriegerischer Auseinandersetzungen voraus. Er sollte Recht behalten. Mit dem sogenannten Zweiten Fenstersturz von Prag, bei dem zwei Statthalter des böhmischen Königs ziemlich unsanft im Burggraben vor der Hofkanzlei landeten, begann 1618 der Dreißigjährige Krieg.

Trotz der erstaunlichen Präzision seiner Prognosen war Kepler jedoch alles andere als ein Fatalist; und das machte ihn für Gunter Sachs zu einem höchst noblen Vertreter der Astrologie. Keplers berühmtes Zitat »Die Sterne zwingen nicht, sie machen nur geneigt«, zeigte ihm, dass die Astrologie ihre Anhänger weder zur Passivität verdamme, noch ihnen ein unveränderliches Schicksal aufzwinge.

Nach Keplers Grundüberzeugung waren die Menschen eben nicht bloße Marionetten der Gestirne. Vielmehr gebe es Handlungsspielräume. Er nannte es die »freie Willkür«, eine spitzfindige Variation des »freien Willens«, den die christliche Theologie favorisierte. Als gläubiger Christ – Kepler hatte zunächst evangelischer Geistlicher werden wollen – vereinbarte er damit den freien Willen christlicher Prägung mit der Vorherbestimmung durch die Gestirnkonstellationen.

Obwohl sich Kepler als kompetenter Astrologe bewährte und mit dem Buch »De Fundamentis Astrologiae Certioribus« ein Grundlagenwerk veröffentlichte, spürte er zugleich den sich abzeichnenden Bruch zwischen Astronomie und Astrologie. Er wusste, dass die Astrologie zwar eine solide astronomische Basis besaß, aber zunehmend in Verruf geriet.

Sein Buch »Tertius Interveniens« trägt deshalb den Untertitel »Warnung an etliche Gegner der Astrologie, das Kind nicht mit dem Bade auszuschütten«. 1610 erschienen, kämpft Kepler darin zwischen zwei Fronten. Einerseits rät er davon ab, unkritisch jeder astrologischen Behauptung zu folgen, andererseits wendet er sich gegen Kritiker, die die Astrologie verdammen. Seine Überzeugung lautete: »Niemand sollte es für unmöglich halten, dass sich aus den Torheiten und Gotteslästerungen der Astrologen solides und brauchbares Wissen kristallisieren kann.«

Doch der Abstieg der Astrologie war nicht aufzuhalten. Mit dem Aufkommen des Rationalismus geriet sie vollends ins Zwielicht. Diesmal nicht als gotteslästerliche Konkurrenz zum Christentum, sondern als dunkler Aberglaube, der von der hellen Vernunft abgelöst werden sollte. René Descartes' »cogito ergo sum – ich denke, also bin ich« war zugleich ein Angriff auf alles, was der beweisbaren Wahrheit widersprach. So lehnte Descartes die Astrologie ebenso wie Alchemie und Magie als Beleidigung des Verstandes ab.

Im Namen des aufkommenden aufklärerischen Zeitgeistes

fiel in Frankreich bereits im 17. Jahrhundert eine astrologische Bastion nach der anderen. So wurde die Astrologie 1666 aus den französischen Universitäten verbannt. 1682 entließ der Sonnenkönig Ludwig XIV. seinen Hofarzt, der zugleich Astrologe war, und beendete damit eine rund hundertjährige Tradition.

Stattdessen stieg die Astronomie als eigenständige Wissenschaft auf. Große Sternwarten wie das 1675 eingeweihte Royal Greenwich Observatory signalisierten, dass eine neue Epoche anbrach.

Seit den ersten Sterndeutern waren Astronomie und Astrologie immer eine Einheit gewesen. Doch mit der Erfindung des Fernrohrs im 17. Jahrhundert und dem Siegeszug der Naturwissenschaften trennte man die Bereiche säuberlich. Die Astronomie machte wissenschaftliche Karriere, die Astrologie stand fortan im Ruf, eine rückständige Mixtur aus Mythos, Magie und Spekulation zu sein.

Doch es meldeten sich auch immer wieder einzelne Wissenschaftler zu Wort, die sich die Ehrenrettung der Astrologie auf ihre Fahnen schrieben – wenn sie letztlich auch auf verlorenem Posten kämpften. Einer von vielen war der englische Astronom und Astrologe Richard James Morrison. Unter dem Pseudonym Zadkiel veröffentlichte er in der ersten Hälfte des 19. Jahrhunderts einen regelmäßig erscheinenden astrologischen Almanach, schrieb ein Grundlagenbuch und gründete 1844 die »British Association for the Advancement of Astral Science and Protection of Astrologers«.

Morrisons Pseudonym flog auf, nachdem er mit einer düsteren Prophezeiung aufgefallen war. Er hatte Queen Victoria und ihrem Gemahl Albert für 1861 ein »Annus horribilis« vorhergesagt. Als der Prinzgemahl im selben Jahr starb, regte sich große Empörung im Vereinigten Königreich. Ein Prozess folgte, denn zu diesem Zeitpunkt war die Astrologie in Großbritannien als »Wahrsagerei« verboten.

So energisch die Verfechter der Astrologie auch vorgingen – immer wieder kollidierten sie mit herrschenden Vorstellungen, sei es aus religiösen, politischen oder weltanschaulichen Gründen. Diese Tendenz setzte sich im 20. Jahrhundert fort.

In den 1920er Jahren beschäftigten sich Psychologen wie Carl Gustav Jung und Ernst Kretschmer eingehend mit astrologischen Theorien. Jung betrachtete sie, wie schon die Gelehrten früherer Jahrhunderte, als eine wertvolle Hilfswissenschaft.

»Bei schwierigen psychologischen Diagnosen lasse ich meist ein Horoskop stellen«, bekannte der Psychoanalytiker in einem Brief. Seine Hoffnung, die Astrologie werde sich der Psychologie annähern und dann wieder in den Genuss akademischer Weihen gelangen, erfüllte sich hingegen nicht.

Trotz aller Anfeindungen verschwand die Astrologie jedoch nie in der Bedeutungslosigkeit. Von den Universitäten verbannt, von Christentum und Aufklärung geschmäht, vom Geist des Rationalismus marginalisiert, genoss sie fortan weder akademische Weihen noch den Schutz einer mächtigen Kirche. Dennoch blieb sie präsent, bis zum heutigen Tag.

Gunter Sachs gehörte zu den Menschen, die Astrologie in ihren Alltag integrierten, weil sie konkrete Aussagen traf und unter Oberflächen schaute, weil sie ihnen half, ihr Gegenüber besser einzuschätzen.

»Anders als beispielsweise Ronald Reagan, der permanent astrologische Auskünfte über seine beruflichen Belange einholte, ging es meinem Vater primär um sein menschliches Umfeld«, meint Rolf Sachs. »Er glaubte stark an die Charakterbildung eines Menschen in Abhängigkeit von seiner astrologischen Disposition.«

Ohne Frage erfüllte und erfüllt die Astrologie eine ganze Reihe von Bedürfnissen, die elementar zum Menschsein gehören: das Bedürfnis, sich selbst zu erkennen, das Bedürfnis, andere mit ihren Motiven und Absichten zu durchschauen sowie frühzeitig zu erkennen, welche Verbindungen nützlich und welche schädlich sein werden, noch ehe die harten Fakten des Lebens die Fronten klären.

Umso eindringlicher bewegte Gunter Sachs die Frage, ob und wie man seine verblüffenden Erfahrungen mit der Astrologie in einem wissenschaftlichen Rahmen untersuchen könnte: »Aus Neugier an dem rätselhaften Phänomen entschloss ich mich, der Sache auf den Pelz zu rücken, um zu erfahren, ob hier nur Kaffeesatz oder fundierte Überlieferungen zugrunde liegen. Nicht streng kausal, sondern eher intuitiv, mit der nötigen Offenheit auf das Ergebnis hin, wollte ich die Sache angehen. Unversehens ergab sich bald eine ernsthafte Forschung daraus.«

2 Astrologie und Wissenschaft

Peinliche Geliebte oder kluge Gefährtin? Das Astrologie-Projekt von Gunter Sachs

Nach der Lektüre des vorangegangenen Kapitels dürfte selbst großen Skeptikern klar geworden sein: Was immer man von der Astrologie hält, vollkommen unwissenschaftlich oder gar mithilfe magischer Praktiken geht sie ganz gewiss nicht vor. Ihre Grundlage ist Erfahrungswissen. Astrologen aller Zeiten trugen ihre Beobachtungen zusammen und verglichen sie mit dem, was andere zuvor geschrieben hatten. So, wie sich bei einem Baum Jahresringe bilden, wuchs das astrologische Wissen in die Breite. Je häufiger sich eine Interpretation bestätigte, desto größer war die Chance, dass sie als gesicherte Erkenntnis weitergegeben wurde.

Dieses Verfahren leuchtet ein, streng wissenschaftlichen Kriterien genügt es nicht. Die wechselvolle Geschichte der Astrologie lässt sich deshalb auf eine entscheidende Frage reduzieren: Hat sie einen wissenschaftlichen Kern, oder kommt sie nur im wissenschaftlichen Gewand daher? Je nach Zeitgeist und Weltbild neigte man zur einen oder anderen Seite.

Die Astronomie – und damit eine seriöse Wissenschaft – war immer die Grundlage der Astrologie gewesen. Treffsichere Ausdeutungen der berechenbaren Planetenpositionen hängen somit von Kompetenz und Geschick des einzelnen

Astrologen ab. Und da gab und gibt es himmelweite Unterschiede. Neben Meistern ihres Fachs tummeln sich auch heute Heerscharen von Dilettanten und Hochstaplern in diesem Metier. Genau das diskreditierte die Astrologie immer wieder – abgesehen von jenen Kritikern, die sie ablehnten, bevor sie überhaupt einen Blick auf die Details geworfen haben.

Die Astrologie war eben die heimliche Geliebte, die man besser nicht vorzeigt.

Persönlich, aus der eigenen Beobachtung heraus, hatte Gunter Sachs eine Vielzahl von Belegen für das Funktionieren astrologischer Ideen gefunden. Aber waren seine Erfahrungen auch repräsentativ?

Wieder und wieder setzte er sich mit dieser Frage auseinander, ohne dass sich ein konkretes Projekt daraus ergeben hätte – bis zu jener Neujahrsnacht 1993 in den Schweizer Alpen. Damals stand er mit einem engen Freund, dem Journalisten Claus Jacobi, auf dem Balkon seines Chalets in Gstaad.

Bei eisigen Temperaturen, den Blick himmelwärts auf das unendliche Sternenzelt gerichtet, sinnierten die beiden über das Universum und die Astrologie: Konnte es in der Tat sein, dass jene hell strahlenden Himmelskörper einen Einfluss auf das irdische Leben haben sollten? Warum war es so schwierig zu zeigen, ob es sich dabei um Wahrheit oder Mythos handelte?

Über den Rand seines Whiskeyglases hinweg befand Claus Jacobi amüsiert, die Astrologie beruhe eben immer noch mehr auf Glauben als auf Wissen. Und dann fielen die entscheidenden Worte: »Gunter, eigentlich wäre das eine Herausforderung, wie du sie liebst.«

Es war ein Satz, mit dem er bei Gunter Sachs die sprichwörtlichen offenen Türen einrannte. Schon länger schlummerte in ihm die Idee, der Astrologie analytisch beizukommen, ohne einen Ansatz gefunden zu haben, wie man zu einem objektiven Urteil kommen sollte. Doch mit welcher

Methode ließ sich der Wahrheitsgehalt der Astrologie bestätigen oder widerlegen?

Ausgehend von seinen Erfahrungen mit Francesco Waldner und Michael Vescoli, beschloss Gunter Sachs zunächst, mit Evidenztests die Treffsicherheit von Astrologen auf die Probe zu stellen. In großer Menge wollte er dafür Horoskope von Personen – die er sehr gut kannte – mit deren tatsächlichem Charakter vergleichen und die Aussagen auszählen. Dafür gab er bei einer Vielzahl angesehener Astrologen im In- und Ausland Horoskope in Auftrag, um die Aussagen anschließend vergleichen zu können.

Doch seine privat betriebene Versuchsanordnung blieb unbefriedigend. Nachdem er über mehrere Monate die verschiedenen Horoskope nebeneinanderlegt hatte, ging ihm auf, dass er beim Vergleich subjektiver Interpretationen keine klaren Befunde erzielen konnte. Dafür blieben die Aussagen zu vage.

Wenn es in einem Horoskop hieß: »Der Proband ist sehr häuslich«, war nicht viel gewonnen. Denn sofort ergaben sich Unschärfen: Wie definiert man Häuslichkeit? Wie ist sie messbar? Auch verallgemeinern ließen sich solche Zuschreibungen nicht, weil wenig objektive Kriterien existierten. Beim Horoskopvergleich haperte es für Gunter Sachs an der erhofften Präzision.

Eine weitere Problematik ergab sich, weil es sogenannte Blindhoroskope waren. Dabei lernt der Astrologe seinen Klienten nicht kennen, sondern stellt eine Ferndiagnose. Das Ergebnis kann zwar aussagekräftig sein, wie das Horoskop von Michael Vescoli zeigte. Es eignet sich jedoch wenig für exakte Analysen, wie Gunter Sachs sie im Sinn hatte. Und das aus gutem Grund, wie ihm Martha Kundert sagte: Wenn der Astrologe seinen Klienten nicht persönlich spricht, oder sich über Dritte äußern soll, bleibt die Interpretation vorsichtig.

Gunter Sachs begann, auf andere Möglichkeiten zu sinnen. Er ahnte, dass man dem Phänomen mit mathematischen

Methoden beikommen könnte. Aber was man eigentlich berechnen sollte, bereitete ihm weiterhin Kopfzerbrechen.

Es mag Zufall gewesen sein, vielleicht auch Fügung, die ihn bei einer Foto-Reise nach Florida auf die entscheidende Idee brachte. Gemeinsam mit ein paar Freunden besuchte er das Hemingway-Haus in Key West. Anschließend saßen alle im Café beisammen und debattierten über das Werk des amerikanischen Schriftstellers, als einige Frauen aus der Gruppe auf einen Laden gegenüber aufmerksam wurden. Man wechselte die Straßenseite.

Das Angebot des Ladens entpuppte sich zunächst als ein typisches Sammelsurium für Touristen. Neben Souvenirs, Baseballkappen und Sonnenöl entdeckte Gunter Sachs jedoch einen Postkartenständer mit Sternzeichenkarten, und sofort fiel ihm auf, dass die Karten für das Sternzeichen Skorpion ausverkauft waren. Das machte ihn stutzig. Nachdem er im Sortiment auch Sternzeichenbücher gefunden hatte, kam er zu einem ähnlichen Befund: Größter Beliebtheit erfreuten sich die Bücher über sein eigenes Sternzeichen. Nur magere zwei Exemplare standen im Regal, während es von den anderen Sternzeichen-Büchern noch unterschiedlich große Vorräte gab.

Eigentlich war es eine recht schlichte Beobachtung. Für Gunter Sachs war sie jedoch alles andere als banal. Da sich Leser erfahrungsgemäß am brennendsten für ihr eigenes Sternzeichen interessieren, lag die Vermutung nahe, dass Skorpion-Geborene ein besonderes Interesse für die Astrologie hegen. Eine Art von Beweis war dies freilich nicht. Trotzdem durchfuhr es ihn: »Jetzt könnten wir endlich die Möglichkeit haben, etwas zu errechnen!«

Ihm dämmerte auf einmal, dass man der Astrologie mithilfe der Statistik beikommen könnte. Noch am selben Abend flog er weiter nach Palm Springs. Wie gebannt versuchte er früh am nächsten Morgen, an Verkaufszahlen von Sternzeichenbüchern zu kommen. Stundenlang telefonierte er mit Buchverlagen, deren Inhaber er kannte.

Fündig wurde er bei Rolf Heyne. Der hatte eine Reihe mit Büchern über die Tierkreiszeichen veröffentlicht und ein offenes Ohr für die leidenschaftlich vorgetragene Bitte des Freundes. In kürzester Frist ließ er die Verkaufszahlen ermitteln, wenig später faxte er sie nach Kalifornien.

Schnell erkannte Gunter Sachs, dass es auch in den Heyne-Zahlen beträchtliche Unterschiede gab. Das reichte aber noch nicht aus. Um statistisch korrekt zu rechnen, brauchte er den Vergleich mit der sogenannten Bezugspopulation. Schließlich bestand ja die Möglichkeit, dass im Zeitraum des Verkaufs ein ungewöhnlich hoher Bevölkerungsanteil mit dem Sternzeichen Skorpion gelebt hatte. In diesem Falle wären die erhöhten Verkaufszahlen der Skorpion-Bücher ganz ohne Astrologie erklärbar gewesen.

Weitere Anrufe folgten, bis ein freundlicher Herr des Statistischen Bundesamts in Wiesbaden seine Hilfe zusagte. Von ihm erhielt Gunter Sachs sämtliche Geburtenziffern der Deutschen seit 1950, aufgeschlüsselt nach Monaten. Mit einem simplen Taschenrechner rechnete er diese in Sternzeichen um und machte sich zusammen mit seiner Assistentin Marion Bierling daran, die Verkaufszahlen auszuwerten und abzugleichen.

Sicherheitshalber führte er noch zwei Gegenproben durch, und kurz vor Mitternacht lag das vorläufige Ergebnis auf dem Tisch: Die Vertreter der einzelnen Sternzeichen hatten sich mit großen Abweichungen für den Kauf von Astrologiebüchern entschieden; allen voran hatten Skorpione, Fische und Schützen zugegriffen.

Für Gunter Sachs bedeutete dieses Resultat das erste gewichtige Indiz für seine Vermutung, mithilfe der Statistik mehr Klarheit über astrologische Aussagen zu gewinnen. Seine eigene Begeisterung für die Astrologie kannte er nur zu gut. Auch die Sternenkunde hatte dem Skorpion allgemein eine solche Affinität bescheinigt – und diese Aussage war nun bestätigt worden. Gunter Sachs war wie elektrisiert. Vor seinen Augen begannen sich astrologische Charakteristika in erste harte Fakten zu verwandeln.

Es war die Initialzündung für sein Astrologie-Projekt. Im theoretischen Gepäck ein Mathematikstudium und einige Astrologiekenntnisse, machte er sich an die nächsten Aufgaben. Dass sie gewaltig werden würden, schreckte ihn nicht ab.

Unterstützt von zwei Mitstreitern seines Büros, Hans-Werner Schwenk und Markus Gohr, wollte er der Sache systematisch auf den Grund gehen. Als ausgebildeter Mathematiker wusste er, dass man für solch ein ehrgeiziges Unterfangen ein möglichst unangreifbares Forschungsdesign und hochkompetente Experten brauchte – in diesem Fall vor allem versierte Statistiker, die er an der Universität München fand.

Das Ziel war, ausschließlich mit objektiv gesammelten Daten und statistischen Methoden zu arbeiten, um Gewissheit zu erlangen. Es war eine großangelegte wissenschaftliche Studie, die Gunter Sachs initiierte. Die Ergebnisse, so legte er es fest, sollten in jedem Falle veröffentlicht werden, gleichgültig, ob sie nun für oder gegen den Wahrheitsgehalt der Astrologie sprachen.

Natürlich ahnte er, dass ein positiver Befund eine Provokation für die akademische Welt bedeuten könnte. Als er seinem Freund Francis Crick, dem Mitentdecker der DNS-Doppel-Helix, davon erzählte, antwortete dieser: »Don't show me, I am a scientist.« Astrologie und Wissenschaft, das passte nach landläufiger Ansicht in etwa so gut zusammen wie Grimms Märchen und Adam Rieses Rechenregeln. Offenbar brauchte es einen unkonventionellen Querdenker wie Gunter Sachs, um das scheinbar Unvereinbare zu vereinen.

Seine Herangehensweise sollte sich als Königsweg herausstellen. Die Astrologie konnte zwar auf eine jahrhundertelange Tradition zurückblicken, aber nie hatten so große Datenmengen zur Verfügung gestanden. Das Informationszeitalter mit seiner genauen Datenerfassung schaffte augenscheinlich ideale Voraussetzungen dafür. Doch der Weg ans Licht sollte steiniger werden als angenommen.

Die erste Etappe führte Gunter Sachs zum statistischen Bundesamt in Bern. Dort, so hoffte er, würde man ein Füllhorn objektiv gesammelter Daten über ihm ausschütten.

Seine Ansprechpartnerin Claudine Bumbacher, zuständig für Eheschließungen und Scheidungen, staunte nicht schlecht, als Gunter Sachs vor ihr stand und nach den Geburtsdaten der amtlichen Statistik fragte. »Aber Herr Sachs, Sie wüsset doch, dass das alles unter Dateschutz stoht. Do chönne m'r nünt use gäh.«

So sehr Gunter Sachs auch insistierte und argumentierte, er stieß auf Granit. Enttäuscht verabschiedete er sich mit einem »Merci vielmohl, Fräulein.«

Kurz darauf war er wieder draußen auf der Straße und sah sich einem Datenschutz-Matterhorn gegenüber. War sein ehrgeiziges Projekt beendet, bevor es überhaupt begonnen hatte?

Andere hätten jetzt vielleicht aufgegeben, schließlich war der Datenschutz ein grundsätzliches Problem. Kein Amt, keine Behörde, keine Versicherungsgesellschaft durfte persönliche Details über Bürger und Kunden herausgeben, das wurde Gunter Sachs klar.

Doch wenn man ihm etwas nachsagen konnte, dann enormen Durchsetzungswillen. »Mein Vater hatte Biss«, betont Rolf Sachs, »eine Eigenschaft, die vielen heute fehlt.«

Nachdem er einige Minuten überlegt hatte, stieg Gunter Sachs ein weiteres Mal die Treppen hoch, klopfte erneut bei Frau Bumbacher an und sagte: »Sie müend m'r jo kei Näme gäh, sondern numme Sternzeiche vo dene Lüt.«

Die Dame zögerte. Ihr Blick wanderte mehrmals unruhig hin und her, bevor sie erwiderte: »Jo – das chönti ma mache.«

Es war ein Schicksalsmoment. Später sprach Gunter Sachs von einer »Sternsekunde, in der sich die Astrologie aus dem Kaffeesatz erhob und erste Schritte in Richtung Wissenschaft unternahm«.

Frau Bumbacher erklärte sich bereit, die Daten gleich im Amt in Sternzeichen umzurechnen. Eine Woche später erhielten Gunter Sachs und seine Mitstreiter Disketten mit 470 000 Daten von Eheschließungen und Scheidungen der vergangenen acht Jahre. Es war wohl das erste Mal in der astrologischen Geschichte, dass jemand in diesem Umfang offizielle Behördenzahlen für statistische Berechnungen erhielt. Damit ließ sich seriös arbeiten. Eine Zahlenkolonne nach der anderen wurde analysiert.

Nachdem Gunter Sachs die ersten Ergebnisse vorweisen konnte, wurde die Datensuche einfacher: Zuweilen hatte Gunter Sachs den Eindruck, als sei die Umrechnung von Ehen, Scheidungen, Berufen oder Verkehrsunfällen eine willkommene Abwechslung für die Statistiker in den Ämtern.

Am Ende hatten er und sein Team über 20 Millionen Daten zu den wichtigsten amtlich erfassten Lebensbereichen. Sein augenzwinkerndes Resümee: »Der Pudel des Faust'schen Spaziergangs hätte gewusst: Der Daten-Coup war des Play-Skorpions größter Verdienst.«

20 Millionen Daten, das bedeutete: Ein gewaltiges Konvolut war zu sichten, einzuordnen und auszuwerten – ein aufwändiges Verfahren mit diversen Tests, Gegenproben und Kontrollgruppen, um allen Erfordernissen der Statistik Rechnung zu tragen.

Die Mühen wurden belohnt. Bei jeder neuen Auswertung zeigten sich neue erstaunliche Signifikanzen, die Gunter Sachs alle in dem Buch »Die Akte Astrologie« veröffentlichte.

Wer hätte schon gedacht, dass sich identische Sternzeichen am häufigsten heiraten? Oder Stiere die meisten Autounfälle bauen? Selbst beim Lieblingssport der Deutschen gab es Auffälligkeiten, abhängig vom Sternzeichen: Hoch signifikant häufiger spielten in der Bundesliga Jungfrauen, Skorpione und Waagen Fußball.

»Die grundlegenden Berechnungen hätte vermutlich auch ein Student im vierten Semester ausführen können«, merkte Gunter Sachs an. »Zusätzlich waren jedoch eine Reihe mathematisch ausgeklügelter Gegenproben notwendig, um das Verfahren gleichsam wasserdicht abzusichern.«

»Der statistische Nachweis war ihm wichtig – vielleicht auch, um die ›rationalere‹ Männerwelt mit ins Boot zu holen, die der Astrologie eher skeptisch gegenüberstand«, so Marion Bierling. »Außerdem wollte er mit der ›Akte Astrologie‹ eine andere Seite seines Wesens offenbaren. In der öffentlichen Wahrnehmung galt er als Lebemann – als den ich ihn übrigens selten erlebte. Im Gegensatz zur Darstellung seiner Person in den Medien wollte er zeigen: Ich bin ein ernsthafter, zielstrebiger Mensch.« Jetzt war die Astrologie keine verschämt versteckte Geliebte mehr, sondern wurde eine kluge Gefährtin, die Gunter Sachs mit Stolz präsentieren konnte.

Wissenschaft versus Spekulation – Gunter Sachs untersucht die Astrologie

Schon allein mit seinem Plan, den Wahrheitsgehalt der Astrologie statistisch zu untersuchen, stieß Gunter Sachs so manchen Zeitgenossen vor den Kopf. Waren diese beiden Sphären überhaupt kompatibel? Blieben die astrologischen Behauptungen nicht zu diffus für analytische Verfahren? Und war die Astrologie nicht viel zu trivial für akademische Weihen?

Über solche Bedenken setzte er sich nonchalant hinweg. Zu Recht, wie ihm Kary Mullis in vielen Gesprächen bestätigte. Prinzipiell gibt es keinen Gegenstand, der von vornherein untauglich für wissenschaftliche Untersuchungsmethoden wäre. Allenfalls gibt es Bereiche, die nach allgemeiner Meinung einer Erforschung nicht würdig sind – oder deren Erforschung man sogar für unschicklich hält.

Solche Eingrenzungen sind jedoch vollkommen willkürlich, weil sie allein vom Weltbild der jeweiligen Epoche abhängen. Noch zu Leonardo da Vincis Zeiten gehörte die menschliche Anatomie zu den Tabus. Der geniale Künstler und Universalgelehrte musste sich für seine Studien des Knochenbaus und der Muskulatur die Leichen heimlich besorgen, die er dann bei Kerzenschein sezierte. Auch die menschliche Sexualität war bis vor gut hundert Jahren noch eine Tabuzone der Wissenschaften.

Heute gelten diese Forschungsgebiete längst nicht mehr als illegitim. Es waren auch nicht akademische Regeln, die ihre Untersuchung verhinderten, sondern es ist der Zeitgeist, der bestimmt, was Gegenstand der Wissenschaft sein darf.

Gunter Sachs befand dazu: »Sicher ist es interessant zu wissen, welche afrikanischen Mückenspezies sich untereinander paaren. Danach wird in Urwäldern und Katarakten gesucht. Zu Recht – aber lassen Sie uns dann bitte auch der Astrologie auf den Grund gehen.«

Mit den Sternzeichen, der einfachsten Basis der Astrologie, begann er seine Forschungsreise und stellte die Frage, ob uns das nackte Geburtsdatum etwas über unsere Eigenschaften sagen kann. Und lässt sich die eine oder andere Annahme statistisch belegen?

Diesen Test musste die Astrologie bestehen, wenn sie anerkannt werden wollte. Nur eine Hypothese, die durch Experimente bestätigt oder widerlegt werden kann, ist wissenschaftlich fundiert zu nennen. Das gilt für die Astrologie genauso wie für die Chemie oder die Physik.

Gemessen an der Komplexität astrologischen Wissens, sind die Sternzeichen eine recht einfache Kategorisierung. Für eine statistische Erfassung weiterer Kriterien fehlt jedoch häufig das Datenmaterial. Um etwa den Aszendenten errechnen zu können, braucht man die minutengenaue Uhrzeit und den Ort der Geburt – nicht immer wird die Uhrzeit allerdings exakt erfasst. Welche Mutter schaut, erschöpft vom Gebären und glücklich, den Nachwuchs in den Armen zu halten, als Erstes auf die Uhr?

Da mathematische Exaktheit oberstes Gebot war, beschränkte sich Gunter Sachs in der ersten Forschungsphase auf die Tierkreiszeichen, die sich anhand des Geburtsdatums zweifelsfrei errechnen ließen. Schon dieses vergleichsweise grobe Raster zeitigte signifikante Ergebnisse – einschließlich typischer Konsumgewohnheiten, wie Elisabeth Noelle-Neumann in ihrer ergänzenden Studie für die »Akte Astrologie« ermittelte.

Solche Ergebnisse mag man als Kuriosum zur Kenntnis nehmen. Sie waren jedoch Glieder einer Indizienkette, die besagt, dass eine Reihe spezifischer Gewohnheiten und Vorlieben mit den Sternzeichen zusammenhängen.

Das wissenschaftliche Vorgehen fußt auf klaren Regeln. Zunächst braucht man eine Hypothese, und in diesem Falle lautete sie: »Alles Zufall« oder »es besteht kein Zusammenhang zwischen einer astrologischen Charakterisierung und einem soziodemografischen Merkmal.« Diese Hypothese ist zunächst allgemein gehalten, oder mit dem Terminus technicus ausgedrückt – ungerichtet. Es interessierte erst einmal nur vordergründig, ob der Stier häufiger Unfälle baute als der Löwe.

Natürlich wird es viele Leute sogar lebhaft interessieren, dass Stier-Geborene wesentlich häufiger Blechschäden verursachen und Löwe-Geborene sehr viel seltener. Im Rahmen des Astrologie-Projekts hatte jedoch zunächst eine andere Schlussfolgerung Vorrang: dass – anders als erwartet – überhaupt ein rechnerisch nachweisbarer Unterschied im Fahrverhalten von Tierkreiszeichen bestand.

Für alle Untersuchungen der »Akte Astrologie« war dies die zu bestehende Bewährungsprobe, bevor dann die Sternzeichen im Detail betrachtet wurden. Sie gelang in jedem einzelnen Fall.

Darüber hinaus war sich Gunter Sachs sicher, dass viele Stationen des Lebens auch von anderen Konstellationen in gewisser Weise vorgezeichnet sind. Anders gesagt: Die Sternzeichen erlauben eine gute erste Diagnose. Deutlich mehr, aber dafür lohnenden Aufwand verlangen die Positions- und Winkelberechnungen, die das Zusammenspiel der übrigen Gestirne offenbaren. In der zweiten Forschungsphase, die zum vorliegenden Buch hinführte, wollte Gunter Sachs auch solche astrologischen Faktoren analysieren.

Gegen alle Kritik war er von seiner Mission überzeugt und entschlossen, auf dem eingeschlagenen Weg zu bleiben, selbst dann, wenn ihm dafür erst posthum Anerkennung zuteilwerden würde.

Um über die klassischen Sternzeichen hinaus neue Wege zu gehen, fand er in Kary Mullis einen kongenialen Ideengeber. Er bestärkte Gunter Sachs darin, dass die Astrologie selbstverständlich Gegenstand einer wissenschaftlichen Untersuchung sein könne. Stark vereinfacht, so erklärte Mullis, funktioniert diese nach dem immer gleichen Prinzip: Man beobachtet einen Gegenstand oder einen Ablauf eine Weile lang, vielleicht experimentell in einem Laboratorium, vielleicht betrachtet man aber auch objektiv gesammelte Daten. Im Laufe der Untersuchungen erkennt man etwas, das wie ein Muster oder ein Trend aussieht. Betritt man thematisches Neuland, ist es sehr wahrscheinlich ein Muster, das zuvor noch nie beschrieben wurde. Oder man hat es mit einem Muster zu tun, das noch nie methodisch überprüft und widerlegt worden ist.

Diese Vorgehensweise lässt sich auch auf die Auswertung von Daten anwenden, die nach astronomischen und astrologischen Kriterien geordnet sind – zum Beispiel, indem man die Sternzeichen erfolgreicher Autoren anschaut. Findet man etwa auffällig viele Waage-Geborene, so erhält man ein spezifisches Muster. Sofern es der methodischen Überprüfung standhält, hat man Fakten gewonnen – wenn auch noch keine astrologischen Prognosen oder dergleichen überprüft.

Natürlich könnte man vermuten, dass die astrologische Charakterisierung der Waage-Geborenen auf ein deutlich gesteigertes schriftstellerisches Talent hindeutet. Schließlich weiß man, dass viele berühmte Schriftsteller Waagen sind, von Georg Büchner bis Oscar Wilde, von Günter Grass bis Donna Leon. Dies ist allerdings nichts als eine bloße Vermutung, oder, wissenschaftlich gesprochen, eine Hypothese. Aufschluss erlangt man aber erst durch die wiederholte Auswertung möglichst umfangreichen Datenmaterials, um zu sehen, ob sich die Hypothese bewährt.

Nun kann es passieren, dass das beobachtete Muster bei weiteren Untersuchungen der Hypothese entspricht. Oder wie in diesem konkreten Fall, dass man auffallend viele Waage-Geborene auf Bestsellerlisten findet. Dann hat die Hypothese fürs Erste Bestand: Ja, es gibt einen Zusammenhang zwischen einem bestimmten Beruf und einem bestimmten Sternzeichen. Gesichert ist diese Hypothese jedoch noch nicht. Bei der Vielzahl von Berufen, für die die vorgeschlagene Hypothese gelten soll, können immer noch Beispiele auftauchen, die sie widerlegen. Generationen von Wissenschaftlern wissen: Ein einziges hartnäckiges Gegenbeispiel kann eine ansonsten sehr gute Idee ruinieren.

Natürlich lässt sich eine Hypothese dadurch retten, dass man sie ein bisschen einschränkt. Aber je mehr Gegenbeispiele auftreten und je mehr Einschränkungen nötig sind, desto nutzloser wird die Hypothese. Das Interesse daran erlischt, und die Wissenschaft wendet sich anderem zu.

Das zuvor skizzierte Vorgehen gründet auf die Wissenschaftstheorie des britischen Philosophen Karl Popper, der davon ausging, dass wissenschaftliche Theorien per se gar nicht bewiesen werden können, sondern nur vorläufig bestätigt werden und weiteren Überprüfungen standhalten müssen. Dieses Verfahren nannte er Falsifikation. Sie steht im Gegensatz zur sogenannten Induktion, bei der Schlussfolgerungen aus einer nachträglichen Rückschau erfolgen, ohne zuvor Hypothesen zu formulieren. Mit anderen Worten: Man hatte – bei statistischen Auswertungen zur Astrologie – ein Muster gefunden und suchte im Nachhinein nach einer Erklärung dafür. Diese kann jedoch nicht zum Ziel führen, da jeder Wissenschaftler weiß, dass man Daten nur lange genug mit statistischen Methoden bearbeiten muss, um irgendein Muster darin zu entdecken.[5]

Nach dem Ansatz von Karl Popper sind die von Gunter Sachs aufgedeckten Effekte real und liefern weitere Argumente zugunsten bestimmter astrologischer Theorien, auch wenn sie nie zum endgültigen Beweis werden können. Dieses Schicksal teilen sie mit sämtlichen Forschungsergebnissen anderer Disziplinen.

Während die Astrologen Beobachtungen sammelten und dahinter ein Prinzip vermuteten, führt die Falsifikationsmethode also entweder zu einem Muster, das sich in verschiedenen Testreihen wiederholt – oder die Hypothese ist nicht haltbar.

Um bei den Edelfedern zu bleiben: Subjektiv mag der Eindruck entstehen, dass ungewöhnlich viele Autoren Waage-Geborene sind, wenn man sich die Hall of Fame berühmter und erfolgreicher Schriftsteller ansieht. Doch erst die Mühen der Statistik bringen Licht ins Dunkel: Gibt es einfach *viele* Schriftsteller mit dem Sternzeichen Waage, oder sind es nur im Vergleich mit anderen Sternzeichen signifikant *mehr?*

Fällt dieser Test positiv aus, steht die neue Hypothese, dass es abhängig vom Sternzeichen besondere Talente und damit auch auffällige Sternzeichen-Häufungen gibt, fürs erste auf einem soliden Fundament. Je länger und häufiger sich eine solche Hypothese bestätigen lässt, als desto sicherer gilt ihr Inhalt. Es ist die *Bewährung*, nicht die *Verifizierung*, die eine Rolle spielt.

Im genannten Beispiel bedeutet das: Zunächst müssen die Bestsellerlisten vieler Länder und Perioden nach den Sternzeichen erfolgreicher Autoren durchforstet werden, um zu schauen, ob die Hypothese immer wieder bestätigt werden kann. Danach ist es unerlässlich, auch andere Berufsfelder zu erkunden: Wer wird Bildender Künstler? Wer wird Lehrer?

In der »Akte Astrologie« kamen auf diese Weise zahlreiche harte Fakten zusammen. Je mehr Berufsbilder mit aussagekräftigen Ergebnissen überprüft wurden, desto eindeutiger wurde der Hinweis, dass es abhängig vom Sternzeichen gewisse Neigungen zu bestimmten Berufen gibt. Die übergeordnete Hypothese, dass solch ein Zusammenhang existiert, gewann mit jeder weiteren Studie an Evidenz. Viele weitere statistische Tests bestätigten, dass solche Abweichungen vom Durchschnitt nur noch mit verschwindend geringer Wahrscheinlichkeit durch den Zufall zu erklären waren (weitere Einzelheiten zu den verwendeten statistischen Methoden finden Sie auf Seite 251).

Ewige Regeln oder veränderliches Wissen? Neue Methoden der Astrologie

Das astrologische Wissen entstand im Laufe von Jahrtausenden. Um es zu entschlüsseln, greifen die Untersuchungen dieses Buches auf tradierte Ideen und neueste Computertechnologien zurück, aber auch auf bislang wenig beachtete Methoden.

Wirft man einen Blick in die aktuelle astrologische Literatur, fällt es nicht leicht, einen durchgehenden roten Faden zu finden. Jeder Astrologe hat seine eigenen Kunstgriffe, obwohl sich alle auf die Tradition berufen. Dabei gibt es auch in der Astrologie, wie in anderen wissenschaftlichen Disziplinen, lebhafte Debatten zwischen Neuerern und Traditionalisten – die einen führen neue Himmelskonstellationen ein, die anderen wollen eine Verschmelzung von Astrologie und Psychologie.

Doch trotz aller Diskussionen um astrologische Systeme betrachten die meisten Astrologen die Planetenstände immer noch geozentrisch, also so, wie man sie von der Erde aus sieht.

Bis 1951 der Münchner Geologe Siegfried Schiemenz ein erstes Horoskop aus heliozentrischer Sichtweise vorstellte. Diese neue Perspektive mit der Sonne im Mittelpunkt ist nicht nur naturwissenschaftlich korrekter. Sobald man die Planetenpositionen im Moment der Geburt von der Sonne aus betrachtet, macht sich eine deutliche Veränderung beim Blick auf die sonnennahen Gestirne wie Mars, Venus und Merkur bemerkbar. Von der Erde aus gesehen, binden sie sich wie treue Vasallen an die Sonne. Aus der heliozentrischen Perspektive jedoch sind sie von dieser Bindung befreit. Dann stehen sie zueinander und zur Erde in verschiedenen Entfernungen und Winkelabständen, denen eine besondere Bedeutung zukommt.

Schiemenz orientierte sich an den Schriften von Johannes Kepler, wonach Winkel von 60 Grad und von 120 Grad als förderlich beschrieben werden, während Winkel von 90 Grad und 180 Grad als spannungsvoll gelten. Je nach Art der Planeten sollte außerdem ein Zusammentreffen von zwei Himmelskörpern bei 0 Grad positiv oder negativ wirken. Diese so genannte Konjunktion kommt zustande, wenn ein Planet einen langsameren einholt, wodurch die beiden im Geburtshoroskop grafisch eng beieinander stehen.

Geozentrisches und heliozentrisches Weltbild

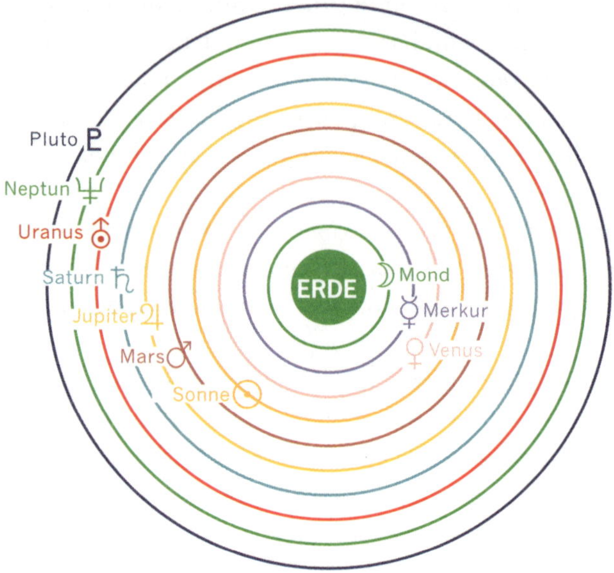

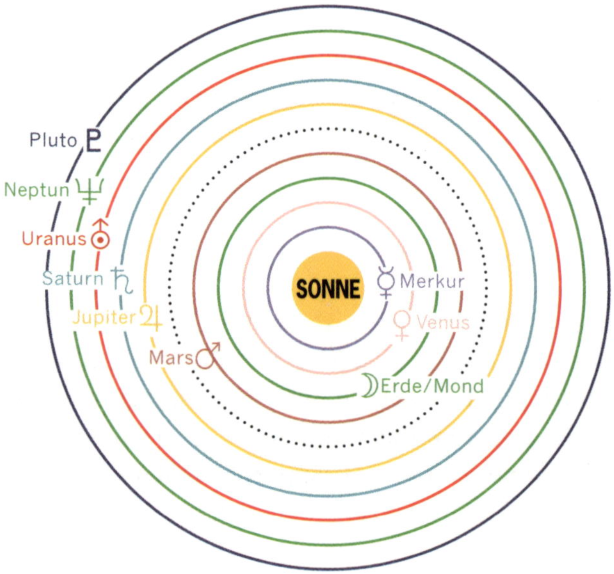

Verteilung der Planeten aus veränderter Perspektive

Für Schiemenz war die heliozentrische Perspektive auch deshalb wichtig, weil dabei die genaue Geburtszeit und der Geburtsort keine Rolle spielen – es reicht für das Kosmogramm aus, den Geburtstag einer Person zu kennen. So konnte er zum Beispiel größere Gruppen von Literaten nach Aspekten und astrologischen Figuren in Karten eintragen und mit Hilfe der Statistik deren Häufigkeit analysieren.

Ein heliozentrisches Horoskop heißt »Kosmogramm«. Es wird Ihnen in diesem Buch noch einige Male begegnen, weil man damit andere, neue Indizien und Belege finden kann.

Halten wir also fest: Methodische Regeln und Rechenregeln sagen uns, was Astrologen mathematisch analysieren können. Mit diesen klassischen Regeln ist jeder ernsthafte Astrologe vertraut, und sie werden in der Welt der Astrologie auch allgemein akzeptiert. Sowohl in der klassischen als auch in der heliozentrischen Astrologie finden sich Deutungsregeln, die wir als Generalhypothesen überprüfen. Sorgfältig und unvoreingenommen werden sämtliche Aussagen und Indizien analysiert, die für oder gegen die astrologischen Behauptungen sprechen. Einen derart fairen Prozess hat die Astrologie bisher noch nicht erlebt.

Dabei könnte es für manche Leser beunruhigend sein, wenn sie am Ende feststellen, dass sie einige Vorstellungen über sich selbst revidieren müssen. Nach geltender Meinung sind wir Produkte der Gene unserer Vorfahren, geformt durch familiäre Erfahrungen und kulturelle Einflüsse, geprägt durch eine Vielzahl biografischer Erlebnisse. Nach den Resultaten unserer wissenschaftlichen Untersuchung werden Sie diese Sicht um einige Faktoren erweitern, derer Sie sich vermutlich bisher nicht bewusst waren.

Schicksalhafte Bestimmung oder Lebenshilfe? Vom Sinn und Nutzen der Astrologie

Im Folgenden möchten wir nun der Frage nachgehen: Welchen Nutzen hat die Astrologie für Sie?

Wäre sie nur die Lösung eines intelligenten kosmischen Kreuzworträtsels, so könnte man sich an der Schönheit ihres systematischen Aufbaus erfreuen, vielleicht sogar an dem Schauspiel ihrer Helden, der Sternbilder und Planeten. Mehr aber auch nicht. Die Astrologie wurde allerdings nie als Selbstzweck betrieben, sie diente immer den Menschen. Das galt für die Sumerer, die um das Schicksal ihres Volkes bangten, und das gilt auch für den aufgeklärten Zeitgenossen.

Gunter Sachs hat sich Schritt für Schritt in den astrologischen Kosmos vorgetastet, lange zweifelnd, aber offen für alles, was ihm plausibel schien. Daraus hat er Konsequenzen gezogen, die ihm einiges im Leben erleichterten. Sein astrologisch geschulter Blick auf die Menschen war ihm eine wichtige Hilfe, um Freunde und Mitarbeiter besser verstehen und einschätzen zu können. Horoskope und Prognosen ergänzten die Fingerzeige der Sternzeichen.

Gunter Sachs gewann an Einfühlungsvermögen und konnte gelassener mit den Eigenheiten anderer umgehen. Er nahm sie ernster durch sein Bemühen, ihr Wesen zu ergründen, und gleichzeitig gab er ihren Schwächen nicht so viel Gewicht. Durch die Astrologie erkannte er, dass jeder Mensch zwar eine ziemlich genau definierte Rolle zu spielen hat, aber auch improvisieren darf. Das entwickelte Bewusstsein entscheidet letztlich darüber, ob man seine Rolle erkennt, ob man sie annimmt oder sie eigenständig variiert.

Als Korsett empfand Gunter Sachs das astrologische Koordinatensystem nie. Eher als Angebot, sein Leben, sein Umfeld und seine Pläne unter einem anderen Blickwinkel zu betrachten. Die Astrologie war für ihn eine Sonde, mit der er seine intuitiven Ahnungen vermaß. Im Keplerschen Sinne war er überzeugt, dass die Sterne nur Richtungen vorgeben, jedoch keinen Zwang ausüben.

Befreit vom mythologischen Schleier, hinter dem launische Götter mit Menschen wie mit Marionetten spielen, kann die Astrologie so etwas sein wie eine höhere Beratungsinstanz. Und wie bei jedem Rat steht es dem Menschen frei, ihn anzunehmen oder in den Wind zu schlagen. Lässt er sich jedoch beraten, werden viele Dinge transparent, die sich sonst dem Alltagsblick entziehen: Persönlichkeitsstrukturen, menschliche Charaktere und menschliches Handeln. Nicht zuletzt kann man einige Klippen erkennen, bevor man mit ihnen kollidiert.

Wo hat sich die Erde bei ihrer Reise um die glühende Sonne befunden, als Sie geboren wurden? Kann Ihr Sternzeichen – ob Sie es wollen oder nicht – einen Einfluss auf Ihren Charakter und Ihr Leben haben? Dieses Buch will zeigen, dass es tatsächlich so ist. Und zwar nicht aufgrund von Prophezeiungen geheimnisvoller Theoretiker, die in wallende Gewänder und mysteriöses Schweigen gehüllt sind, nein, aufgrund der Datenregister ganz normaler, von der Regierung angestellter und bezahlter Beamter.

Die Forschungsergebnisse, die in den folgenden Kapiteln vorgestellt werden, sind diesbezüglich auch schwer anzuzweifeln – es sei denn, man behauptet, unsere Ämter seien nicht in der Lage, Geburtsdaten, Eheschließungen und Berufe korrekt zu erfassen.

Anders als die Astrologen früherer Tage profitieren wir vom Informationszeitalter mit seinen gewaltigen Datenspeichern und Hochleistungsrechnern und finden so Zusammenhänge zwischen Geburtsdatum und gewissen Verhaltensmustern.

Ist dieser Zusammenhang wirklich überraschend? Jeder, der seinen Blick auf den klaren Nachthimmel richtet und dem Blinken und Glitzern der Sterne zusieht, weiß, dass er nur einen winzigen Bruchteil dessen sieht, was sich dort im kosmischen Maßstab bewegt. Er weiß auch, dass die Geburt des heute bekannten Universums mit einer gigantischen Explosion, dem Urknall, begann. Das bedeutet, dass jeder Stein, jede Pflanze und jedes Tier, jeder Mensch, jeder Planet und jede Galaxie desselben Ursprungs ist und denselben kosmischen Bewegungsgesetzen unterliegt.

Es sind Muster da. Sie sind genauso komplex wie wir selbst, und nur, wer sich für die Krone der Schöpfung hält, wird so selbstgefällig sein anzunehmen, er sei das Maß aller Dinge. Ganz gleich, wie man die Stellung des Menschen im unendlichen Universum definiert: Wir sind ein Teil dieses Universums.

Alles ist mit allem verbunden. Noch wissen wir wenig über die Konsequenzen, aber durch die wissenschaftliche Erforschung der Astrologie haben wir die Tür zum Unbekannten wieder einen Spalt weiter geöffnet.

Nun könnte man einwenden: Braucht man dafür wirklich die Astrologie? Kann ein einigermaßen intelligenter Mensch nicht selbst herausfinden, wer er ist, welche Fähigkeiten und Talente er hat, mit wem er harmoniert? Zweifellos ist dies möglich, und Millionen von Menschen tun es auch – jedoch nicht immer mit befriedigenden Ergebnissen. Der eine scheitert in Liebesdingen, der nächste an seinen beruflichen Zielen, ein dritter verzweifelt an den Wechselfällen von Gesundheit und Krankheit. Und selbst Menschen, die von harten Schicksalsschlägen verschont bleiben, fragen sich: Bin ich eigentlich zufrieden? Bin ich glücklich? Schöpfe ich mein volles Potenzial aus? Wo ist mein Platz in der Welt?

Die Astrologie lässt sich insofern mit einem Arztkoffer vergleichen, der eine ganze Reihe von Untersuchungsinstrumenten enthält. Sie sind nicht nur für die Diagnose körperlicher Beschwerden bestimmt, sondern auch für alles, was unseren Geist und unsere Seele aus der Balance bringt. Die

Astrologie hilft uns, wenn wir uns selbst und unsere Mitmenschen besser verstehen und dem Glück ein wenig auf die Sprünge helfen wollen – in der Partnerschaft, im Beruf, in gesundheitlicher Hinsicht.

Das heißt für die Liebe: Niemand kann vorhersagen, in wen Sie sich verlieben oder warum. Geht es aber um den Bund fürs Leben, kann Ihnen die Astrologie verraten, mit wem Sie die besten Chancen auf eine dauerhafte Bindung haben.

Vielleicht haben Sie sich ja auch schon folgende Fragen gestellt:

- Wen werde ich am ehesten heiraten?
- Wird die Ehe mit einem bestimmten Partner eher gut funktionieren oder eher nicht so gut?
- Gibt es typische Krisenphasen, auf die ich mich mit meinem Partner einstellen sollte?
- Kann ich diese Krisen überwinden?
- Wie stehen unsere Chancen auf anhaltendes Eheglück?

Sofern diese Fragen Sie bewegen, sollten Sie die Astrologie in Erwägung ziehen – als »zweite Meinung«. Damit können Sie ganz pragmatisch einige Rahmenbedingungen Ihrer Beziehungen verstehen lernen.

Ähnliches gilt für den Beruf. Es gibt Tendenzen, die sich aus dem Sternzeichen und weiteren astrologischen Parametern ablesen lassen, auch wenn die Berufe im Einzelnen variieren. Das liegt daran, dass sich ein und derselbe Beruf ganz unterschiedlich gestalten kann. Ein Kinderarzt, ein Chirurg und ein Pathologe haben alle Medizin studiert, doch ihre tägliche Arbeit hat so wenig miteinander zu tun wie die Arbeit eines Maurers mit der eines Architekten.

Trotzdem können Menschen auf ganz verschiedene Weisen in einem Beruf ihre Berufung finden und erfolgreich sein. Deshalb lohnt sich eine astrologische Diagnose, wenn Sie wissen wollen:

- Habe ich, hat mein Kind das Talent zu besonderen Lebensleistungen?
- In welcher Umgebung können diese Talente aufblühen – dort, wo Teamgeist gefragt ist, oder eher dort, wo es um Durchsetzungsvermögen geht?
- Kann ich meine Talente am besten ausschöpfen, wenn ich in einer harmonischen Umgebung arbeite oder dort, wo ich mit anderen wetteifere?

Beim Thema Gesundheit kann Ihnen die Astrologie ebenfalls Hinweise geben, wenn Sie zum Beispiel wissen wollen:

- Welche meiner Körperregionen sind gesundheitlich besonders anfällig?
- Sind gesundheitliche Risiken mit bestimmten astrologischen Dispositionen verbunden?
- Bin ich vom Typ her jemand, der eher zum Herzinfarkt neigt oder zu Allergien?
- Wo sollte ich anfangen, besonders vorzusorgen?
- Auf welche Signale meines Körpers sollte ich vor allem achten, um das Beste aus meinen gesundheitlichen Anlagen herauszuholen?
- Kann die Astrologie etwas zur Lebenserwartung sagen?

Unser Buch beschäftigt sich in jedem der drei folgenden großen Teile zunächst einmal mit dem, was funktioniert. Wir haben es empirisch an Millionen von Daten überprüft, deshalb können wir Ihnen einiges darüber sagen, was die Sterne Ihnen offenbaren. Genauso offen sagen wir Ihnen, welche astrologischen Behauptungen wir nicht bestätigen konnten.

Dabei so viel noch vorweg: Wenn man beginnt, sich eingehender mit der Astrologie zu beschäftigen, begegnet man einer Vielfalt von Begriffen. Neben den Sternzeichen, die den meisten Menschen bekannt sind, wimmelt es von Fachausdrücken wie Aszendenten, Häusern und Aspekten. Es gibt Geburtshoroskope und Tageshoroskope, Sternzeichendiagnosen und Zukunftsprognosen. Für einen astrologischen Laien eine verwirrende Materie.

Deshalb soll das folgende Kapitel zunächst für einen Überblick sorgen. Um besser verstehen zu können, woher die Annahmen der Astrologie stammen, sind dort die wichtigsten Grundlagen zusammengestellt.

Astrologie ist nichts für Ungeduldige. Natürlich können Sie das dritte Kapitel auch überspringen oder nur flüchtig durchblättern, falls Sie mehr an den Ergebnissen als an den Voraussetzungen interessiert sind. Andererseits ist es sehr anregend und wird zum Verständnis der Untersuchungen hilf- und aufschlussreich sein. Was zunächst wie ein Buch mit sieben Siegeln erscheint, erweist sich bei näherem Hinsehen als ein äußerst logisch aufgebautes System – als eine Arithmetik des Universums.

3 Grundlagen der Astrologie

Erste Weichenstellung – die Sternzeichen

Für Astronomen ist die Astrologie eine höchst seltsame, fast anachronistische Angelegenheit. Seit der Kopernikanischen Wende wissen wir: Die Erde dreht sich um die Sonne. Doch nach wie vor gewinnt der überwiegende Teil der Astrologen auch heute noch seine Erkenntnisse vom Standort Erde aus. Denn nur von der Erde aus gesehen scheint sich die Sonne auf einer festen Bahn über den Himmel zu bewegen.

Gunter Sachs hielt es mit Kepler, der meinte: »Wir reden nicht von der Tätigkeit der Sterne, sondern von der Empfänglichkeit in den Naturen der irdischen Körper.«

Anders gesagt: Nicht der astronomische Blickwinkel, sondern die Beweisbarkeit von Auswirkungen sollte ausschlaggebend für eine Beurteilung sein.

Die scheinbare Sonnenbahn teilten die frühen Astrologen in verschiedene Abschnitte ein, die Sternbilder. Wir verdanken sie den Sumerern, die schon im dritten Jahrtausend v. Chr. begannen, seltsame Figuren auf ihre Himmelskarten zu zeichnen: Dabei verbanden sie bestimmte Fixsterne mit einer Linie, ein Verfahren, das an Malen nach Zahlen erinnert. Plötzlich belebte sich der Himmel. Aus dem unendlichen Sternenmeer traten Bilder hervor, in denen die ersten Astrologen Gottheiten zu erkennen glaubten.

Um 400 v. Chr. legten die Babylonier einen Reigen von zwölf Sternbildern fest und teilten den astronomischen Kosmos in zwölf gleiche Teile von 30 Grad, die bis heute gültigen Sternzeichen. Für die einzelnen Abschnitte verwendeten sie verschiedene Symbole. Mal sahen sie Tiere wie Widder oder Löwe, mal einen Gegenstand, die Waage, aber auch menschliche Wesen wie Jungfrau und Zwillinge. Offenbar waren die Tiere am faszinierendsten, denn sie gaben der Gesamtheit der Sternbilder ihren Namen: Tierkreis. Er wird auch Zodiakus genannt, hergeleitet aus dem altgriechischen zóon, was Tier bedeutet.

Damit war der Sternen-Parcours der Sonne abgesteckt. Im Laufe des Jahres »durchläuft« sie die zwölf Tierkreiszeichen, beginnend im Frühling mit dem Widder bis hin zu den Fischen am Ende des Winters.

In einem dieser Sternzeichen sind Sie geboren. Sehr wahrscheinlich kennen Sie es, so wie einer Umfrage zufolge 97 Prozent der Deutschen. 54 Prozent kennen übrigens auch das Sternzeichen ihres Partners, ihrer Familie und ihrer engen Freunde. Und möglicherweise haben Sie selbst schon einmal versucht, das Sternzeichen eines Gegenübers zu erraten.

Die Auswahl ist vorgegeben: Widder, Stier, Zwillinge, Krebs, Löwe, Jungfrau, Waage, Skorpion, Schütze, Steinbock, Wassermann, Fische. Seit mehr als zweitausend Jahren ist diese Abfolge astrologisch und kalendarisch festgelegt.

Das hätte auch so bleiben können, wenn die Erde nicht eine höchst originelle Torkelbewegung vollführen würde. Diese entsteht durch die Richtungsänderung der Erdachse, ausgelöst durch die Gezeitenkräfte von Sonne und Mond sowie durch die Tatsache, dass unser blauer Planet keine exakte Kugelform hat.

Die ersten, die sich verwundert die Augen rieben, waren die Babylonier. Sie stellten nämlich fest, dass die Position der Fixsterne leicht variierte, ahnten aber nicht, dass sie selbst auf einem rotierenden Planeten standen – noch dazu auf einem torkelnden. Auch dem griechischen Astronomen Hipparchos fiel im zweiten Jahrhundert v. Chr. auf, dass die Fixsterne, ganz anders, als ihr Name es vermuten ließ, gar nicht so feste Plätze besetzten. Doch erst sehr viel später entdeckte Kopernikus die sogenannte Präzession, die Verschiebung des Frühlingspunktes.

Von der Erde aus betrachtet, verschieben sich damit auch die Sternbilder, sodass der Wechsel von einem Zeichen ins nächste von Jahr zu Jahr leicht unterschiedlich ausfällt. Wir sprechen hier allerdings von äußerst geringfügigen Abweichungen – mit einer Verschiebung von einem Jahr während eines Zyklus von etwa 25 800 Jahren.

In unseren früheren Untersuchungen folgte die Einteilung der Tierkreiszeichen nach einheitlichen Stichtagen, obwohl die Tage, an denen die Sonne von einem Tierkreiszeichen ins nächste übergeht, jedes Jahr ein klein wenig variieren. Ein willkommener Anlass für Kritiker, die gesamten Forschungsergebnisse in Frage zu stellen. Gunter Sachs nahm sich vor, diese geringfügige Variation fortan in seine Untersuchungen einzubeziehen, nicht zuletzt, um zu prüfen, ob es sich um einen ernsthaften Kritikpunkt oder lediglich um kleinliche Beckmesserei handelte. Für das vorliegende Buch wurden deshalb Beginn und Ende des Sternzeichenzeitraums für jedes einzelne Jahr mithilfe der Ephemeridentabellen errechnet.

Je nachdem, in welchem Sternzeichen die Sonne bei der Geburt stand, schließen Astrologen daraus auf gewisse Eigenschaften, Vorlieben und Verhaltensweisen. Nach der Grundannahme der Astrologie ist die Stunde der Geburt somit weit mehr als nur der Anlass für eine alljährlich wiederkehrende Party.

Gunter Sachs sei stolz auf sein Sternzeichen gewesen, meint seine ehemalige Sekretärin Martha Kundert: »Es gibt ja Skorpione, die, nach ihrem Sternzeichen gefragt, beinahe verschämt und fast schon entschuldigend sagen, dass sie ein solcher sind. Ich persönlich finde, dass dies bei keinem der andern Sternzeichen so ausgeprägt der Fall ist wie gerade beim Skorpion. Irgendwie haftet diesem Zeichen völlig zu Unrecht ein schlechtes Image an. Nicht so bei Gunter Sachs! Er war stolz darauf, ein Skorpion zu sein, stolz auf seine kraftvolle, tiefgründige, gründliche, geheimnisvolle und etwas mystische Wesensart.«

In der Systematik der Sternzeichen gibt es seit der antiken Elemente-Lehre außerdem enge Wahlverwandtschaften. Es war der Naturphilosoph Empedokles, der im fünften Jahrhundert v. Chr. die bestehenden Theorien zu einer Struktur verdichtete und alles Sein auf vier Elemente zurückführte: Feuer, Wasser, Luft und Erde. Sie standen gleichzeitig für Gottheiten und für Eigenschaften.

Das Feuer betrachtete Empedokles als Prinzip von Energie, Leidenschaft und Ehrgeiz. Dem Wasser sprach er sanfte und nachgiebige Eigenschaften zu, der Luft ein quirliges, auf Veränderung bedachtes Temperament, während die Erde für Beständigkeit stand.

Auf dem Tierkreis bilden jeweils drei Sternzeichen, die an den Punkten eines gedachten gleichschenkligen Dreiecks stehen, ein Trio desselben Elements. Feuerzeichen sind Widder, Löwe und Schütze. Zu den Luftzeichen gehören Zwillinge, Waage und Wassermann, als Wasserzeichen bezeichnet man Krebs, Skorpion und Fische, und zu den Erdzeichen zählen Stier, Jungfrau und Steinbock.

Astrologische Elemente

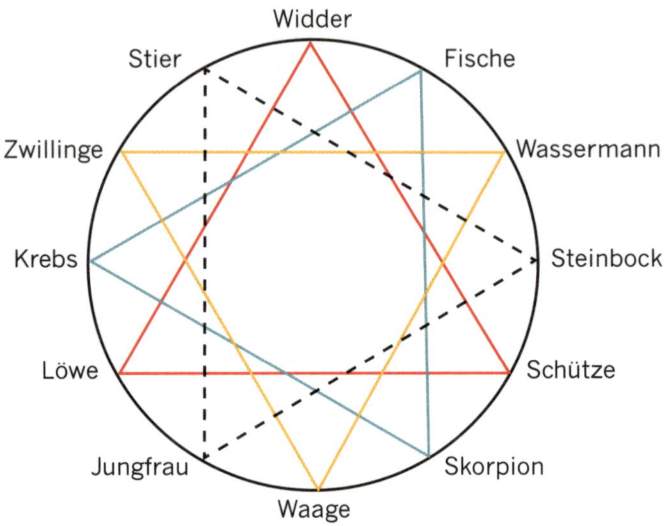

———	Element Feuer:	Widder, Löwe, Schütze
———	Element Luft:	Zwillinge, Waage, Wassermann
- - - - -	Element Erde:	Stier, Jungfrau, Steinbock
———	Element Wasser:	Krebs, Skorpion, Fische

Durch solche Einteilungen kristallisierten sich gewisse Kontinuitäten heraus, unabhängig von Zeitgeist und astrologischer Schule. Zugleich setzt jeder Astrologe seine eigenen Schwerpunkte, nimmt eigene Bewertungen vor. Wir haben es nun mal mit einer höchst lebendigen Materie zu tun.

Im Folgenden finden Sie nun die gebräuchlichsten Charakterisierungen der Sternzeichen.

♈ Widder – 21. März bis 20. April

Der Widder, so heißt es, will mit dem Kopf durch die Wand. Man sagt ihm nach, er sei dynamisch, impulsiv, kämpferisch, extrovertiert und spontan. Er könne sich gut selbst darstellen und sei prädestiniert für Führungsaufgaben. Abhängigkeit und Routine, sei es privat oder beruflich, ertrage er nicht. Konkurrenzsituationen hingegen spornten ihn an, sie seien für ihn eine willkommene Herausforderung. Listen und Winkelzüge lehne er ab, er agiere immer geradlinig. Der Widder scheue keine Gefahr, um ans Ziel zu gelangen, liebe die Geschwindigkeit und die Abwechslung. Widder-Geborenen attestiert man ungewöhnlichen Mut und einen hohen Energie-Level. Sie seien die typischen Erfolgsmenschen.

♉ Stier – 21. April bis 20. Mai

Der Stier gilt als gemächlicher Genussmensch. Astrologen halten ihn für solide, geduldig, anhänglich und praktisch veranlagt. Außerdem neige er als sinnliches Sternzeichen zu gutem Essen und sei bestrebt, für sein materielles Wohl zu sorgen; großen Wert lege er deshalb auf ein hohes Einkommen. Seine Mentalität sei konservativ und traditionsbewusst, romantische Gefühle lägen ihm weniger. Besonders falle sein Sicherheitsbedürfnis auf. Stier-Geborene sollen besonders bodenständig sein. Oft etikettiert man sie als »Fels in der Brandung«, da sie am Bewährten festhalten sollen. Dies hindere sie jedoch nicht daran, kreativ zu werden.

♊ Zwillinge – 21. Mai bis 21. Juni

Zwillinge, so sagt die Astrologie, seien spielerisch veranlagt, neugierig, humorvoll, lebhaft und vielseitig interessiert. Das äußere sich manchmal in einer gewissen Sprunghaftigkeit, berge aber auch den Vorteil der Flexibilität. Im Sternbild Zwillinge Geborene zeigten sich besonders wissensdurstig. Oft seien sie gebildete, intellektuelle Menschen, die von anderen um Rat gefragt werden. Ihr Talent sei die Kommunikation, das Knüpfen von Kontakten. Zusammen mit ihrer raschen Auffassungsgabe und ihrem angesammelten Wissen mache sie das anregend für andere. Eine gewisse Grundunruhe rühre von der Doppelgesichtigkeit des Zwillings her, in dessen Herzen zwei Seelen wohnten. Das beschere ihm überdies ein rasches Tempo bei allem, was er erledige, da der Zwilling-Geborene am liebsten gleich mehrere Projekte nebeneinander in Angriff nehme.

♋ Krebs – 22. Juni bis 22. Juli

Der Krebs-Geborene wird als ein Mensch beschrieben, der im Widerstreit von Verstand und Gefühl lebe, was ihn manchmal launisch erscheinen lasse. Im einen Moment sei er liebenswürdig und gesellig, im nächsten Augenblick falle er in ein Stimmungstief. Im Übrigen sei er gefühlvoll, sensibel, fürsorglich und schätze die Häuslichkeit. In der Beziehung zu anderen Menschen suchten Krebs-Geborene Bestätigung und seien schnell vor den Kopf gestoßen, wenn sie sich nicht anerkannt fühlten. Umgekehrt könnten sie sogar monotone Routinearbeiten ertragen, wenn das menschliche Klima stimmt. In Gelddingen sagt man ihnen eine glückliche Hand nach, ganz gleich, ob es sich um selbständige Arbeit oder einen lukrativen Job handelt. In der Liebe sehnten sie sich nach tiefen Bindungen und hätten eine romantische Ader.

♌ Löwe – 23. Juli bis 23. August

Der Löwe gilt als Inbegriff von Mut und Kraft, gepaart mit Selbstbewusstsein und Großzügigkeit. Manche Astrologen sprechen auch von königlicher Souveränität, von einem Fluidum selbstverständlicher Überlegenheit. Da Löwe-Geborene einen ausgeprägten Stolz haben sollen, erwarteten sie stets, dass man sie äußerst respektvoll behandle. Ihre Arbeit erledigten sie mit großem Engagement und einer Extraportion

Persönlichkeit. Ausgeprägten Ehrgeiz entwickle der Löwe jedoch nicht, da er eine bequeme Seite besitze. Eher sei er an natürlicher Macht interessiert, was er durch sein äußeres Auftreten betone.

♍ Jungfrau – 24. August bis 23. September

Die Jungfrau ist der astrologischen Typologie zufolge ein Sternzeichen, das von Fleiß, Akkuratesse, Nachdenklichkeit und Selbstlosigkeit geprägt ist. Jungfrau-Geborene seien bereit, viel zu geben, jedoch nicht im Sinne des Aktionismus – dafür sei ihr Blick zu stark nach innen gerichtet. Vorsicht und Passivität seien charakteristisch, so wie Organisationstalent, Ordnungsliebe und Perfektionismus. Jungfrauen charakterisiert die Astrologie als zuverlässig, sie verfügten außerdem über eine hohe Arbeitsmoral. Sie seien äußerst realistisch und betrachteten alles mit einem Sinn für die zugrunde liegende Systematik. Mit ihrer Akribie seien sie gewissenhafte Arbeiter, aber auch scharfzüngige Kritiker. In Liebesdingen werde ein Hang zu Inszenierung und Variantenreichtum deutlich, dabei bleibe die Jungfrau jedoch sehr kontrolliert.

♎ Waage – 24. September bis 23. Oktober

Die Waage gilt als das Sternzeichen, dem besonders an Harmonie gelegen ist. Waage-Menschen sagt man nach, dass sie um Ausgleich bemüht sind und diplomatisches Geschick besitzen, sie seien kontaktfreudig und beziehungsfähig. Auffallend sei ihr Charme, mit dem sie andere für sich einnehmen. Ganz im Einklang mit den Waagschalen des Zeichens wird auf ihren ausgeprägten Gerechtigkeitssinn hingewiesen. Als geistig ambitioniertes Sternzeichen favorisiere die Waage den intellektuellen Austausch. Ihre Begabung seien Einfühlungsvermögen und Kreativität. Eine besondere Rolle spiele das Faible für Schönheit und Stil, was der Waage den Ruf einbrachte, einen erlesenen Geschmack zu haben.

♏ Skorpion – 24. Oktober bis 22. November

Der Skorpion ist ein Sternzeichen, das mit Kraft, Energie und Leidenschaftlichkeit assoziiert wird. Skorpion-Geborene sollen einen starken Forscherdrang besitzen, der erst befriedigt sei, wenn eine Sache bis ins letzte Detail ergründet ist. Vor allem Geheimnissen gehe der Skorpion auf den Grund – dieses Ziel setze er mit einer starken Willenskraft durch. Viele Astrologen betonen überdies, der Skorpion übe eine nahezu magnetische Anziehungskraft auf andere aus. In Liebesdingen gilt der Skorpion als stürmischer Eroberer, häufig geplagt von Eifersucht. Er habe eine hervorragende Intuition und einen nahezu detektivischen Spürsinn im Umgang mit Menschen. In Konfliktsituationen könne er sehr energisch werden und sei anschließend nachtragend. In verlässlichen Freundschaften sei er hingegen ausgesprochen großzügig und loyal.

♐ Schütze – 23. November bis 21. Dezember

Dem Schützen ordnet man Eigenschaften wie Zielorientiertheit und eine optimistische Einstellung zu. Er setze sich hohe Ziele, wolle stets expandieren, gewohnte Grenzen überschreiten, den Horizont erweitern. Geistig und körperlich zeichne ihn eine ungewöhnliche Beweglichkeit aus, deshalb liebe er sportliche Aktivitäten und Reisen. Der Schütze schätze die Freiheit, erweise sich aber auch als hilfsbereit, wenn er gebraucht wird. Eine charakteristische Eigenschaft des Schütze-Geborenen, so betonen Astrologen, sei Ehrlichkeit und Authentizität. Seine Meinung äußere er sehr direkt. Umso mehr störe ihn unaufrichtiges Verhalten bei anderen Menschen.

♑ Steinbock – 22. Dezember bis 20. Januar

Steinbock-Geborene, so beschreibt es die Astrologie, seien genügsam und ausdauernd. Sie stehen im Ruf, sachlich und objektiv zu denken und in allen Dingen methodisch vorzugehen. Dies charakterisiere auch die Strategie des Steinbocks bei seinem typischen Wunsch, hoch hinaus zu wollen. In seinem Handeln zeige er sich sehr pflichtbewusst und verantwortungsvoll, bis hin zur Aufopferung. Er könne beharrlich schwere körperliche Arbeit verrichten und sei gewissenhaft bei allem, was er tue. Diese Beharrlichkeit, gepaart mit Fleiß, bringe ihm oft eine beachtliche Karriere ein. Da Steinböcke emotional eher kühl und verschlossen seien, seien Partnerschaften schwierig – entsprechend seien unstete Beziehungen möglich.

♒ Wassermann – 21. Januar bis 19. Februar

Der Wassermann-Geborene ist gemäß der Sternzeichendeutung ein unkonventioneller und stark extrovertierter Zeitgenosse. Legendär sind die schöpferischen Gaben, die Astrologen ihm zusprechen. Er sei vorrangig an Neuem und an der Veränderung des Bestehenden interessiert. Der Wassermann gilt als radikaler Individualist. Astrologen nennen ihn einfallsreich, originell und experimentierfreudig, was ihn zum Erfinder prädestiniere. Unterordnen wolle und könne er sich nicht. Aufgrund seiner Eigenständigkeit lasse er sich auch nicht gern kontrollieren. Seine Gefühlswelt sei wenig intuitiv, denn er neige dazu, seine Emotionen aus einer gewissen inneren Distanz heraus zu analysieren. Andererseits seien ihm Freundschaften besonders wichtig.

♓ Fische – 20. Februar bis 20. März

Das Fische-Sternzeichen steht in der astrologischen Typologie für einen sensiblen, intuitiven, fantasiebegabten Zugang zur Welt und zu anderen Menschen. Auffallend sei eine Affinität zu Geheimnissen und Übersinnlichem. Fische-Geborenen falle es schwer, sich zu organisieren und Entscheidungen zu treffen, deshalb bräuchten sie länger als andere, um ihren Weg zu finden. Ihre Fähigkeit zu Empathie und Mitgefühl mache sie zu idealistischen Helfern, auch in professioneller Hinsicht – und das trotz ihres Hangs zum Einzelgängertum. Sie seien hin- und hergerissen zwischen dem Bedürfnis, die Einsamkeit zu suchen und dem Wunsch, einen einfühlsamen Partner zu finden. Oft kaschierten sie ihre schüchterne, introvertierte Art durch demonstrativ starke Auftritte.

Wer sich für Astrologie interessiert, wird jetzt erst einmal neugierig geworden sein, ob und inwiefern die Charakteristik seines Sternzeichens dem eigenen Selbst entspricht. Dabei sollte man berücksichtigen, dass eine Reihe weiterer Faktoren für die individuelle Diagnose eine Rolle spielen – sie werden im Laufe dieses Kapitels vorgestellt.

Doch allein die zwölf Sternzeichen-Kategorien sind so aussagekräftig, dass Gunter Sachs sie bei der Einschätzung von Menschen als äußerst hilfreiche Orientierung empfand. Schauen wir uns ein Beispiel an: sein Faible für Fische-Frauen. Einer seiner Grundsätze war zum Beispiel: »Sei nie der Ratgeber eines Fisches. Er hört dir aufmerksam mit großen Augen zu und tut dann doch das Gegenteil.« Deshalb gebe er Fische-Geborenen eigentlich nie konkrete Ratschläge, wenn sie ihn danach fragten.

Seine Studioassistentin Marion Bierling, eine Fische-Frau, erzählt: »Gunter Sachs ließ zwei Horoskope für mich erstellen, eines davon bei seinem langjährigen Berater, dem schweizerischen Astrologen Michael Vescoli. Gemeinsam haben wir dann die Horoskope gelesen, in denen erwähnt wurde, Fische-Geborene träfen ihre Entscheidungen am besten aus dem Bauch heraus.

›Folge deiner Intuition‹, sagte er mir, ›und höre nicht auf einen analytischen Menschen wie mich.‹ Dies entsprach der Erkenntnis, dass der Fische-Geborene nun einmal wenig Talent zum Planen hat. Daran musste ich später oft denken, denn es stimmte.«

Andererseits haben Sternzeichen-Typologisierungen auch einen Nachteil: Die üblichen Beschreibungen bleiben recht allgemein. Selbst wenn man darin Übereinstimmungen mit sich selbst entdeckt, wird man auch bei anderen Sternzeichen etwas finden, was man für sich selbst typisch hält.

Insofern wirken Sternzeichen-Portraits wie ein Polaroid-Foto, auf dem man die dargestellte Person erkennt, das aber noch mehr und schärfere Konturen benötigt. Dies war der Grund, warum Gunter Sachs nach statistisch messbaren Verhaltensweisen suchte, statt sich allein mit historisch entstandenen Charakterisierungen zufriedenzugeben.

Einflussreiche Gestirne?
Sonne, Mond und Planeten

Die Vorratskammer der Sterndeutung erschöpft sich bei weitem nicht in den Tierkreiszeichen. Sie sind zwar ein guter Anhaltspunkt, um Persönlichkeit und Verhalten zu bestimmen, jedoch rückt das Zusammenspiel von Sonne, Mond und Planeten im Augenblick der Geburt in den Mittelpunkt. In der Vorstellung der Griechen stellten die Gestirne zugleich Götterwesen dar. Ganz wie ihre göttlichen Pendants repräsentierten sie verschiedene geistig-seelische Bereiche der menschlichen Natur, mit individuellen Stärken und Schwächen. Es ist bezeichnend für die ganzheitliche Denkungsart der Astrologie, dass neben solchen Einteilungen auch der Körper in diesem Bezugssystem seinen Platz hat. Die folgende Tabelle gibt einen Überblick mit einer Auswahl von Entsprechungen:

Astrologische Planeteneinflüsse

Planet	Kompetenz	Körperteil
Sonne ☉	Gesamte geistige Lebensaufgabe	Herz, Zentrum des Lebens
Mond ☽	Bauchgefühl, Unterbewusstsein, geistige Aufgabe im Alltag, Seele, Gemüt	Bauch, Lymphsystem, Gebärmutter, Brüste
Merkur ☿	Verstand, Denkkraft, Kombinationsgabe, Logik	Zentrales Nervensystem, Lunge, Schultern, Arme, Hände
Venus ♀	Beziehungskraft, Genussliebe, Harmonieempfinden, Kunst, Liebe	Hormonsystem, Gebärmutter, Venenkreislauf, Nieren
Mars ♂	Angriffskraft, Schlagkraft, Einsatz	Muskeln, Hoden, motorisches Nervensystem
Jupiter ♃	Anleitung, Koordination, Zielorientierung	Verdauungssystem, Stoffwechsel
Saturn ♄	Beharrlichkeit, Ausdauer, Durchhaltevermögen	Skelettsystem
Uranus ♅	Sprengkraft, radikale Umbrüche	Vegetatives Nervensystem, Reflexe
Neptun ♆	Kooperation, intuitive Ordnung	Hirnstamm, Sensitivität
Pluto ♇	Verwandlungskraft, Auflösung, Reinigung	Regenerationssystem, Instinkte

Nach astrologischer Sicht üben die Planeten einen erheblichen Einfluss auf die Menschen aus. Je nach Kompetenz prägen sie Eigenschaften und Fähigkeiten, je nach körperlicher Zuständigkeit die gesundheitliche Verfassung, wozu es bereits in früheren Untersuchungen wichtige Hinweise gab.

So entdeckte etwa der französische Psychologe Michel Gauquelin vor 50 Jahren in den Geburtshoroskopen erfolgreicher Sportler auffällige Marspositionen und bei herausragenden Wissenschaftlern auffällige Saturnpositionen: Mars, der Kämpferische, Angriffslustige, könne demnach für ausreichend schlagkräftige Energie sorgen, Saturn dagegen das beharrliche, gewissenhafte Arbeiten begünstigen.

Zu beachten ist dabei auch, dass die Planeten – Astrologen zählen auch Sonne und Mond dazu – mit sehr unterschiedlichem Tempo ihre Bahnen ziehen. Es gibt ausgesprochene Sprinter wie den Mond, der den Tierkreis in etwa 28 Tagen durcheilt, oder Merkur, der es in etwa zwölf Monaten schafft, getreu seinem mythologischen Namenspatron, dem hurtigen Götterboten mit den geflügelten Schuhen.

Pluto dagegen scheint sich kaum vom Fleck zu rühren: Seine Reise durch die Sternbilder dauert behäbige 248 Jahre – aus der irdischen Perspektive, wohlgemerkt. Sehr viel Zeit lassen sich auch Uranus mit etwa 84 Jahren und Neptun mit etwa 165 Jahren. Man nennt sie deshalb Generationsplaneten, denn sie verharren so lange im selben Sternbild, dass ganze Generationen von derselben Kombination aus Sternbild und Planet begleitet werden. Astrologen halten es daher auch für möglich, dass sie in längeren Zeiträumen den Zeitgeist prägen.

Entwicklungsperspektiven – der Aszendent als »Tor zur Welt«

Zwei weitere Mitspieler im Kräfteverhältnis der Gestirne sind Aszendent und Deszendent.

Der Name Aszendent leitet sich vom lateinischen *ascendere* – aufsteigen her. Er ist das Sternbild, das im Moment der Geburt am östlichen Horizont aufsteigt. Dieser steht auf dem

Kreis des Radixhoroskops, anders als auf einer Landkarte, links. Ihm gegenüber liegt der Deszendent, abgeleitet aus dem lateinischen *descendere* – absteigen. Damit bezeichnet man wiederum das Sternbild, das bei der Geburt gerade am westlichen Horizont versinkt.

Von zentraler Bedeutung ist der Aszendent, der auch den Beinamen »Tor zur Welt« hat. Dieser Titel wurde ihm verliehen, weil er für die Verwirklichung von Anlagen und Eigenschaften steht. Es gibt zwölf Aszendenten, entsprechend den Tierkreiszeichen. Der Aszendent ist eine höchst individuelle Größe, da sich wegen der Erdumdrehung alle zwei Stunden ein neues Tierkreiszeichen als Aszendent vom Horizont erhebt.

Aus der Kombination der Tierkreiszeichen mit den Aszendenten ergeben sich rechnerisch 144 zusätzliche Ausprägungen – für Astrologen ein zentrales Spielfeld des Lebens.

Jemand kann also im Sternzeichen Waage geboren sein und als Aszendenten den Skorpion oder eines der weiteren elf Zeichen haben. Oft ergeben sich daraus interessante Spannungsverhältnisse. Nach der Lehre der Astrologie bestimmt das Sternzeichen die Anlagen und Eigenschaften eines Menschen, während der Aszendent für deren Verwirklichung steht, was bedeutet, wie der Mensch auf seine Umwelt wirkt und wie er von ihr wahrgenommen wird. Kurz gesagt: Das Sternzeichen entscheidet über das »Was«, der Aszendent über das »Wie«.

Die Kombination beider Faktoren lässt eine differenziertere Sichtweise zu. Aus den unterschiedlichen, manchmal sogar gegensätzlichen Charakteristika deuten und modellieren Astrologen ein erweitertes Bild der Persönlichkeit und deren Handeln. Welchen der beiden Einflüsse sie stärker gewichten, bemisst sich daran, wo Sonne, Mond und Planeten bei der Geburt stehen – ob sich dann besonders bedeutende Gestirne nah am Aszendenten aufhalten oder nicht.

Die 144 zusätzlichen Optionen erweitern das Spektrum astrologischer Deutungen ganz beträchtlich. Dies übersehen Kritiker, wenn sie nur die Sternzeichen thematisieren und den Einwand erheben, zwei am selben Tag geborene Menschen seien oft komplett unterschiedlich und hätten auch völlig verschiedene Schicksale.

Für Gunter Sachs war die Kenntnis des Aszendenten in jedem Fall sehr aufschlussreich, weil er über das bloße Sternzeichen hinaus weitere Hinweise auf den Charakter und das Verhalten einer Person erhielt. Wobei er sich nahezu ausschließlich auf eigene Beobachtungen bezog, weil in den Datenregistern wie der Schweiz die Geburtsminute nicht zentral erfasst wurde – was umfangreichere Auswertungen unmöglich machte. Unabhängig davon werden Ihnen Aszendenten und ihre Bedeutungen an verschiedenen Stellen im Buch begegnen.

Vernetzte Beziehungen – die Aspekte

Jede Sache kann man unter verschiedenen Aspekten betrachten – mit dieser einfachen Feststellung offenbart die Alltagssprache zugleich etwas Wesentliches über die Beziehungen der Gestirne. Denn je nach Blickwinkel verändert sich eine Sache. Und je nachdem, aus welchem Blickwinkel die Gestirne einander »anschauen«, kann sich auch ihre Deutung entscheidend verändern.

Goethe, der sein Geburtshoroskop genau analysiert hatte, schrieb über den Tag seiner Geburt: »Jupiter und Venus blickten sich freundlich an.« Hinter der poetischen Formulierung verbirgt sich die Geometrie der Sterne: Auf den Winkel kommt es an. Stehen zwei Planeten in einem harmonischen Winkel zueinander, sollen sie sich gegenseitig verstärken, mit erfreulichen Auswirkungen für den betreffenden Menschen. Was aber ist ein »harmonischer« Aspekt?

Die Astrologie beobachtete von jeher nicht nur die Position einzelner Gestirne, etwa in den Häusern, sondern auch deren Abstände und die Stellung zueinander. Um diese Konstellationen präzise zu berechnen und zu beschreiben, arbeiten Astrologen mit Winkelgraden, die Aspekte genannt werden. Gemessen werden die Abstände von Planeten, ausgerichtet an der Gradeinteilung des Radixkreises.

Für die vorliegenden Untersuchungen sind die Aspekte im Geburtshoroskop besonders wichtig, weil sie aus astrologischer Sicht etwas über den späteren Lebensweg sagen können: ob man etwa Talent zum Sportler oder Schachspieler hat, oder ob man womöglich die Voraussetzungen für eine langjährige Ehe erfüllt.

Man könnte die Gestirne mit einem Fußballteam vergleichen. Stehen die Teammitglieder in einer guten Beziehung zueinander, kommt es zu positiven Synergien im Zusammenspiel: Jeder kann sein Bestes geben. Ist das Verhältnis jedoch gespannt, kommen nicht die jeweiligen Stärken zum Zuge, vielmehr offenbaren sich die Schwächen.

Anders als der Teamgeist einer Fußballmannschaft können die Gestirns-Konstellationen mathematisch exakt bestimmt werden. Um sie zu klassifizieren, hat man die wichtigsten Planetenabstände mit Begriffen belegt:

- Konjunktion = 0 Grad (zwei Planeten sind unmittelbare Nachbarn)
- Sextil = 60 Grad
- Quadrat = 90 Grad
- Trigon = 120 Grad
- Opposition = 180 Grad

Hauptaspekte

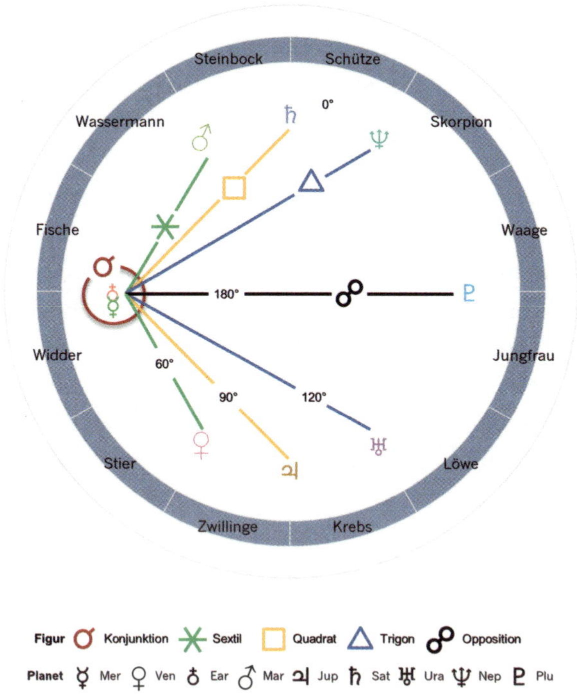

Dazu gesellt sich als Nebenaspekt das Quintil, wenn Planeten im Winkelabstand von 72 Grad zueinander stehen. Johannes Kepler hatte diesem Aspekt eine besondere Bedeutung zugemessen.

Jedem dieser Aspekte wird eine Eigenschaft für ein Horoskop zugesprochen: Sextil, Trigon und Quintil sollen harmonisch, Quadrat und Opposition disharmonisch wirken, dazu kommt die Konjunktion. Letztere nimmt eine Sonderrolle ein, da sie je nach Planetenkombination fördernd oder hinderlich wirken kann. Diese Aspekte gelten als »stark«. Da die Winkelgrade immer nur in einem begrenzten Zeitraum exakt sind, gehen Astrologen davon aus, dass eine Qualität auch kurz vor und kurz nach dem genauen Winkelgrad spürbar ist. So wie man bei der Uhrzeit von »kurz vor zwölf« oder »kurz nach zwölf« spricht, umgibt auch die präzisen Winkelgrade ein Streubereich, in dem sie bereits oder noch gültig sind. Dieser wird Orbis genannt. Legt man beispielsweise einen Orbis von 3 Grad fest, so zählt ein Winkel zwischen 177 Grad und 183 Grad als Opposition.

Bei der Frage, wie sich die Konstellation der Planeten im Leben eines Menschen bemerkbar macht, haben die Aspekte eine elementare Bedeutung. Spannungsverhältnisse zwischen Sonne, Mond und anderen Planeten sollen für Probleme und Konflikte sorgen, während günstige Winkel Kräfte bündeln mögen. Von einer »schlechten Aspektierung« eines Planeten wird gesprochen, wenn die so genannten Übeltäter Mars, Saturn und Uranus in einem gespannten Aspekt zu diesem Planeten stehen.

Mit den Aspekten hat sich die Astrologie eine wichtige zusätzliche Deutungsebene geschaffen. Sie beginnt beim Geburtshoroskop und fächert sich im Laufe des Lebens immer wieder neu auf. Durch die Winkelgrade gewinnt die astrologische Choreografie eine zusätzliche Dynamik, insbesondere weil die Planeten unterschiedlich schnell ihre Bahn ziehen und sich so permanent neue Konstellationen ergeben.

Auch Siegfried Schiemenz, dessen heliozentrische Betrachtungsweise (siehe Seite 85) uns noch intensiv beschäftigen wird, verwendet die oben genannte Grundeinteilung der Aspekte, ergänzt um eigene Begriffe (siehe Anhang Seite 258). Die Besonderheit seiner Entdeckung war die Anhäufung von gleichartigen Aspekt-Figuren in einzelnen Kosmogrammen, etwa zu einem großen Trigon, einem großen Quintil, einem Sextiltrapez oder einer Troika, im astrologischen Sprachgebrauch sonst als Stellium bezeichnet. Eine solche Konzentration von Planeten soll eine zusätzliche verstärkende Wirkung haben. Dazu nachfolgend einige Beispiele.

Heliozentrische Geburtshoroskope

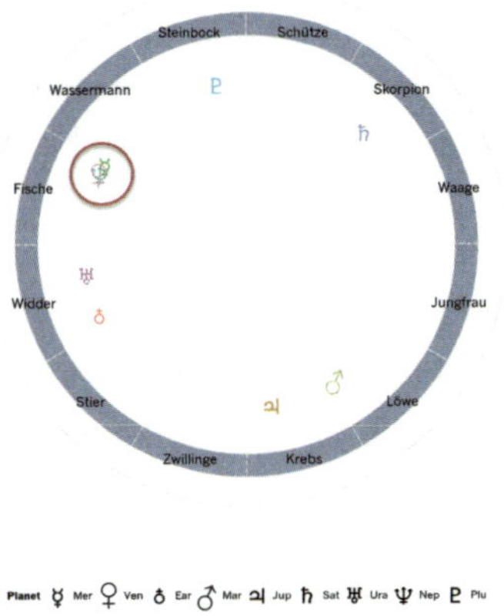

Troika aus Merkur, Neptun, Venus

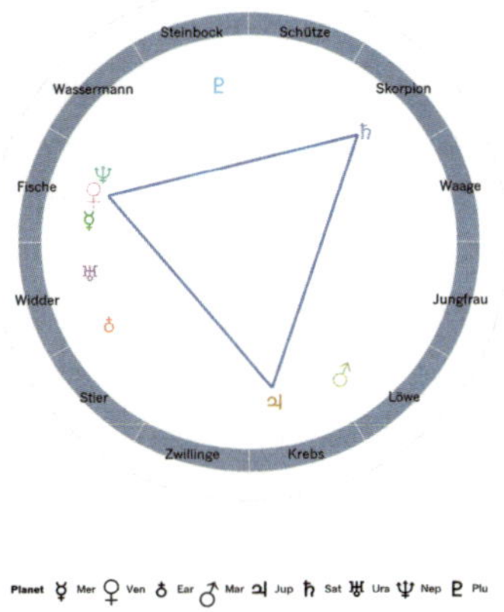

Großes Trigon aus Jupiter, Saturn, Venus

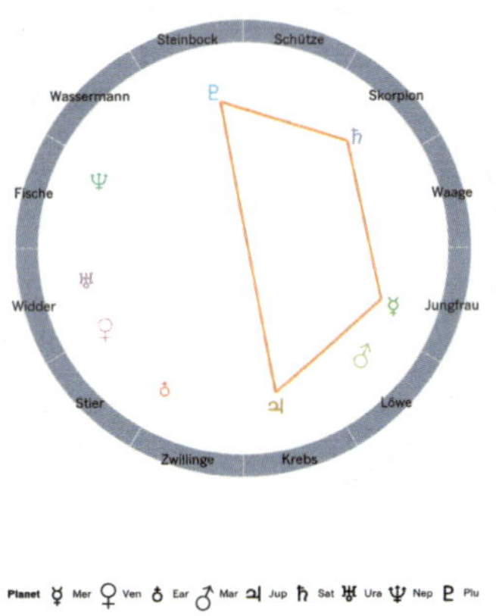

Sextiltrapez aus Jupiter, Saturn, Pluto, Merkur

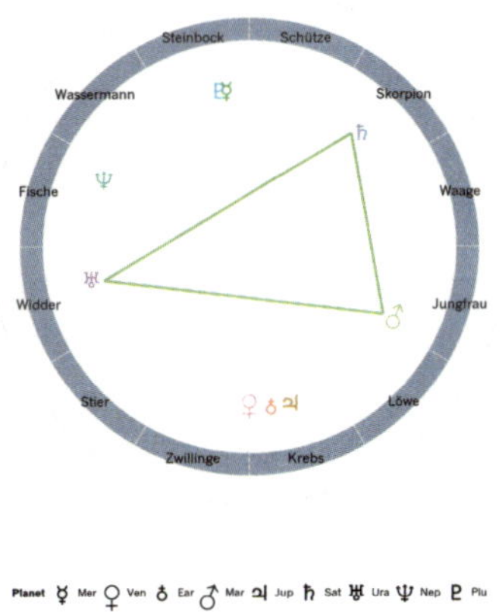

Großes Quintil aus Uranus, Mars, Saturn

Lebensthemen – die Häuser

Neben den Tierkreiszeichen, Planeten, Aszendenten und Aspekten bilden die so genannten Häuser die fünfte zentrale Kategorie eines Horoskops. Auch hierbei handelt es sich um zwölf Segmente von je 30 Grad, die sich auf der Radix des Horoskops gleichmäßig verteilen. Die Einteilung der Häuser startet am östlichen Horizont und läuft von dort gegen den Uhrzeigersinn. Die Bedeutung der Häuser liegt zunächst darin, dass ihnen besondere Lebensbereiche zugeordnet werden, wie etwa die Familie oder die Gesundheit.

Stellen Sie sich eine Kleinstadt vor, mit einem runden Platz, an dem ringsum Gebäude stehen: ein Theater, eine Bank, ein Fitnessstudio, eine Schule, ein ganz normales Wohnhaus, vielleicht auch ein Café, in dem sich Menschen begegnen. Und so, wie jedes Gebäude eine eigene Funktion, ein eigenes Thema hat, repräsentieren die astrologischen Häuser Lebensthemen.

Schauen wir uns ein wenig in dieser himmlischen Häuserzeile um. Das erste Haus wirkt wie eine Theaterbühne: Hier finden die sichtbaren Auftritte statt. Das zweite Haus entspricht – grob vereinfacht – der Bank. Darin geht es um die Finanzen, um den Wohlstand. Sie suchen das Fitnessstudio? Das finden Sie im sechsten Haus, wo Arbeit und Gesundheit ihren Platz haben. Das Café, in dem die Kommunikation großgeschrieben wird, hat sich im siebten Haus eingerichtet, dem Haus der Begegnung.

Hinzu kommt, dass nach Meinung der Astrologen jedem Haus ein Sternzeichen zugeordnet ist, das zu ihm gehört, und einen Planeten hat, der es beherrscht. Oder, anders ausgedrückt, jedes Haus hat ein Thema, das vom angestammten Tierkreiszeichen mit seinen Eigenschaften geprägt und vom zugeordneten Herrscherplaneten mit typischen Merkmalen aufgeladen wird. Soweit die Ausgangslage.

Einen wichtigen Einfluss hat zudem zweierlei: zum einen, in welchem Haus die Planeten stehen, wenn ein Mensch geboren wird. Wo steht die Sonne, wo der Mond, wo der Jupiter? Dort, wo sie sich im Moment der Geburt aufhalten, stecken sie sozusagen ein Terrain ab und signalisieren: Diesem Haus, das für ein Lebensthema steht, drücke ich durch meine Eigenschaften einen Stempel auf.

Hat also jemand wie Gunter Sachs die Sonne im zweiten Haus, dem Haus des Wohlstands, und wirkt zusätzlich ein positiver Aspekt darauf, so ist für seine materielle Existenz bestens gesorgt. Würde hingegen bei der Geburt der Mars im zweiten Haus mit einem negativen Aspekt stehen, so ist nach Ansicht der Astrologen zu erwarten, dass der neue Erdenbürger später hart um seinen finanziellen Erfolg kämpfen muss.

Als weiteres Beispiel findet sich im Horoskop von Gunter Sachs der antreibende Planet Uranus in Haus sieben, dem die Themen Beziehung, Begegnung und Partnerschaft zugeteilt sind. Bei dieser Konstellation soll der Drang nach Begegnung und kreativem Austausch nachhaltig verstärkt werden. Ohne diesen astrologischen Hintergrund zu kennen, bringt es Sachs' langjähriger Freund Claus Jacobi in einem Zeitungsporträt 1991 so auf den Punkt: »Ich bin geneigt zu glauben, dass kaum ein lebender Zweibeiner so viele so interessante Artgenossen so intensiv kennengelernt hat wie Gunter Sachs. Von Karajan bis Charles de Gaulle, Könige und Kneipenwirte, Nobelpreisträger und Rennfahrer.«

Nach Maßgabe der Astrologie können die Häuser und damit die Lebensbereiche darüber hinaus an Bedeutung gewinnen, wenn sie im Laufe des Lebens von bestimmten umlaufenden Gestirnen passiert werden. Denn so, wie Sie im realen Leben die Gebäude an dem runden Platz von Zeit zu Zeit aufsuchen, sind auch die Planeten zeitweise in den astrologischen Häusern zu Gast. Auf ihrer Reise durch die Sternbilder machen sie dort Halt – in Wirklichkeit bleiben sie natürlich in Bewegung, aber sie verbringen je nach Tempo eine gewisse Zeit in dem Haus. Der Besucher Mars, schlecht aspektiert, könnte dann im zweiten Haus finanzielle Verluste bescheren, oder man müsste plötzlich um sein erworbenes Hab und Gut kämpfen.

Zum besseren Verständnis finden Sie im Folgenden eine Übersicht über die Charakteristik der Häuser, mit der die wichtigsten Themen skizziert werden.

Wenn man die Eigenschaften der Tierkreiszeichen und Planeten verinnerlicht hat, wird man unschwer gewisse Leitmotive erkennen.

Erstes Haus

Das erste Haus ist mit dem Tierkreiszeichen Widder verbunden und hat den Herrscherplaneten Mars. Dieses Haus steht für den »Auftritt« des Menschen in der Welt: wie er wirkt und wie er von ihr wahrgenommen wird. Insofern repräsentiert das erste Haus das sichtbare Ich beziehungsweise Ego ganz unvermittelt: als Persönlichkeit und Temperament, das in der spontanen Reaktionsweise deutlich wird. Man könnte auch vom Instinkt-Haus sprechen, das die unbewussten Anteile eines Menschen enthält.

Zweites Haus

Das zweite Haus ist mit dem Tierkreiszeichen Stier verbunden und hat den Herrscherplaneten Venus. Dieses Haus steht für materiellen Besitz, aber auch für Wohlstand im immateriellen Sinne, beispielsweise für innere Werte und inneren Reichtum. Daneben ist es zuständig für das Körperempfinden und die soziale Zugehörigkeit. All dies entscheidet – in Abhängigkeit von den »Besuchergestirnen« im Moment der Geburt – über das Selbstwertgefühl und auch den Wohlstand des Horoskop-Eigners.

Drittes Haus

Das dritte Haus ist mit dem Tierkreiszeichen Zwillinge verbunden und hat den Herrscherplaneten Merkur. Es steht für die Zuwendung zum unmittelbaren Umfeld, etwa für die Kommunikation mit Geschwistern und Nachbarn sowie für die alltäglichen Beziehungen zu Menschen. Zugleich ist es das Haus der Vermittlung, das mit rednerischem Talent und ausgefeilter Rhetorik einhergeht. Diese verbale Beweglichkeit spiegelt sich in der äußeren Beweglichkeit, etwa in der körperlichen Motorik, was kurze Reisen mit Auto, Bahn oder Flugzeug einschließt. Auch Neugier, Informationserwerb und Informationsübermittlung sind hier beheimatet.

Viertes Haus

Das vierte Haus ist mit dem Tierkreiszeichen Krebs verbunden und hat den Herrscher Mond. Man nennt es auch das Haus der Empfindung und der seelischen Wurzeln. Hier hat das Fühlen seinen Ort, das der Öffentlichkeit verborgen bleibt. Es geht um das Seelenleben, das wesentliche Prägungen durch die frühe Kindheit, vor allem durch den Vater empfängt. Im weiteren Sinne steht dieses Haus für die seelische Heimat eines Menschen, auch für seine konkrete Beheimatung in einer Wohnung oder auf einem Grundstück. Bestimmend ist in diesem Haus allein das subjektive Empfinden: weniger das Denken als das Träumen, bis hin zur schöpferischen Kreativität. Da der Mond aus irdischer Sicht seine Gestalt wandelt, spricht man auch von der Wechselhaftigkeit als Wesenszug des vierten Hauses. Es wird meist der Familie zugeordnet.

Fünftes Haus

Das fünfte Haus ist mit dem Tierkreiszeichen Löwe verbunden und hat als Herrscher die Sonne. Es ist das Haus des Erschaffens, des Gestaltens und der Freude. Hier findet sozusagen das pralle Leben statt: Feste und Partys, Liebschaften und Affären, aber es ist auch dafür zuständig, dass Kinder gezeugt und Kunstwerke erschaffen werden. Das alles geschieht spielerisch; die Lebenslust dient nicht dem kalkulierten Vorteil, die Sexualität nicht dem Eingehen einer festen Beziehung. Andererseits kann gerade die spielerische Ebene Glück bringen: Wer hier durch einen wandernden Planeten wie Jupiter günstig bestrahlt wird, kann sozusagen auf einen Sechser im Lotto hoffen. Auch die Disposition eines Königs wird oft genannt, was im übertragenen Sinne als Vorbildfunktion oder natürliche Autorität verstanden werden kann.

Sechstes Haus

Das sechste Haus ist mit dem Tierkreiszeichen Jungfrau verbunden und hat – wie das dritte Haus – den archetypischen Herrscher Merkur. Man nennt es das Haus der Arbeit, des Dienstes und der Gesundheit. Dazu gehören Gewissenhaftigkeit und Pflichtbewusstsein. Auch die Pedanterie hat hier ihren Sitz, so wie die Neigung zur Hygiene und zu einem hohen Gesundheitsbewusstsein. Generell geht es um alles, was die materielle Existenz betrifft, von der Sorge um den Körper bis hin zum Gelderwerb, der das Überleben sichert.

Siebtes Haus

Das siebte Haus ist mit dem Tierkreiszeichen Waage verbunden und hat – wie das zweite Haus – den Planetenherrscher Venus. Es wird auch als Haus der Begegnung, des Gegenübers und der Ehe bezeichnet. Im Vordergrund steht der Austausch, vor allem mit Menschen, die ganz andere Eigenschaften besitzen. Es geht also um den Wunsch nach Ergänzung, wie man sie in einem echten Liebespartner findet. Im Gegensatz zu den ersten sechs Häusern ist hier bereits der Verstand wirksam, nicht nur die vorbewusste Sinnlichkeit. Deshalb steht dieses Haus für Partnerschaften und lang haltende Liebesbeziehungen. Im siebten Haus lokalisiert man neben der standesamtlich bezeugten Ehe auch weitere Partnerschaften, die eines Kontrakts bedürfen, etwa Geschäftsbeziehungen. Für Partnerschaften hält das Haus Eigenschaften wie Diplomatie, Kompromissfähigkeit, Charme und Zugewandtheit bereit. Diese Offenheit ist oft gepaart mit Einfühlungsvermögen und Friedfertigkeit.

Achtes Haus

Das achte Haus ist mit dem Tierkreiszeichen Skorpion verbunden und hat den Herrscher Pluto, einen Planeten, der erst 1930 entdeckt wurde und den vormaligen Herrscher Mars ablöste. Das achte Haus gilt als Haus des Todes und der Transformation. Es fokussiert das »Stirb und Werde« als Generalthema. Daneben steht ein zweites kardinales Thema, die Sexualität. Hier entscheidet sich die Rolle der sexuellen Hingabe zwischen Bindung und Abhängigkeit, Dominanz und Unterwerfung – unter dem Aspekt der Macht und Ohnmacht, die generell im achten Haus verhandelt wird. Außerdem thematisiert das achte Haus das Verhältnis zu materiellen Verlusten, zu Trennungen, Konkursen und Unfällen, bis hin zum Tod. Es kann außerdem für das geistige und materielle Erbe stehen sowie für kollektive Leitbilder und Prinzipien. Oft ist das achte Haus mit intuitiven Ahnungen verbunden.

Neuntes Haus

Das neunte Haus ist mit dem Tierkreiszeichen Schütze verbunden und hat den Herrscherplaneten Jupiter. Es wird als Ort der geistigen Einstellungen, der Lebensphilosophien und Weltanschauungen betrachtet. Letzteres ist durchaus buchstäblich gemeint, denn hier sind ausgedehnte Reisen in ferne Länder lokalisiert, die das Weltbild im konkreten und übertragenen Sinne prägen. Das neunte Haus markiert außerdem die Suche nach dem Sinn, wie er sich in Religion, Philosophie, aber auch Visionen ausdrückt. Hier hat der moralische und ethische Diskurs seinen Platz.

Zehntes Haus

Das zehnte Haus ist mit dem Tierkreiszeichen Steinbock verbunden und hat den planetaren Herrscher Saturn. Man nennt es das Haus des Berufs und der Berufung. Hier geht es nicht um einen einfachen Job, sondern um Perspektiven, bei denen Begabung und Aufgabe idealiter im Einklang sind. Daran entscheidet sich die öffentliche Stellung des Menschen in der Gesellschaft und die Anerkennung, die er sich durch kontinuierliche Anstrengung erarbeitet hat. Ausschlaggebend sind Verantwortungs- und Pflichtbewusstsein, Selbstdisziplin und Prinzipientreue. Bei entsprechender Besetzung durch bestimmte Planeten zeigt sich hier die Führungspersönlichkeit. Manche Astrologen meinen, dass im zehnten Haus auch das Verhältnis zur Mutter lokalisiert ist.

Elftes Haus

Das elfte Haus ist mit dem Tierkreiszeichen Wassermann verbunden und hat den Herrscherplaneten Uranus. Vor der Entdeckung des Uranus im Jahr 1781 war Saturn der Regent dieses Hauses. Es widmet sich den Beziehungen zu Freunden und Mentoren, Gleichgesinnten und Wahlverwandten. Abhängig von der Verteilung der Planeten zeigt es, wie wir von anderen lernen und eventuell selbst zu Unterstützern werden.

In diesem Haus ist das Verhältnis zur Gesellschaft ein wichtiges Thema. Über das Privatinteresse hinaus geht es hier um das Engagement für die Gemeinschaft, auch um die Frage, wie stark man sich mit ihr identifiziert. Da der freiheitsliebende Uranus der Herrscher ist, muss dies nicht mit Unterwerfung einhergehen, stattdessen stecken in diesem Haus sogar emanzipatorische und revolutionäre Kräfte, die dem Allgemeinwohl zugutekommen.

Zwölftes Haus

Das zwölfte Haus ist mit dem Tierkreiszeichen Fische verbunden und wird vom Herrscherplaneten Neptun regiert. Hier fand ebenfalls ein Wechsel statt, da der frühere Herrscher Jupiter mit der Entdeckung des Neptuns im Jahre 1846 abgelöst wurde. Das zwölfte Haus wird als Haus des großen Ganzen bezeichnet. Es führt weg von den individuellen Wünschen und Abhängigkeiten auf die höhere Ebene der Kontemplation. Dies ist oft mit einem Rückzug aus der Alltagswelt verbunden. Auch übliche Regeln und Normen verlieren hier ihre Gültigkeit. Im Mittelpunkt steht die Reflexion, die Illusionen demaskiert und Täuschungen erkennt. Aber auch Träume und Visionen können leitend sein. Dann äußert sich die neptunische Qualität möglicherweise als Neigung zu Rauschmitteln; die karmische Astrologie geht davon aus, dass hochentwickelte, wiedergeborene Personen nicht mehr halluzinogene Hilfsmittel verwenden, sondern den Neptun geistig leben.

Diese sehr feinsinnige Häuserkonstruktion war ursprünglich von Ptolemäus erdacht worden, weil er die Astrologie stärker auf das Leben des einzelnen Menschen beziehen wollte – und damit auf alles, was Menschen bewegt, von der Familie bis zum Beruf. Seit Ptolemäus wurden weitere Häusersysteme entwickelt, der Grundgedanke ist jedoch stets derselbe geblieben.

Durch die Häuserlehre will die Astrologie auf zwei Dinge hinweisen. Zum einen geht es um die Weichenstellung für die Lebensthemen, wie sie sich zum Zeitpunkt der Geburt offenbaren: Wie halte ich es mit dem Geld? Kümmere ich mich um meine Gesundheit? Welches Verhältnis habe ich zu meiner Herkunft? Zum anderen markieren die wechselnden Planetenstände später Lebensphasen, in denen bestimmte Themen kurzfristig wichtig werden. Dann sollte man sich – um im Beispiel zu bleiben – neu mit seinem Geld, seiner Gesundheit oder seiner Herkunft befassen.

Mehr als dunkle Weissagungen – Horoskope

Das Wort Horoskop ist in unserer Alltagssprache nicht unbedingt positiv besetzt. Meist wird es mit jenen trivialen Textchen in Verbindung gebracht, die täglich millionenfach in Zeitungen, bunten Magazinen oder im Internet kursieren und uns mit Allgemeinplätzen beeindrucken wollen. »Achten Sie auf Ihre Gesundheit, gehen Sie mal wieder spazieren« oder: »Heute ist ein guter Tag, um Freunde zu treffen« – solche Ratschläge sind so banal, dass sie an jedem beliebigen Tag abgedruckt werden könnten.

Seriöse Horoskope sind das Ergebnis kompliziertester Berechnungen und erfordern Kompetenz, langjährige Erfahrung wie auch Einfühlungsvermögen und gute Intuition. Dass viele verschiedene Faktoren dabei zusammenspielen, ist bereits deutlich geworden.

Ein Geburtshoroskop wirkt auf den Astrologen wie ein Drehbuch. Er sieht den Kreis mit den zwölf Tierkreiszeichen und Häusern (inklusive den Herrscherplaneten), auf den einzelnen Segmenten verteilen sich die umlaufenden Planeten, als hätte man sie zum Zeitpunkt der Geburt auf einem Schnappschuss festgehalten. Diese gedachte Momentaufnahme enthält für den Astrologen wichtige Informationen. Denn nun fragt er wie ein Detektiv: Wer stand wo? Wer lag im Streit mit wem? Wer »blickte sich freundlich an«? Daraus folgert er anschließend, welche Anlagen und Entwicklungsperspektiven diejenige Person mitbringt.

Anders das Stundenhoroskop oder Tageshoroskop, das Aufschluss über momentan wirkende Einflüsse geben soll. Dabei spielt zum einen eine Rolle, ob die Häuser von Planeten mit positiven Einflüssen »besucht« werden – etwa von Venus oder Jupiter – oder von »Störern« wie Saturn oder Uranus. Das Gewicht der wandernden Gestirne bemisst sich für einen Astrologen außerdem daran, in welcher Konstellation sie sich zu den anderen Planeten befinden, welche Aspekte sie also haben.

Erstellt er ein Horoskop, so konstatiert und bewertet er genauestens jede planetare Konstellation. Dabei unterscheiden die Astrologen nicht zwischen Gut und Böse, sondern betrachten vielmehr den Grad an Spannung oder Harmonie, um die relative Stärke und Schwäche einzelner Protagonisten beurteilen zu können.

Aufmerksamkeit erregen Planeten durch demonstrativ positive Beziehungen mit anderen oder durch offen ausgetragene Auseinandersetzungen. Planeten, die ganz ohne Aspekte zu anderen am Himmel stehen, gelten als »peregrin« – fremd, und deshalb als geschwächte Einzelgänger. Wie Sie im nächsten Abschnitt erfahren werden, war das nach Ansicht eines konsultierten Astrologen der Grund, warum Gunter Sachs seine eigentlichen Talente erst später im Leben verwirklichen konnte.

Soweit man astrologischen Prognosen vertraut, kann das Wissen um künftige Konstellationen einen enormen Vorteil bieten: Man wird weniger durch unvorhergesehene Ereignisse oder Schicksalsschläge überrascht und kann sich seelisch besser darauf vorbereiten.

Wer weiß, was ihn erwarten mag, kann sich diesen Aufgaben und Ereignissen bewusster stellen. Natürlich kann man sie auch ohne die Astrologie meistern. Doch Gunter Sachs war überzeugt: Wenn ein Mensch ein Labyrinth betritt, macht es einen gravierenden Unterschied, ob er sich mit verbundenen Augen hindurchtastet oder bereits den Bauplan des Labyrinths kennt und es mit offenen Augen durchschreitet. Er selber empfand es als Privileg, im Zweifel auf einen Bauplan zurückgreifen zu können.

Erkenne deinen Weg – das Geburtshoroskop von Gunter Sachs

Erkenne dich selbst, diese Aufforderung kennen wir als Inschrift am Apollon-Tempel von Delphi. Ursprünglich sollte der Satz den Menschen ihre Begrenztheit und Vergänglichkeit vor Augen führen. Unter Platons Einfluss veränderte sich die Botschaft jedoch: Werde dir bewusst, welche Entwicklungen in dir angelegt sind, welche Aufgaben du als Teil des Kosmos hast. So könnte man von einer Transformation der ursprünglichen Aufforderung sprechen und sagen: Erkenne deinen Weg.

Zu Beginn des Jahres 1990 traf sich Gunter Sachs mit einem Astrologen, um über sein Geburtshoroskop zu sprechen. Was ihn dazu bewegte, scheint die uralte Frage gewesen zu sein: Wie erkenne ich meinen Weg und worin liegt der Sinn meiner Existenz?

Gunter Sachs hatte die Astrologie schätzen gelernt, als Leitlinie für einen achtsamen Umgang mit Menschen und teilweise als Prognostik. Nun war er neugierig, was das Leben aus Sicht der Astrologie noch für ihn bereithielt. Zunehmend empfand er einen Zwiespalt zwischen seinem extrovertierten Leben und seiner in sich gekehrten, nachdenklichen Seite. Von dem Gespräch erhoffte er sich Aufschluss darüber, in welche Richtung seine Bestimmung gehen könnte. Die Idee einer höheren Ordnung war gegenwärtig, auch wenn er nicht an einen personifizierten Gott glaubte.

Durch seine Frau Mirja war er mit spirituellen Ideen in Kontakt gekommen. Obwohl er generell eher distanziert darauf reagierte, lehnte er solche Gedanken nicht völlig ab. Letztlich hielt er es nur für eine Frage der persönlichen Überzeugung, wie man die »force majeur« interpretiert.

»Wenn es ihm nicht gut ging, habe ich manchmal mit ihm meditiert. Er wollte dies aber nicht zu oft in Anspruch nehmen, mit der Begründung, dass es etwas Magisches bleiben solle. Er fürchtete, dass es sonst seinen besonderen Charakter und seine Wirkung verlieren würde«, berichtet Mirja Sachs.

Als nicht religiöser Mensch sei er dennoch fasziniert von der Kraft der Intuition und der Glaubensüberzeugungen gewesen. »Er sagte: ›Weil du glaubst, bete für mich.‹ Oder er fragte mich bei bestimmten Entscheidungen: ›Was ist deine Eingebung?‹«

Gunter Sachs war 57 Jahre alt, als er in neue Bereiche der Astrologie vorstoßen wollte. Vieles hatte er erreicht, ein aufregendes, erfülltes Leben geführt. Dennoch scheint er das deutliche Gefühl gehabt zu haben, an einer Weggabelung zu stehen. Bei Shakespeare heißt es: »Nun, da der Abend unser Aug' umflort, betracht' ich zukunftssüchtig die Gestirne, durch die uns Gott in Lettern, wohl zu deuten, der Kreaturen Los und Schicksal kündet.« Gunter Sachs empfand eine innere Unruhe, eine Aufbruchsstimmung. Plötzlich stellte er fest: Er war immer noch ein Suchender.

Der ihm empfohlene Astrologe übernahm die Rolle eines Vermittlers zwischen Horoskop, Lebenswirklichkeit und sich abzeichnenden Perspektiven. Weit entfernt von trivialen Tageshoroskopen, erörterten die beiden Männer, unter welchen Konstellationen die Weggabelung stand.

Der erste Schwerpunkt des Gesprächs ergab sich aus der Stellung der Sonne im Geburtshoroskop. Wie schon erwähnt, stand sie bei Gunter Sachs im zweiten Haus; vordergründig betrachtet, bescherte sie ihm von Geburt an materiellen Wohlstand. Andererseits soll diese Konstellation einen Menschen kennzeichnen, der am Beginn seines Lebens die Erwartungen anderer lebt und sich erst später eigene Ziele setzt. Die Schlussfolgerung des Astrologen lautete: Gunter Sachs hätte erst nach und nach gelernt, das Ruder selbst in die Hand zu nehmen, als eigener Steuermann, der seinen Neigungen und Interessen folgt.

Mit dieser Ausdeutung konnte sich Gunter Sachs spontan identifizieren – war er doch für den Beruf eines Wirtschaftsexperten ausgebildet worden, um Verantwortung in der väterlichen Firma zu übernehmen. Seine künstlerischen Neigungen lebte er erst aus, nachdem er mit dem Verkauf seiner Firmenanteile die auferlegten Pflichten hinter sich lassen konnte.

Zugleich, so der Astrologe, sei der Findungsprozess noch nicht abgeschlossen. Nach wie vor gebe es eine starke grundsätzliche Spannung im Horoskop – einen Wettstreit zwischen Venus und Uranus.

Venus, die Liebesgöttin, steht am Aszendenten Waage und sei damit ausgesprochen dominant, da der Aszendent erheblichen Einfluss auf die Verwirklichung von Eigenschaften und Begabungen ausübe. Der Venus genau gegenüber steht jedoch Uranus am Deszendent.

Damit werde ein Duell der besonderen Art eröffnet: die ästhetisch inspirierte, aber auch lethargische Venus gegen den vorwärtsstürmenden »Revolutionär« Uranus.

Wie erbitterte Konkurrenten haben die beiden Planeten an den wichtigsten Punkten des Geburtshoroskops Stellung bezogen und kämpfen um Vorherrschaft und Einfluss. Dabei könnten sich das süße Leben und der Müßiggang durchsetzen, zumal Venus in Verbindung mit der Waage den Charme, den Esprit, die Eleganz und das Harmoniebedürfnis betont. Aber Uranus bringe Unruhe in das Horoskop, und einen unbändigen Freiheitsdrang.

Dazu unterstütze der stark positionierte Uranus, nach Interpretation des Astrologen, auch eine Leidenschaft für technologische Innovationen. Damit traf er den Nagel auf den Kopf. So verwendete Gunter Sachs nicht nur als einer der Ersten die Extremzeitlupe in seinen Filmen, sondern experimentierte auch als Fotograf früh mit der elektronischen Bildbearbeitung. Regelmäßig informierte er sich über neue Entwicklungen der Fototechnik, außerdem entwickelte er eine Formel, um Unschärfeeffekte von bewegten Objekten in der Fotografie zu berechnen. Dafür hatte er eigenhändig eine Versuchsanordnung mit Kugelbahn in seinem Studio aufgebaut. Und Mitte der achtziger Jahre entschied er, den Computer für den Rest seines Lebens zu seinem wichtigsten Arbeitsgerät zu machen.

Und noch etwas sah der Astrologe: Bei der Frage der Begabung, die auf eine Berufung hindeutet, las er aus einer Venus-Waage-Merkur-Schütze-Stellung im dritten Haus eine allgemeine künstlerische, vor allem jedoch eine klare Berufung zum Schreiben heraus. In diesem Fall sei es der eloquente Merkur, der diese Disposition als neues Element hinzufüge.

Obwohl sich Gunter Sachs bis zu diesem Zeitpunkt nie schriftstellerisch hervorgetan hatte, fühlte er sich in seiner Ahnung bestätigt, dass ein noch unausgelebtes Talent angelegt war.

»Ich glaube, dass er eigentlich zum Schreiben geboren war«, sagt rückblickend auch Mirja Sachs. »Gunter war ein großartiger Erzähler, las sehr viel, war immer voller interessanter Geschichten. Langweilig wurde es nie mit ihm. Aber er hatte große Vorbehalte, mit dem Schreiben zu beginnen, denn er war ein Mannschaftsspieler und hatte ein Problem, sich am Schreibtisch zu isolieren. Dagegen mochte er es gern, wenn um ihn herum Leben war.

Wenn er am Schreibtisch saß, ließ er immer die Tür offen. Er hatte es gern, wenn die Kinder um ihn herum spielten. Jederzeit durfte jemand hereinkommen, trotzdem konnte er sich konzentrieren. Die Stille und das Alleinsein lagen ihm nicht.«

Worauf lief nun die oben beschriebene Konstellation hinaus? Das Duell zwischen Venus und Uranus, antwortete der Astrologe, sei so gut wie entschieden. Die innere Unruhe, die Gunter Sachs zu dem Gespräch bewogen hatte, führte er auf den erstarkenden Uranus zurück: »Dieser Uranus ist ein ungeheuer beschleunigendes Element«, erklärte er. »Und jetzt sehen Sie, dass die Venus aus ihrer Ruhe herausgerissen wird, durch Sie selbst.«

Unterstützt vom Widder dränge Uranus jetzt auf eine grundsätzliche Lebensveränderung hin: »Auf allen Gebieten, in denen es darum geht, etwas Neues zu schaffen, macht sich der Pioniergeist des Widders in Ihnen bemerkbar. Er schlummert in Ihnen und will neue Bereiche eröffnen.«

Uranus steht zudem im Geburtshoroskop im siebten Haus, dem Haus der Begegnung, der inspirierenden Leitfiguren und geistigen Leitideen, wo der kreative Austausch mit anderen Menschen seinen Ort hat. Der Astrologe präzisierte, jetzt breche durch Uranus eine Energie hervor, die auf Reformen und Revolutionen hindränge – auf ein neues Projekt, das alle bisherigen Aktivitäten überflügle. Mit dem goldenen Mittelweg sei es vorbei; keine Kompromisse mehr. Gunter Sachs stehe tatsächlich an einer Weggabelung, einer Weichenstellung, die bereits eingesetzt habe.

In der Tat war Gunter Sachs bereits 1989 in ein kleines Haus nach Tirol gezogen, um seinem jüngsten Sohn Alexander, genannt »Halifax«, die bestmögliche Schule bieten zu können. Fernab von Saint-Tropez, Gstaad oder Palm Springs hatten er und seine Frau Mirja sich für ein zurückgezogenes Familienleben auf dem Land entschieden, das elf Jahre andauern sollte. Eine völlig neue Erfahrung mit wenig gesellschaftlichem Leben und Glamour, dafür mit viel Nähe, Liebe und Vertrautheit. Jeden Morgen brachte der Familienvater seinen Sohn zum Unterricht und passte den Jahresrhythmus dem Schulkalender an. Halifax' Förderung lag Gunter Sachs immer am Herzen und er schien sich in ihm auf besondere Weise wiederzuerkennen. »Das gute Resultat machte alles wett, was wir hätten vermissen können«, beschrieb er diesen Zeitabschnitt rückblickend. Doch nicht nur das starke, sichtbare Band aus vielen Gemeinsamkeiten, das ihn mit seinem Sohn verband, konnte sich durch den Rückzug noch weiter festigen.

Die veränderte Umgebung sollte zudem den nötigen Raum für das »alle bisherigen Aktivitäten überflügelnde« Projekt bieten, auf das der Astrologe nun noch genauer zu sprechen kam: »Der Skorpion in Ihnen sagt: Ich muss mich wandeln, es muss etwas in mir sterben, damit ich ein Neuer werden kann.«

Da war es, das »Stirb und Werde«, das dem Skorpion von der Astrologie ins Stammbuch geschrieben wird und das Goethe in den Worten ausdrückte: »Und so lang du das nicht hast, dieses Stirb und Werde bist du nur ein trüber Gast auf der dunklen Erde.«

Weiter erläuterte der Astrologe: Mit dem Saturn im vierten Haus würden manchmal Lebensumstände wie Zurückhaltung, Einsamkeit und Einfachheit eingeleitet. Auch an dieser Stelle legten die Sterne nahe, eine neuerliche Wandlung zu vollziehen.

Um zu sich selbst zu kommen, müsse Gunter Sachs das extrovertierte Leben aufgeben und sich mit skorpionischer Konsequenz ernsthaften Aufbauprojekten zuwenden.

Dazu brachte der Astrologe an dieser Stelle noch den Planeten Pluto ins Spiel, der eine magische Ausstrahlungskraft schenke, die Gunter Sachs einsetzen könne, um andere Menschen von seinen Zielen zu überzeugen und zur Mitarbeit an seinem Projekt zu bewegen. Auch der Saturn im Steinbock helfe hierbei: »Er bringt dies auf den Punkt, ist im entscheidenden Moment da und packt die Sache an. «

Seine abschließende Einschätzung fasste der Astrologe wie folgt zusammen: Gunter Sachs stehe am Beginn eines saturnischen Zyklus, der mindestens sieben Jahre lang dauern werde. Innerhalb dieses arbeitsreichen Zeitraums werde seine Tiefe, Ernsthaftigkeit und Geduld auf die Probe gestellt.

»Ich glaube, deshalb sitzen wir hier beisammen«, mutmaßte er. »Ihnen wird bewusst: Ich baue jetzt etwas auf, was nicht sofort Erfolg zeigt.« Und er wurde noch deutlicher: »Sie stehen jetzt an einem weiteren Wendepunkt Ihres Lebens, an

Geburtshoroskop von Gunter Sachs

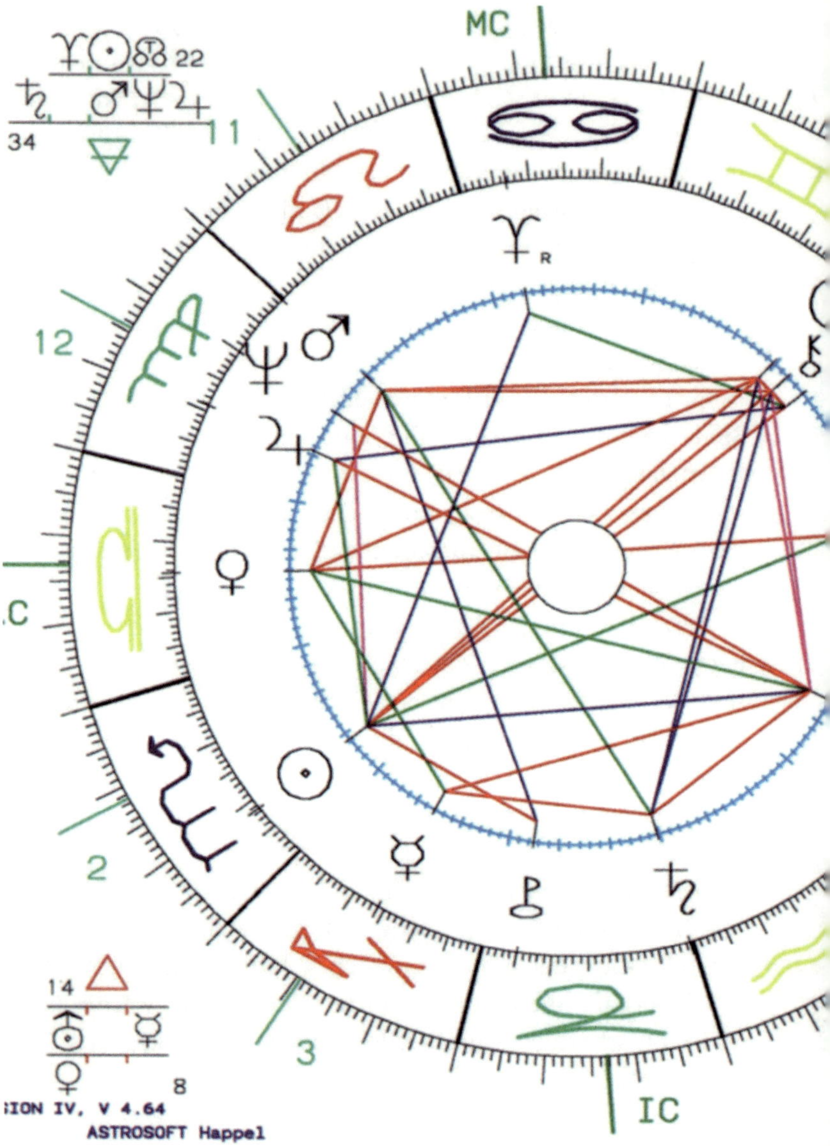

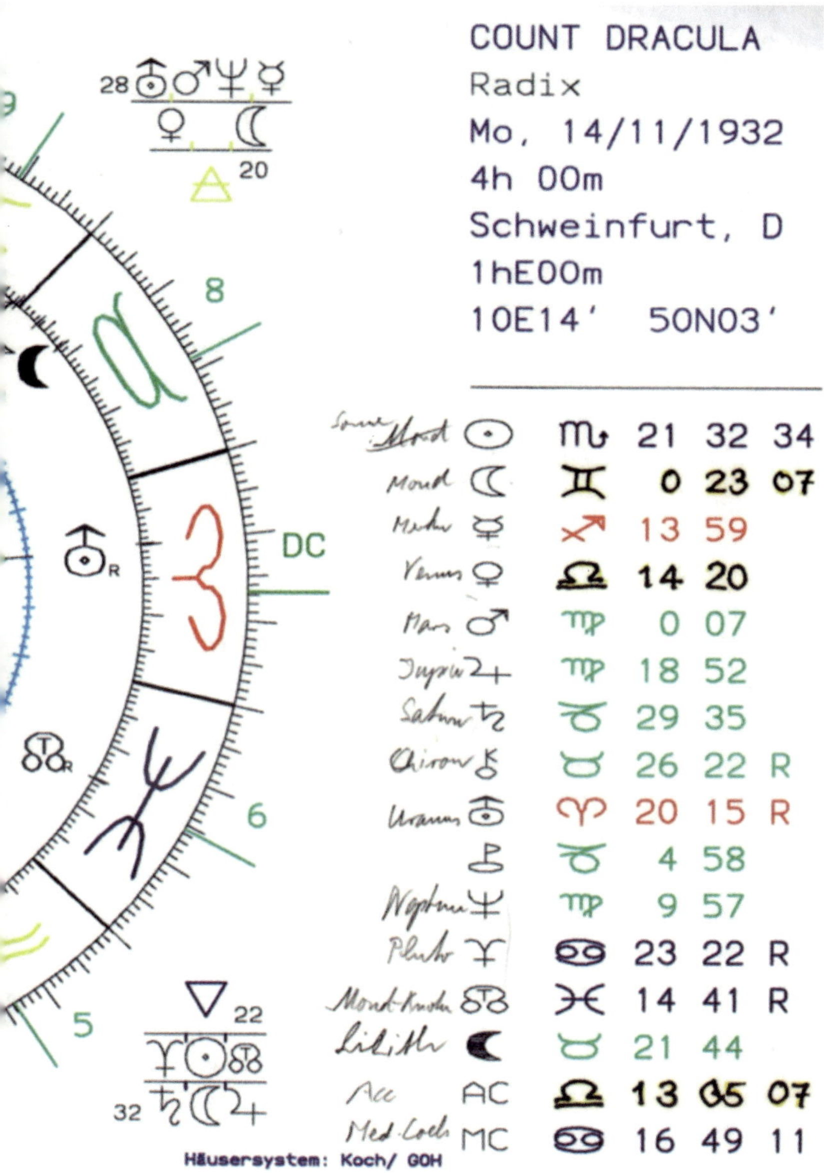

Horoskopradix mit handschriftlichen Anmerkungen von Gunter Sachs

dem Sie Dinge initiieren, die sehr weit tragen können. Dies ist ein Zeitpunkt, an dem Sie sich mehr zutrauen sollten als bisher. Sie stellen jetzt die Weichen, an solch einer Gabelung sind Sie angekommen. Durch Saturn wachsen und reifen Sie daran und entwickeln neue Fähigkeiten, an die Sie vorher noch gar nicht zu denken wagten.«

Die Prognose, die der Astrologe für die neue Aufgabe stellte, war günstig. Das Projekt sei erfolgreich bestrahlt. Eindringlich bekräftigte er: »Sie befinden sich in einer sehr wichtigen Phase im Hinblick auf Ihren Beruf und Ihr Selbstverständnis.«

Auf die Frage von Gunter Sachs, in welche Richtung seine neuen Aktivitäten gehen würden, antwortete der Astrologe, es handele sich um ein Projekt, das einen neuen Zeitgeist heraufbeschwöre und geistige Anregungen auf der Basis interdisziplinärer Studien anbiete. »Sie haben die Kraft, so etwas zu initiieren«, mit diesen Worten endete das Gespräch.

Saturnische sieben Jahre später, nach der Zusammenstellung eines interdisziplinären Forschungsteams und nach der mäzenatischen Gründung eines Instituts zur Erforschung des astrologischen Wahrheitsgehalts, erschien 1997 ein Buch, das eine breite Öffentlichkeit erreichte und inspirierte: »Die Akte Astrologie« von Gunter Sachs.

Im Jahr 2011, weitere zwei Saturn-Zyklen später, waren seine neuen Untersuchungen zur Astrologie substanziell vorangeschritten. Alles schien in der Tat, wie es der Astrologe prophezeit hatte: Gunter Sachs hatte sich dem Schreiben zugewandt, und er hatte konsequent und beharrlich seine Forschungen betrieben, um einen neuen Zeitgeist heraufzubeschwören.

Doch wie weit sind die Arbeiten von Gunter Sachs vorangeschritten, mit denen er und sein Team sich so lange intensiv beschäftigt hatten? Wie substanziell und innovativ sind die neuen Ergebnisse? Wie weit zeigt sich astrologisches Erfahrungswissen auch in gerechneten Befunden? Das sollen die folgenden Kapitel beantworten.

4 Lieben und Leiden

Gunter Sachs und die Sterne der Liebe

»Die große Liebe konnte ich nie suchen – ich musste ihr begegnen«, bekannte Gunter Sachs. »Dann allerdings schwand jede Logik, und eine mir fast unbekannte Intuition führte mich. Entweder schlug der Blitz ein, der berühmte ›coup de foudre‹, oder eben nicht.«

Zufall oder Schicksal? Je länger Gunter Sachs sich mit der Astrologie auseinandersetzte, desto intensiver bewegte ihn die Frage, ob tatsächlich himmlische Mächte hinter den Kulissen aktiv waren.

Für frühere astrologieaffine Generationen stand dies außer Zweifel. »In deiner Brust sind deines Schicksals Sterne«, dichtete Schiller, der überdies meinte: »Es gibt keinen Zufall. Und was uns blindes Ungefähr nur dünkt, gerade das steigt aus den tiefsten Quellen.«[6]

Dieses blinde Ungefähr lässt Millionen von Menschen keine Ruhe. Speziell das Sehnen und Bangen in Herzensangelegenheiten ist immer mit einem Fragezeichen versehen: Wartet die große, einzigartige Liebe auf mich? Ist der potenzielle Kandidat oder die umschwärmte Frau das große Los, oder wird sich das Ganze im Laufe der Zeit als enttäuschende Niete entpuppen?

Es ist schon seltsam: Ausgerechnet im Zeitalter der Vernunft hält uns ein Phänomen in Atem, das irrationaler kaum sein könnte. Die Liebe lodert uns aus Opernarien entgegen, wird in Popsongs besungen, inspiriert Gedichte und Romane, Theaterstücke und Hollywoodfilme. Himmelstürmende Sehnsüchte und Hoffnungen knüpfen sich an ein Gefühl, das vollkommen rätselhaft erscheint, denn in wen wir uns verlieben und warum, bleibt ungewiss.

Die Astrologie ist in Liebesdingen gewissermaßen zuhause, da sie von jeher die Kompatibilität der Sternzeichen thematisierte. Astrologie und Liebe, das ist eine jahrhundertelange Liaison. Schaut man sich die Gründe an, warum Menschen die Astrologie bemühen, so rangiert die Liebe jedenfalls auf den vordersten Plätzen. Partnerhoroskope haben Konjunktur, astrologische Liebestests florieren.

Seit sich Astrologen mit dem individuellen Schicksal der Menschen beschäftigen, befragten unzählige Verliebte den Sternenhimmel. Die einen wollen wissen, ob sie wirklich geliebt werden, die anderen, ob das Objekt der Begierde ehetauglich ist. Passt eine ordnungsliebende Jungfrau zu mir? Oder doch besser der unkonventionelle Wassermann? Geht es um die Liebe, werden sogar faktenversessene Rationalisten zu Romantikern. An einen zufälligen Sturm der Gefühle mögen sie nicht glauben; dann doch lieber an die Behauptung, die Liebe sei im wahrsten Sinne des Wortes eine Himmelsmacht.

Gunter Sachs hat den Harmoniefaktor und das Konfliktpotenzial zwischen den Sternzeichen immer mit größter Aufmerksamkeit betrachtet. »Zu den wichtigsten Erkenntnissen gehörte für ihn, welche Sternzeichen zusammenpassen«, sagt Mirja Sachs. »Das interessierte ihn ganz besonders.«

Die emotionale Anziehungskraft weckte seine Neugier. Er wollte Gewissheit, ob es auch bei der Liebe Nachweise zu astrologischen Theorien durch statistische Fakten gab. Mancher Leser runzelt jetzt vielleicht die Stirn und fragt sich: Warum beschäftigt sich jemand astrologisch mit der Liebe, der den Ruf eines Playboys hat?

Frauen, so sagte Gunter Sachs, habe er nie wie Sandkörner am Meer, sondern wie »Blüten auf einem Mandelzweig« betrachtet. Das klingt höchst poetisch, aber es gibt kaum belastbare Theorien darüber, welche Blüten wir vorzugsweise pflücken. Und das, obwohl verschiedene Wissenschaftsdisziplinen versuchten, das Geheimnis von Paar-Konstellationen zu erforschen. Biologen verweisen auf unbewusst wirksame genetische Kriterien bei der Partnerwahl, Psychologen betonen frühe Prägungen, Soziologen die Milieufrage. Den ultimativen Liebescode der Partnerwahl aber entschlüsselten sie nicht.

Selbst Hirnforscher, denen man attestiert, sie könnten nicht nur in unsere Köpfe, sondern auch in unsere Herzen sehen, kapitulieren vor der Frage. Sie fanden den Neurotransmitter Dopamin, der das Hirn in Zuständen akuter Verliebtheit flutet. Sie wissen auch, dass anschließend das sogenannte Treuehormon Oxytocin den Kitt für längere Bindungen liefert. Warum die Chemie der Emotionen aber nur bei der Begegnung mit ganz bestimmten Menschen brodelt, haben sie noch nicht erklären können.

Ob astrologische Prognosen für eine dauerhafte Verbindung Hand und Fuß haben, darüber gab es lange keine gesicherten Erkenntnisse. Bis Gunter Sachs auf die Idee kam, nach empirisch belegbaren Mustern zu suchen – mit lebhafter Resonanz: »Unsere Ehe-Berechnungen stießen von Anfang an auf Interesse, schon weil sie ein Richtmaß für die Anziehungskraft gaben, welche die einzelnen Sternzeichen aufeinander ausüben: Welche Sternzeichen am häufigsten den Ehebund miteinander eingingen oder sich auffällig oft wieder scheiden ließen.«

Ein Kuriosum am Rande: Große Bedeutung hatte und hat die astrologische Expertise immer dann, wenn es um arrangierte Verbindungen geht. In Ländern wie Indien ist es selbstverständlich, neben der passenden Kaste und der finanziellen Ausstattung auch die Horoskope eines Paars zu berücksichtigen. Um Verliebtheit geht es dabei weniger – eher um die Prognose, ob das Zusammenleben harmonisch, dauerhaft und kinderreich sein wird.

Da in der westlichen Welt die Liebesheiraten überwiegen, können die Heiratsstatistiken einigen Aufschluss über die Anziehungskraft der Sternzeichen geben. Anhand der Geburtsdaten lässt sich zweifelsfrei ermitteln, wer mit wem die Ringe tauscht. Jede Ehe steht unter anderen Vorzeichen, nimmt individuell einen anderen Verlauf. Doch falls man die Sache statistisch betrachtet, ergeben sich Gesetzmäßigkeiten.

»Erstaunlicherweise stimmten viele unserer Computer-Resultate mit den Thesen der Ur-Astrologen überein, welche die Positionen der Gestirne und das Verhalten der Menschen miteinander verglichen«, stellte Gunter Sachs fest. »So sahen wir etwa, dass die Sternzeichen der Elemente Feuer, Luft und Erde untereinander sehr harmonisch agieren. Die Wasserzeichen Fische, Krebs und Skorpion verstehen einander ebenfalls besonders gut. Zum selben Ergebnis kamen auch unsere Vorfahren vor ungefähr 3000 Jahren, durch reine Vergleichsbeobachtung.«

Die Ergebnisse bargen für Gunter Sachs aber auch manch harte Nuss.

»Meine Frau und ich sind augenscheinlich kein Paradebeispiel für die Stimmigkeit dieser Sternenerkenntnis«, gab er zu. »Das Zwillinge/Skorpionbündnis wird astrologisch als Kurzzeit-Ehe gehandelt – wir erleben jedoch trotz aller Unkenrufe der Gestirne schon mehr als vierzig Jahre unseres Eheglücks. Nicht ›haha, da sieht man's‹, sondern ›oho, das sind Ausreißer von der Erwartung!‹ Ich war das schon immer.«

Kopfzerbrechen bereitete Gunter Sachs der Widerspruch zwischen den statistischen Befunden und seinem eigenen Eheglück dennoch.

»Während seiner Arbeit an der ›Akte Astrologie‹ beobachtete ich, dass er zunehmend schlecht gelaunt nach Hause kam«, erzählt Mirja Sachs. »Ich sprach ihn darauf an, und er gestand mir, dass unsere Konstellation statistisch gesehen geringe Chancen auf eine langlebige Ehe hätte. Ich beruhigte ihn: ›Denk auch an die anderen Bestandteile!‹ Denn es ist ja nicht nur das eine Sternzeichen, das eine Rolle beim Geburtshoroskop spielt. Auch der Aszendent und die Verteilung von Sonne, Mond und Planeten in den astrologischen Häusern sind wichtig. Wenn man das berücksichtigt, ergibt sich ein anderes Bild. Uns verband die große Liebe, wir waren unzertrennlich.«

Das beruhigte ihn fürs Erste, doch Gunter Sachs wollte das astrologische Mikroskop noch eine Stufe schärfer stellen. Deshalb ließ er seine Ehekonstellation auch von seiner Sekretärin Martha Kundert durchleuchten.

»Ich erklärte ihm, dass Mirjas Zwillinge-Sonne seinen Zwillinge-Mond umarme und dass Mirjas Fische-Mond in einem harmonischen Aspekt zu seiner Skorpion-Sonne stehe. Dazu gab es einige weitere positive Aspekte, deshalb seien sie ein glückliches Paar«, erinnert sich Martha Kundert.

Die Pointe lag also darin, dass die reine Sternzeichen-Kombination nur eine erste Orientierung bot, eine genauere Diagnose aber erst beim Horoskop-Vergleich zweier Menschen möglich ist. Dies schuf für Gunter Sachs einen neuen Anreiz. Es inspirierte ihn dazu, bei der Auswertung von Ehe-Statistiken auch das eine oder andere Partner-Horoskop mit einzubeziehen, was neue Erkenntnisse ermöglichte. Selbst bei einer astrologisch problematischen Sternzeichen-Konstellation des jeweiligen Partners ergaben sich mitunter harmonische Übereinstimmungen, sobald man die Horoskope übereinanderlegte (siehe »Goldene Hochzeiten« Seite 171). Dies war offenbar auch ein Geheimnis seines eigenen Eheglücks: eine unsichtbare Überstimmung, welche die Fähigkeit verlieh, großzügig mit Unterschiedlichkeiten umzugehen.

»Ich war nie ein Mensch, der seinen Partner besitzen will«, erklärt Mirja Sachs heute. »Schon bevor ich heiratete, wusste ich, dass Gunter sehr freiheitsliebend ist. Als ich einer Astrologin sein Geburtshoroskop vorlegte, sagte sie: Sie haben einen Mann, den Sie teilen müssen. Seine Ambition ist es, die Welt zu verschönern. Gunter war einmal bei Thomas Gottschalk zu Gast, zusammen mit Cameron Diaz. Sie stellte mir die Frage, worin das Geheimnis meiner Ehe bestehe, und ich antwortete: Je mehr Freiheit man seinem Partner lässt, desto bereitwilliger kommt er zurück.«

Dieser hochdiplomatische modus vivendi in Sachen »Haltbarkeit« wirft schon den Blick voraus zu einer der interessantesten neuen Entdeckungen. Denn wir untersuchten nicht nur, welche Menschen sich – astrologisch gesehen – zueinander hingezogen fühlen, wir analysierten anhand der Scheidungs-Statistik auch, welchen Verlauf eine Ehe über viele Jahre nimmt.

Die moderne Charakterisierung von Partnerkonstellationen benennt verschiedene Faktoren, die mit einer langlebigen Ehe zusammenhängen – wobei zwei Theorien zur gegenseitigen Anziehung besonders reizvoll erschienen. Im Sinne der Evolution soll die Fortpflanzung zum Wohle der menschlichen Spezies geschehen. Konkret: durch eine Kombination möglichst unterschiedlichen Erbguts. Je verschiedener die Eltern sind, desto besser. Dann ist ihr Baby Träger einer originellen DNS, die möglicherweise zu einer erfolgreicheren Anpassung an die Lebensbedingungen führt.

Dafür spricht, dass wir Menschen attraktiv finden, die so ganz anders sind als wir – Gegensätze ziehen sich an, sagt der Volksmund.

Doch oft ist es auch genau umgekehrt. Dann suchen wir uns unbewusst einen Partner, der uns ähnelt: in äußerlicher Hinsicht, durch das Milieu, aus dem er stammt, durch die gleichen Überzeugungen, Interessen, Wertvorstellungen. Auch das hat einen biologischen Vorteil. Paare, die einen ähnlichen Hintergrund haben, können sich auf harmonische Zeiten freuen. Sie sind sich in vielen Dingen einig, die bei gegensätzlichen Partnern zu Streit führen.

Ein längeres Zusammenbleiben ist für Mutter Natur deshalb wichtig, weil die Nachkommen dann von den Eltern gemeinsam aufgezogen werden. Biologisch gesprochen, ist eheliche Harmonie also ein Startvorteil für die Nachkommenschaft. Das ist natürlich niemandem bewusst, der sich in ein wesensverwandtes Gegenüber verliebt. Diese Präferenz fällt jedoch so stark ins Auge, dass der Volksmund auch hierfür einen Spruch bereithält: Gleich und gleich gesellt sich gern.

Aber was gilt denn nun wirklich? Entstehen Verbindungen durch das Faszinosum der Gegensätze oder durch selige Übereinstimmung? Was hat wie lange Bestand? Was bedeutet Kompatibilität der Partner?

Ist damit die Neigung gemeint, sich ineinander zu verlieben? Und, eventuell noch im Rausch der Leidenschaft, zu heiraten? Oder geht es vielmehr um die Stabilität einer einmal eingegangenen Ehe?

Zu beidem finden sich in Carolin Buglers Nachschlagewerk »The Complete Handbook of Astrology« amüsante kleine Kommentare. »Short but sweet« – kurz, aber honigsüß sei die Verbindung von Löwe-Mann und Steinbock-Frau. Einen »slow start« bescheinigt man der Beziehung zwischen Skorpion-Mann und Jungfrau-Frau, die sich nur langsam, sozusagen in Zeitlupe entwickle.[7] Solche Bemerkungen lassen vermuten, dass Astrologen durchaus differenzieren zwischen einer kurzen, aber heftigen Anziehungskraft und den Chancen auf eine dauerhafte Ehe.

Durch die moderne Datenerfassung lässt sich beides untersuchen, und zwar anhand von Heiraten und Scheidungen. Flirts, Affären und Ehen ohne Trauschein kommen in den amtlichen Registern zwar nicht vor. Das muss jedoch kein Nachteil sein. Wenn wir die Heirats- und Scheidungsdaten betrachten, haben wir es mit Menschen zu tun, die ihre Partnerschaft sehr ernst nehmen – die also über ein Strohfeuer hinaus eine Beziehung amtlich absegnen lassen. Trotz des gesellschaftlichen Wandels ist das immer noch ein zuverlässiger Gradmesser, wenn man die Liebe als Ausdruck »ernster Absichten« untersuchen will.

Es geht um einen Gleichklang, der die ersten Stürme der Liebe überdauert. Oder, wie Antoine de Saint-Exupéry sagte: »Die Erfahrung lehrt uns, dass Liebe nicht darin besteht, dass man einander ansieht, sondern dass man gemeinsam in die gleiche Richtung schaut«.[8]

Gleich und Gleich – wo die Liebe hinfällt

Die Betrachtung der Sternzeichen-Kombinationen führte schon bei den früheren Untersuchungen zu erstaunlichen Ergebnissen: Statistisch wie astrologisch entsprach die Weisheit, dass Gleich und Gleich sich gern gesellen, der Realität. Es stellte sich heraus, dass Menschen einen Partner bevorzugen, der dasselbe Sternzeichen hat. Signifikant häufiger vermählten sich acht der zwölf Sternzeichen mit ihresgleichen: Stiere, Zwillinge und Waagen, Widder, Jungfrauen und Schützen und besonders häufig Steinböcke und Wassermänner bildeten mit ihresgleichen ein Paar.

Daneben zeigte sich die Tendenz, dass Heiratswillige in ihrem eigenen Element bleiben, also beispielsweise die Luftzeichen zu einem anderen Luftzeichen neigen. Häufiger einen Partner desselben Elements wählten etwa Löwe-Mann und Widder-Frau, Zwillinge-Mann und Waage-Frau oder auch

Skorpion-Mann und Fische-Frau. Diese Resultate sind beachtlich, wenn man bedenkt, dass sich bei zwölf Sternzeichen rechnerisch immerhin 144 Kombinationen ergeben.

Für die aktuellen, hier vorliegenden Untersuchungen konnten wir 16 zusätzliche Jahrgänge und deren Daten miteinbeziehen, wobei die früheren Ergebnisse unser Wegweiser waren.

Diesem Wegweiser folgend, stellten wir drei Hypothesen auf, die sich auf den statistischen Prüfstand begeben mussten:

1. Paare des gleichen Tierkreiszeichens heiraten einander häufiger.
2. Paare des gleichen Elements heiraten einander häufiger.
3. Paare, deren Tierkreiszeichen zueinander in einem gespannten, rechtwinkligen Verhältnis stehen – Astrologen sprechen von einem Quadrat – heiraten einander seltener.

Die erste Etappe führt nun zu den Eheschließungen, basierend auf sämtlichen in den Jahren 1987 bis 2010 in der Schweiz geschlossenen Ehen – mit insgesamt 2 008 780 Männern und Frauen. Zunächst berechneten wir für jedes Jahr getrennt, ob bestimmte Tierkreiszeichen einander häufiger oder seltener heirateten als andere. Erst danach fassten wir alle Ehen in einer einzigen Tabelle zusammen.

Die folgende Grafik veranschaulicht, welche Sternzeichen wie oft zueinander finden, wobei die besonders häufigen blau und die besonders seltenen rot markiert sind:

Abweichungen für die Eheschließungen nach

Mann \ Frau	Widder	Stier	Zwillinge	Krebs	Löwe
Widder	4,2%	–1,0%	1,5%	–1,6%	0,4%
Stier	–2,0%	4,3%	–0,3%	1,8%	–3,5%
Zwillinge	0,2%	–1,3%	3,7%	–1,4%	–0,2%
Krebs	–1,9%	1,2%	0,5%	1,3%	0,9%
Löwe	2,2%	–1,0%	0,2%	–0,3%	3,8%
Jungfrau	–2,7%	1,8%	–0,3%	–0,3%	0,9%
Waage	–0,1%	–1,4%	0,5%	0,2%	–0,4%
Skorpion	–1,8%	–2,0%	–1,8%	2,0%	0,1%
Schütze	2,9%	·0,2%	–2,9%	–1,3%	–0,7%
Steinbock	0,0%	1,3%	–1,9%	–2,0%	0,0%
Wassermann	–1,1%	–1,3%	0,1%	–0,2%	0,9%
Fische	0,1%	–0,6%	–0,2%	2,0%	–2,0%

heiraten hoch signifikant häufiger
heiraten signifikant häufiger
heiraten leicht signifikant häufiger

Tierkreiszeichen in der Schweiz 1987 bis 2010

Jungfrau	Waage	Skorpion	Schütze	Steinbock	Wassermann	Fische
–1,6%	0,4%	–3,3%	0,6%	–0,4%	–0,3%	0,6%
–0,9%	1,4%	0,6%	–0,7%	1,3%	–1,7%	–0,2%
–0,4%	0,5%	–0,1%	0,3%	–0,9%	0,6%	–1,2%
0,1%	–4,4%	1,1%	–1,1%	–0,2%	0,3%	1,9%
–1,2%	0,0%	–0,7%	0,0%	1,0%	–3,8%	–0,2%
4,0%	–0,1%	1,5%	–0,4%	–1,0%	–1,1%	–2,2%
0,7%	4,4%	–0,8%	0,5%	–2,1%	0,4%	–1,6%
2,8%	–0,4%	3,3%	–0,6%	–0,9%	–0,8%	0,8%
–0,3%	1,4%	0,3%	5,2%	–2,2%	1,1%	–2,6%
–0,4%	–0,1%	0,2%	–3,1%	6,1%	–0,1%	0,0%
–0,8%	0,0%	–3,5%	1,4%	–0,8%	4,1%	1,2%
–1,5%	–2,9%	2,0%	–1,5%	–0,1%	1,4%	3,2%

heiraten hoch signifikant seltener
heiraten signifikant seltener
heiraten leicht signifikant seltener

Der um 16 Jahrgänge erweiterte Datensatz bestätigt die früheren Ergebnisse: Paare desselben Tierkreiszeichens heiraten einander häufiger.

Dieses Resultat bescherten uns auch die Daten vom französischen Statistischen Bundesamt, dem INSEE, mit Aufzeichnungen über 6498320 Eheschließungen im Zeitraum von 1976 bis 1997. Auch bei unseren französischen Nachbarn hieß es: Gleich und gleich gesellt sich gern. Bis auf das Schweizer Paar mit dem gemeinsamen Tierkreiszeichen Krebs stimmen die Daten beider Länder in diesem Punkt überein. Durch Zufall ist das nicht mehr zu erklären.

Insgesamt ergab sich in der Schweiz das Bild, dass elf der 13 Paare mit statistisch besonders hoher Heiratsneigung dasselbe Tierkreiszeichen hatten (siehe nachfolgende Grafik). Ein weiteres Paar gehört demselben Element an – es ist hellblau gekennzeichnet. Lediglich das signifikant auffällige Paar Skorpion/Jungfrau passt nicht ganz in diese Kategorien. Zum Vergleich: in Frankreich waren es zwölf von 13 Kombinationen.

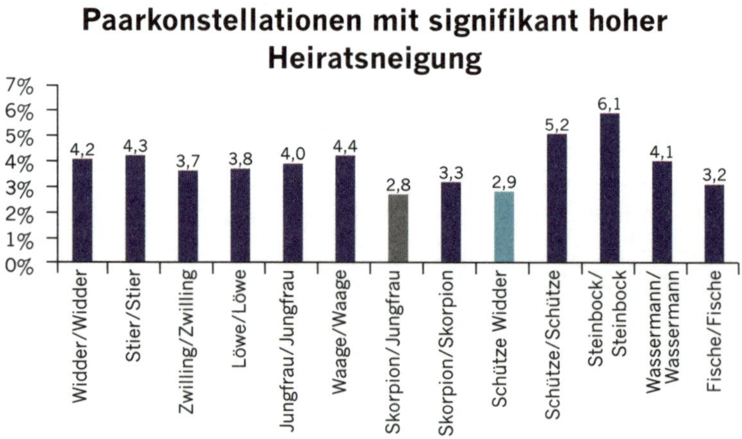

Signifikant erhöhte Heiratsneigungen zwischen Tierkreiszeichen in der Schweiz im Zeitraum 1987–2010. Genannt ist zuerst der Mann.

Diese Tendenzen werden noch deutlicher sichtbar, wenn man die Kombinationen nach Elementen zusammenfasst. Hier treten alle Beziehungen zwischen gleichen Elementen häufiger auf. Bei der Verbindung unterschiedlicher Elemente bewegen sich Luft und Feuer sowie Wasser und Erde im Normalbereich; alle anderen Kombinationen erscheinen seltener, als zu erwarten gewesen wäre.

Heiratsneigung nach astrologischen Elementen

MANN \ FRAU	Feuer	Erde	Luft	Wasser
Feuer	1,7%	–0,7%	–0,2%	–0,8%
Erde	–1,1%	1,5%	–0,4%	–0,1%
Luft	0,1%	–0,8%	1,3%	–0,7%
Wasser	–0,7%	–0,1%	–0,7%	1,6%

- heiraten hoch signifikant häufiger
- heiraten signifikant häufiger
- heiraten leicht signifikant häufiger
- heiraten hoch signifikant seltener
- heiraten signifikant seltener
- heiraten leicht signifikant seltener

Auch bei seltenen Paar-Konstellationen fallen einige Paarkombinationen mit ausgeprägter Zurückhaltung auf. Nimmt man das Ergebnis näher in Augenschein, scheint es tatsächlich eine geringere Heiratsneigung zwischen Tierkreiszeichen zu geben, die in einem Quadrat zueinander stehen. Ein solches entsteht dadurch, dass die Sternzeichen auf dem Tierkreis in einem Winkel von 90 Grad oder in Opposition zueinander stehen (siehe nachfolgende Grafik).

Astrologische Quadrate

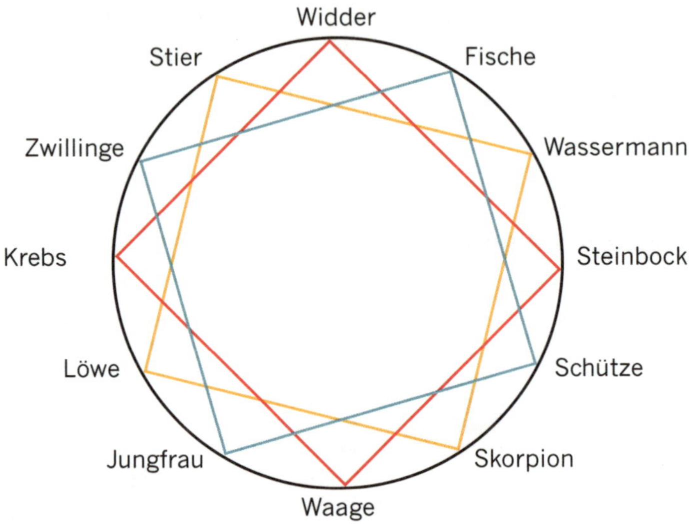

Daraus ergeben sich drei Gruppen von Sternzeichen, denen untereinander eine gewisse Distanziertheit nachgesagt wird:

- Widder, Krebs, Waage, Steinbock
- Stier, Löwe, Skorpion, Wassermann
- Zwillinge, Jungfrau, Schütze, Fische

Die nächste Tabelle präzisiert die Ergebnisse. Unter den neun besonders seltenen Kombinationen finden sich in der Schweiz fünf Paare, deren Sternzeichen in einem Quadrat zueinander stehen – sie sind dunkelblau markiert.

Heiratsneigung nach astrologischen Quadraten

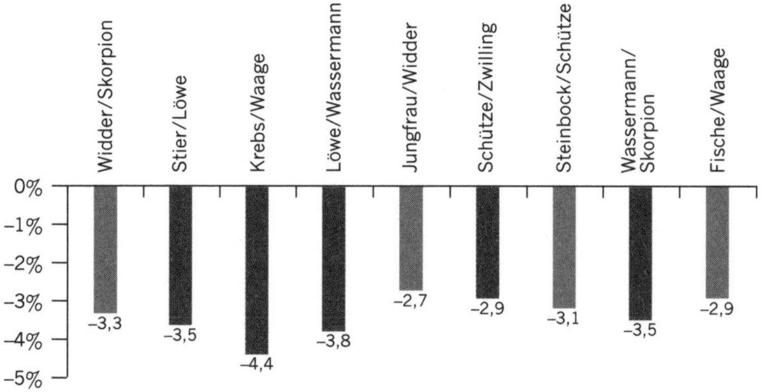

Signifikant verringerte Heiratsneigungen zwischen Tierkreiszeichen, die in einem Quadrat zueinander stehen. Genannt ist zuerst der Mann.

Sicherheitshalber untersuchten wir noch, ob sich diese Ergebnisse eventuell durch die Jahreszeiten ergeben, in denen die Paare geboren sind – dann würde eine mögliche astrologische Begründung ausscheiden. Dazu fassten wir die Männer und Frauen zu Frühlings-, Sommer-, Herbst- und Wintergeborenen zusammen und verglichen sie mit den Ergebnissen nach Elementen. Die Resultate fielen erheblich schwächer aus.

Auch führten wir ein Experiment durch, bei dem wir »künstliche« Sternzeichen erfanden, mit folgender Überlegung: Wenn die Tierkreiszeichen einfach eine willkürliche Einteilung wären, ohne Sinn und Verstand sozusagen, dann müsste die Grafik für die erzeugten Zufallszeichen vergleichbar viele Signifikanzen anzeigen.

Das Bild dieser Auswertung war jedoch insgesamt bei weitem nicht so klar und eindeutig wie bei den echten Tierkreiszeichen. Es ist rund 15 Millionen Mal unwahrscheinlicher, dass der Zusammenhang bei den echten Zeichen ein rein zufälliger ist, als wenn wir versuchen, einen solchen Zusammenhang durch künstliche Sternzeichen zu erzeugen!

Ganz gleich, wo man ansetzt: Berücksichtigt man die echten Tierkreis-Bereiche, dann tritt der Zusammenhang zwischen Sternzeichen-Zugehörigkeit und Heiratsneigung am stärksten zutage. Ein bemerkenswertes Indiz dafür, dass astrologische Faktoren bei der Partnerwahl tatsächlich von besonderer Bedeutung sind. Somit bleibt zusammenfassend festzuhalten: Die Zugehörigkeit zu einem bestimmten Tierkreiszeichen hat augenscheinlich Einfluss auf die Zahl der Eheschließungen. Insbesondere heiraten Paare desselben Tierkreiszeichens und Paare desselben Elements einander häufiger. Paare benachbarter Tierkreiszeichen und Paare benachbarter Elemente heiraten einander seltener, ebenso Paare, deren Sternzeichen in einem Quadrat zueinander stehen. Die amtlichen Daten haben somit alle drei Hypothesen eindeutig bestätigt.

Diese Ergebnisse decken sich mit der Behauptung der Astrologie, aber wie aussagekräftig sind nun die Resultate für das praktische Leben? In absoluten Zahlen gesehen, betragen die beobachteten Tendenzen wenige Prozent. Bezogen auf die recht grobe Kategorisierung – es stecken immerhin rund zwei Millionen Menschen in nur zwölf Schubladen – sind die Abweichungen jedoch beeindruckende Effekte.

In wen auch immer Sie sich verlieben, die Chance, dass Sie ihn oder sie heiraten, ist größer, wenn Sie im selben Tierkreiszeichen geboren wurden oder demselben Element angehören. Welches Gewicht Sie dem beimessen, wollen wir an dieser Stelle Ihnen überlassen und uns auf die nächste Etappe begeben: die Untersuchung der Ehescheidungen.

Stürmische Zeiten – wann die Liebe aufhört

»Doch alle Lust will Ewigkeit«, schrieb Nietzsche. Der Volksmund formuliert es lakonischer: Scheiden tut weh. Jeder, der eine Trennung hinter sich hat, weiß um die emotionalen Verwerfungen, die damit verbunden sind. Zerbricht eine Ehe, so empfinden Paare dies oft als persönliches Scheitern. Zwar kann man aus einer Ehe ohne einen einzigen Koffer verschwinden, meist aber schleppt man schweres seelisches Gepäck mit sich.

Die Ämter verzeichnen solch schmerzhafte Trennungen mit bürokratischem Gleichmut. Nüchterne Daten verraten uns nichts über die Dramen, die dahinterstehen, können uns aber Aufschluss geben über den Wahrheitsgehalt astrologischer Gesetze. Diesen Wahrheitsgehalt wollten wir mit folgender Hypothese prüfen: Es gibt einen Zusammenhang zwischen den Tierkreiszeichen von Ehepartnern und ihrem Scheidungsrisiko.

Anhand unseres Datensatzes konnten wir ermitteln, welche ab 1987 geschlossenen Ehen im Jahr 2010 – zumindest auf dem Papier – noch bestanden und welche ein Ende gefunden hatten. In 254 249 Fällen hatte die Liebe nicht überlebt. 224 784 Paare waren durch den Richter und 29 465 durch den Tod geschieden worden. Außerdem konnten wir berechnen, wie viel Prozent der Ehepaare nach jedem einzelnen Jahr noch verheiratet waren und wie lange eine geschiedene Ehe zuvor bestanden hatte.

Nun stellten wir zwei Fragen:

1. Hängt die Zugehörigkeit zu einem bestimmten Tierkreiszeichen zusammen mit der Anzahl und Wahrscheinlichkeit von Scheidungen?
2. Ist die Häufigkeit der Ehescheidungen durch die Häufigkeit der Eheschließungen erklärbar, oder spielen andere Faktoren eine Rolle?

Für die »Akte Astrologie« hatten wir noch zwei verschiedene Datensätze untersucht, die nicht verknüpft waren. Kurz gesagt: Während dort alle Scheidungen betrachtet wurden, die in einem ganz bestimmten Jahr verzeichnet worden waren, sind in der aktuellen Betrachtung ausschließlich diejenigen Scheidungen enthalten, zu denen es auch eine statistisch erfasste Heirat gibt.

Letztlich folgten wir also der Binsenweisheit, dass jede Scheidung mit einer Hochzeit beginnt.

Die Möglichkeit, Scheidungen untersuchen zu können, zu denen wir auch das Datum der Heirat kennen, war ein Novum für uns. Erstmals war es möglich, den Verlauf jeder amtlich dokumentierten Partnerschaft zu hinterfragen: In welchen Ehejahren kommt es besonders häufig zu Konflikten, die in einer Scheidung kulminieren? Sind bestimmte Sternzeichen-Kombinationen robuster gegenüber kritischen Phasen als andere? So, wie Lebensversicherungen anhand von Sterblichkeitsstatistiken ihre Prämien kalkulieren, konnten wir die »Lebenserwartung« von Ehen bestimmen.

Mit anderen Worten: Wir errechneten das Scheidungsrisiko für jedes einzelne Sternzeichen und jede Sternzeichen-Kombination über einen Beobachtungszeitraum von 24 Jahren.

Doch der Reihe nach, hier erstmal die Resultate der ersten Auswertung: Die Wahrscheinlichkeit, dass eine Schweizer Ehe mindestens 24 Jahre hält, beträgt 62,1 Prozent. Dazu fanden wir heraus, dass das Scheidungsrisiko im Verlauf einer Ehe keineswegs konstant ist. In den ersten zehn Jahren ist die Gefahr einer Trennung am höchsten, mit einem sprunghaften Anstieg – Sie ahnen es vielleicht schon – im »verflixten siebten Jahr«! Wer den gleichnamigen Film mit Marilyn Monroe kennt, wird hier nicht überrascht sein.

In diesem berühmten »siebten Jahr« ist die Wahrscheinlichkeit einer Scheidung um etwa die Hälfte höher als das durchschnittliche Scheidungsrisiko in allen anderen Jahren!

Womit sich die zwangsläufig die nächste Frage anschloss: Lässt sich aus den ermittelten Risiken eine Vorhersage ableiten?

Wer wollte nicht erfahren, wie es um die Erfolgsaussichten steht, wenn er sich mit dem Gedanken trägt zu heiraten?

»Prognosen sind schwierig, besonders, wenn sie die Zukunft betreffen«, soll Mark Twain gesagt haben, aber moderne statistische Methoden machen die Angelegenheit etwas leichter.

Dazu konstruierten wir zuerst zwei »durchschnittliche« Sternzeichen und ein »durchschnittliches« Sternzeichenpaar, welches die typische Schweizer Ehe repräsentiert. Dies waren die künstlich erzeugten Normwerte. Dann errechneten wir, wie stark sich das Scheidungsrisiko für die einzelnen Sternzeichen sowie deren Kombinationen gegenüber dem Normwert erhöht oder reduziert – geordnet nach den absolvierten Ehejahren.

Bei einer ganzen Reihe von Tierkreiszeichen und deren Sternzeichen-Kombinationen zeigte sich in der Tat ein signifikant erhöhtes oder verringertes Scheidungsrisiko. Bei der Einzelbetrachtung fielen besonders männliche Steinböcke und weibliche Schützen auf. Bei den Paaren betraf es unter anderem die Kombination der weiblichen Waage oder der weiblichen Löwin, auch hier in Verbindung mit dem männlichen Steinbock.

Beim Steinbock wirkten die Zahlen fast schon ein wenig besorgniserregend. Männer, die in diesem Sternzeichen geboren sind, scheinen ungewöhnlich wackelige Ehe-Kandidaten zu sein, denn ihr Scheidungsrisiko liegt weit über dem Durchschnitt. Im Laufe von 24 Jahren scheiterten nahezu 40 Prozent der Ehen, an denen ein Steinbock beteiligt war. Vielleicht hat die Astrologie doch nicht ganz Unrecht, wenn sie Steinböcke als wenig gefühlsbetont und stark karriereorientiert beschreibt.

Aber das ist zunächst nur eine mögliche Interpretation, keine kausale Erklärung. Wenn wir die »Langläufer« einzeln betrachten, können sich Widder-Frauen durchaus Hoffnung auf die Silberne Hochzeit machen, sofern es ihnen gelingt, einen Zwillinge-Mann an Land zu ziehen. Das Risiko, dass bei dieser Verbindung neben Tassen und Tellern auch die Ehe in die Brüche geht, ist deutlich geringer.

Natürlich sollte man diese Ergebnisse nicht als »Schwarze Liste« betrachten. Niemandem wird abgeraten, es mit einem Steinbock-Mann oder einer Skorpion-Frau zu versuchen. Ein wenig Vorsicht könnte jedoch nicht schaden. Risikofaktoren sind schließlich dazu da, als Warnzeichen wahrgenommen zu werden – und aufgrund der Scheidungsstatistik zumindest als ernstzunehmende Option.

Im besten Fall wird man sensibilisiert für die Sollbruchstellen, die man sonst vielleicht übersehen könnte. Jeder Paar-Therapeut weiß, dass das Bewusstsein für mögliche Beziehungskonflikte eine gute Voraussetzung ist, um Krisen erfolgreich durchzustehen.

Eine aufschlussreiche Beobachtung zum Schluss: Routinemäßig gingen wir der Frage nach, ob manche Paare deshalb häufiger vor dem Scheidungsrichter auftauchen, weil sie zuvor schon häufiger vor den Altar getreten sind. Dann müssten in unseren Scheidungsstatistiken besonders viele Paare vom selben Tierkreiszeichen zu finden sein, die in der Heiratsstatistik die Spitzenreiter gestellt hatten. Dafür fand sich jedoch nichts Stichhaltiges. Von Paaren mit demselben Tierkreiszeichen enden lediglich die Skorpion-Skorpion-Paare ein klein wenig öfter als der Durchschnitt vor dem Scheidungsrichter – allerdings ist diese Abweichung nicht signifikant.

Risiken und Nebenwirkungen – astrologische Ehe-Prognosen

So interessant die Ergebnisse im vorherigen Abschnitt sind, als Grundlage für eine längerfristige Prognose schienen sie noch nicht ausreichend. Deshalb wollten wir auch herausfinden, wie sich das Trennungsrisiko für die einzelnen Sternzeichen über die Jahre hinweg verändert. Das ominöse siebte Jahr hatten wir ja bei den tatsächlichen Scheidungen bereits als Gefahrenzone ausgemacht.

Aber sollten sich auch weitere astrologische Gesetzmäßigkeiten zeigen, wann genau sich, um mit Maria Callas zu sprechen, eine im Himmel geschlossene Ehe als Hölle auf Erden entpuppt? Und gibt es umgekehrt Sternzeichen, denen es gelingt, besonders haltbare Ehen zu führen? Nachdem wir zuvor das »ob« untersucht hatten, wollten wir uns jetzt dem »wann« zuwenden. Die dazu formulierte Hypothese lautet: Es gibt einen Zusammenhang zwischen dem Verlauf einer Ehe und den Tierkreiszeichen der Ehepartner. Diese musste nun einer Überprüfung standhalten.

Dies einmal vorausgeschickt, führten wir die Untersuchung in zwei Schritten durch. Zum einen errechneten wir für jedes Sternzeichen das individuelle Scheidungsrisiko über einen Zeitraum von 20 Jahren, getrennt nach Männern und Frauen. Im Anschluss daran berechneten wir für jedes erreichte Ehejahr die zukünftige »Lebenserwartung« oder »Haltbarkeit« der Sternzeichenpaare. Wir stellten also eine Prognose auf, wie viele Jahre ein Sternzeichen-Geborener im Mittel noch mit seinem Partner gemeinsam erleben wird, bevor der Richter das Trennungswort spricht.

In der nachfolgenden Grafik sieht man an der schwarzen Kurve, dass die Scheidungsneigung je nach Sternzeichen und Geschlecht im Zeitverlauf deutlich variiert. Die gepunkteten Linien ober- und unterhalb markieren einen statistischen Vertrauensbereich, der anzeigt, ob es sich nur um zufällige Schwankungen oder signifikante Abweichungen handelt. Liegen alle drei Kurven gleichzeitig über oder unter der waagrechten Zeitachse, so handelt es sich um ein signifikantes Ergebnis. Insgesamt fanden wir bei acht Frauen und sechs Männern, also bei 14 bis 24 Sternzeichen mindestens eine signifikante Abweichung von der Mittellinie – ein bemerkenswertes Resultat.

Scheidungsneigung nach Sternzeichen

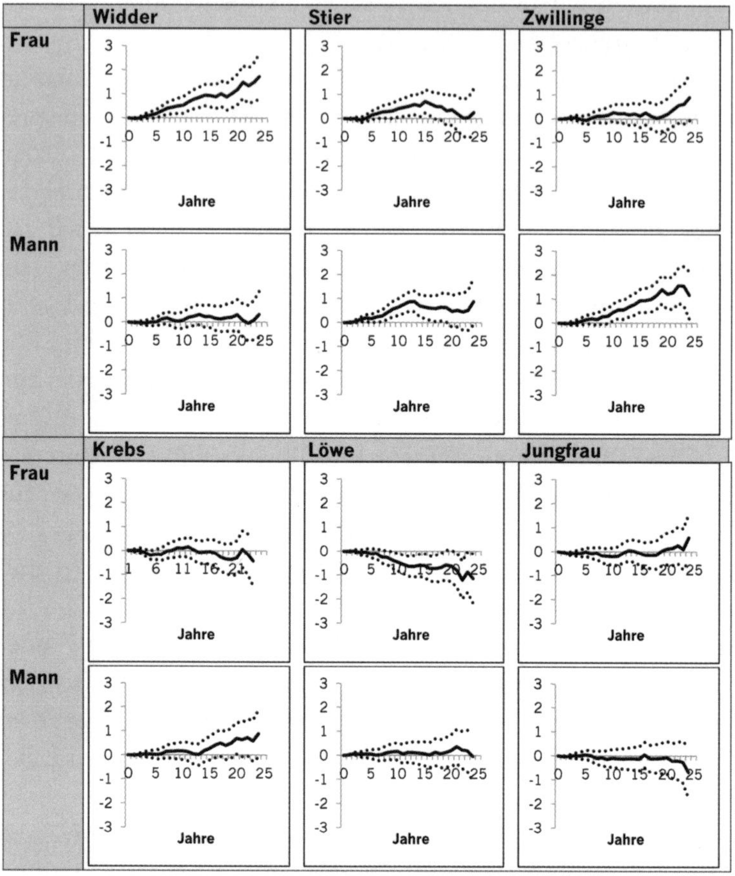

Zukünftige Lebenserwartung der Ehen, geordnet nach Tierkreiszeichen ...

Nun wird auch noch einmal deutlich, warum die Ehepartner von Widder-Frauen und Zwillinge-Männern statistisch gesehen seltener von ihren Partnern geschieden werden, wie ja schon die vorherigen Analysen gezeigt haben. Ihre Aussichten werden mit der Zeit immer rosiger. Das zeigen die Aufwärts-Kurven deutlich.

und Geschlecht

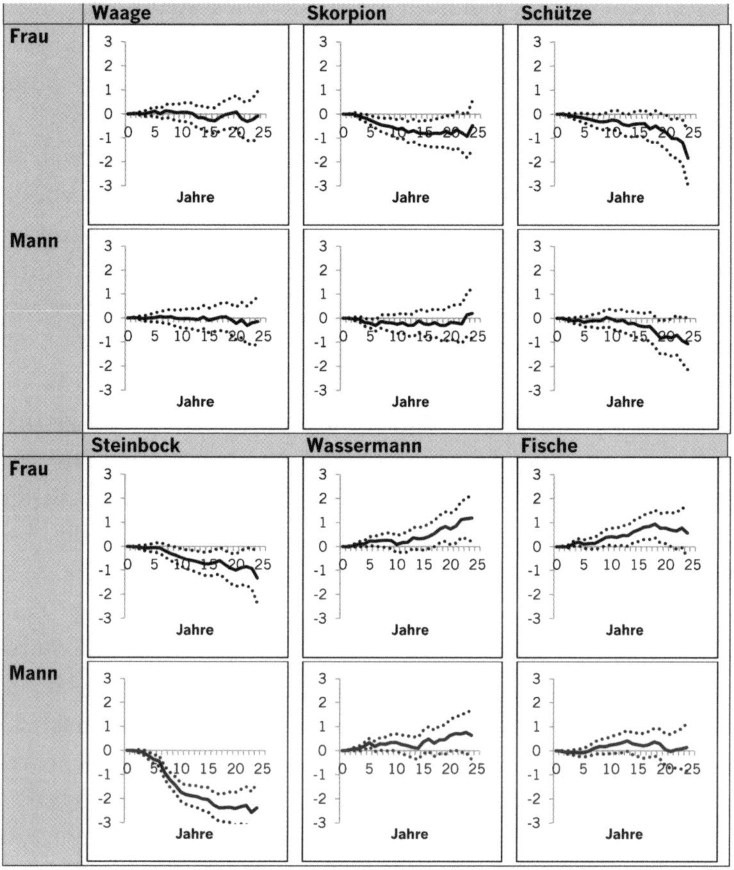

... und Ehejahr, prozentuale Abweichung vom Durchschnitt

So bliebe zu fragen: Bewahrheiten sich hier eigentlich astrologische Aussagen in Sachen Herz und Schmerz?

Wenn wir dazu die Kurve des Steinbock-Mannes mit der gängigen astrologischen Charakterisierung vergleichen, scheint einiges dafür zu sprechen. Statistisch gesehen, sinken die Überlebenschancen einer Ehe mit dem Steinbock-Mann von

Jahr zu Jahr weiter unter den Durchschnitt. Aus astrologischer Sicht wird die Bindungsfähigkeit des Steinbocks angezweifelt. Es heißt, Steinböcke seien emotional verschlossen, und der gefühlte Frustfaktor für eine Partnerin liege damit besonders hoch.

Gelinge es der Frau eines Steinbock-Mannes auch nach einer langjährigen Beziehung nicht, zu dessen Gefühlen vorzudringen, so ziehe sie sich ebenfalls in ihr Schneckenhaus zurück – oder suche sich gleich eine eigene Wohnung. In der Grafik scheint sich dies in der abfallenden Kurve kurz vor dem fünften Ehejahr niederzuschlagen.

Noch differenzierter wird das Bild, wenn wir die Erfolgsaussichten von Ehen nach den Sternzeichen-Kombinationen aufschlüsseln. Die Grafik auf Seite 158/159 verdeutlicht die Tendenzen, als eine Art Beziehungs-Seismograph, der die ehelichen Entwicklungen aufzeichnet – geordnet nach Tierkreiszeichen-Kombination und Ehejahr, verglichen mit dem Durchschnitt. Auch bei der Analyse der Sternzeichen-Kombinationen fanden wir eine ganze Reihe signifikanter Abweichungen. Weil wir durch die sehr feine Aufgliederung nach 25 Jahren und 144 Kombinationen teilweise nur noch recht wenige Paare beobachten konnten, haben wir uns allerdings entschieden, den statistischen Sicherheitsbereich nicht mehr einzeln darzustellen. Sie dürfen dennoch die Kurvenverläufe als Hinweise interpretieren. Vielleicht entdecken Sie darin ja sogar ein vertrautes Bild, wenn Sie an Ihre eigene Partnerschaft denken.

Das Auf und Ab der einzelnen Kurvenverläufe enthüllt die Dramaturgie eines Films, den man in Anlehnung an Ingmar Bergmann »Szenen einer Ehe« betiteln könnte. Jede Sternzeichen-Konstellation scheint ihr eigenes Drehbuch zu haben. Da gibt es Kurzstreckensprinter, deren Kurve sich schon bald nach dem Start bedenklich abwärtsneigt. Wir begegnen aber auch wahren Marathonläufern, deren Chance auf ewige Zweisamkeit stetig zunimmt.

Generell hat wohl jeder schon beobachtet, dass Beziehungen ganz unterschiedliche Dynamiken entwickeln. Manche Ehen beginnen mit himmelstürmender Leidenschaft und Begeisterung, sind in den Anfangsjahren deshalb sehr stabil, geraten jedoch irgendwann in eine Phase, in der die erste Euphorie verflogen ist. Dann kann es einem der Partner oder gar beiden wahlweise zu bunt oder zu farblos werden. Andere Beziehungen durchleben möglicherweise gleich zu Beginn eine ganze Reihe von reinigenden Gewittern. Sind diese stürmischen Phasen glücklich überstanden und hat man sich erst einmal »zusammengerauft«, können diese sturmerprobten Paare anscheinend besonders harmonische Ehen führen.

Am Rande sei bemerkt: Auch bei diesem Datensatz konnte die Frage, ob die Häufigkeit der Ehescheidungen möglicherweise durch die Häufigkeit der Heiraten zu erklären ist, mit einem klaren Nein beantwortet werden.

Abschließend seien zwei besondere astrologische Details erwähnt. Zum einen möchten wir noch einmal auf das »verflixte siebte Jahr« zurückkommen. Aus Sicht der Astrologie könnte dafür der Planet Saturn verantwortlich sein, der auf seinen rund 28 Jahre dauernden Lauf durch den Tierkreis alle sieben Jahre an einen Punkt kommt, der mit einer persönlichen Bilanzierung und Hinterfragung in Zusammenhang stehen soll. Dies ist generell eine heikle Phase, denn alle sieben, 14, 21, 28 Jahre stehen weitreichende Veränderungen, möglicherweise sogar Umbrüche an.

Etwa sieben Jahre nach der Hochzeitsfeier hat sich der Saturn auf dem Tierkreis um einen Winkel von 90 Grad weiterbewegt. Kein günstiges Omen, denn diesen Aspekt bezeichnen Astrologen als Quadrat. Es gilt als problematisch und signalisiert zugleich die Chance auf Transformation. Das ist für

Lebenserwartung der Ehen

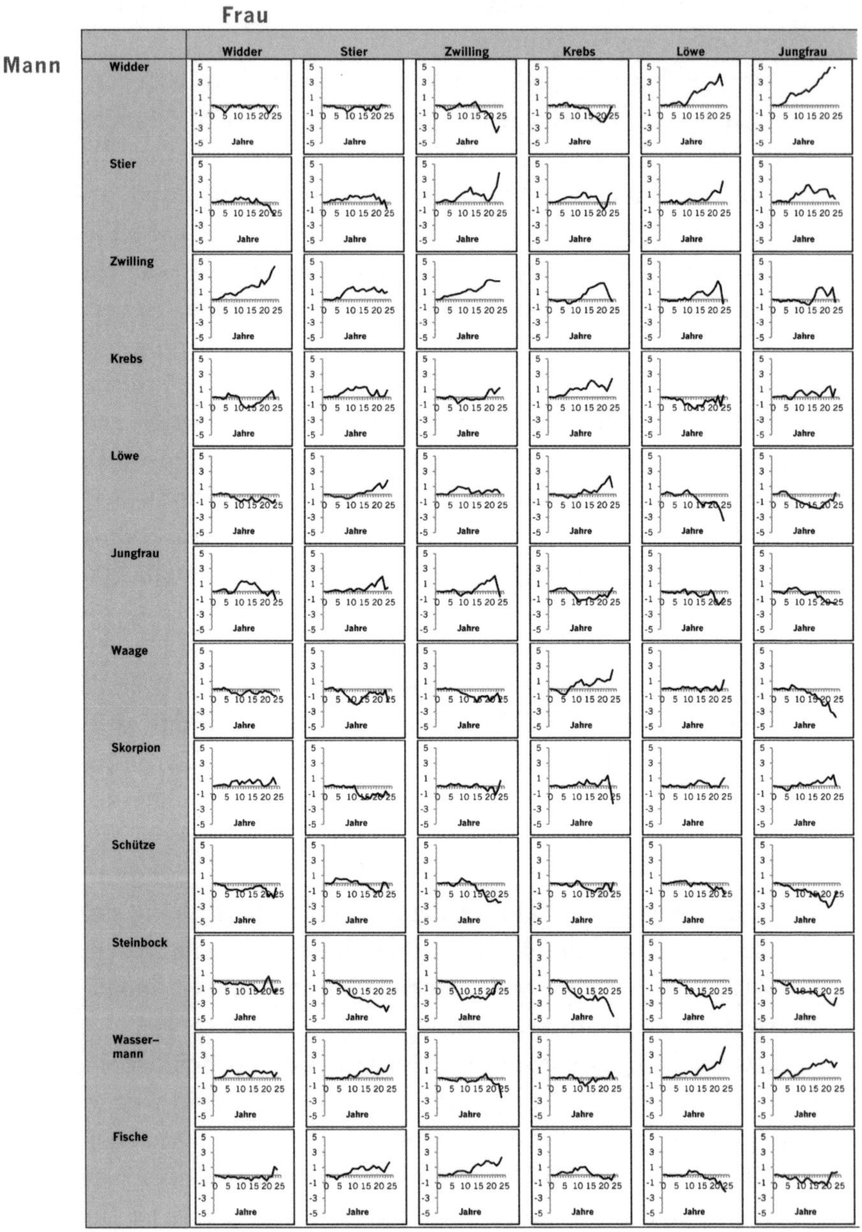

geordnet nach Tierkreiszeichen

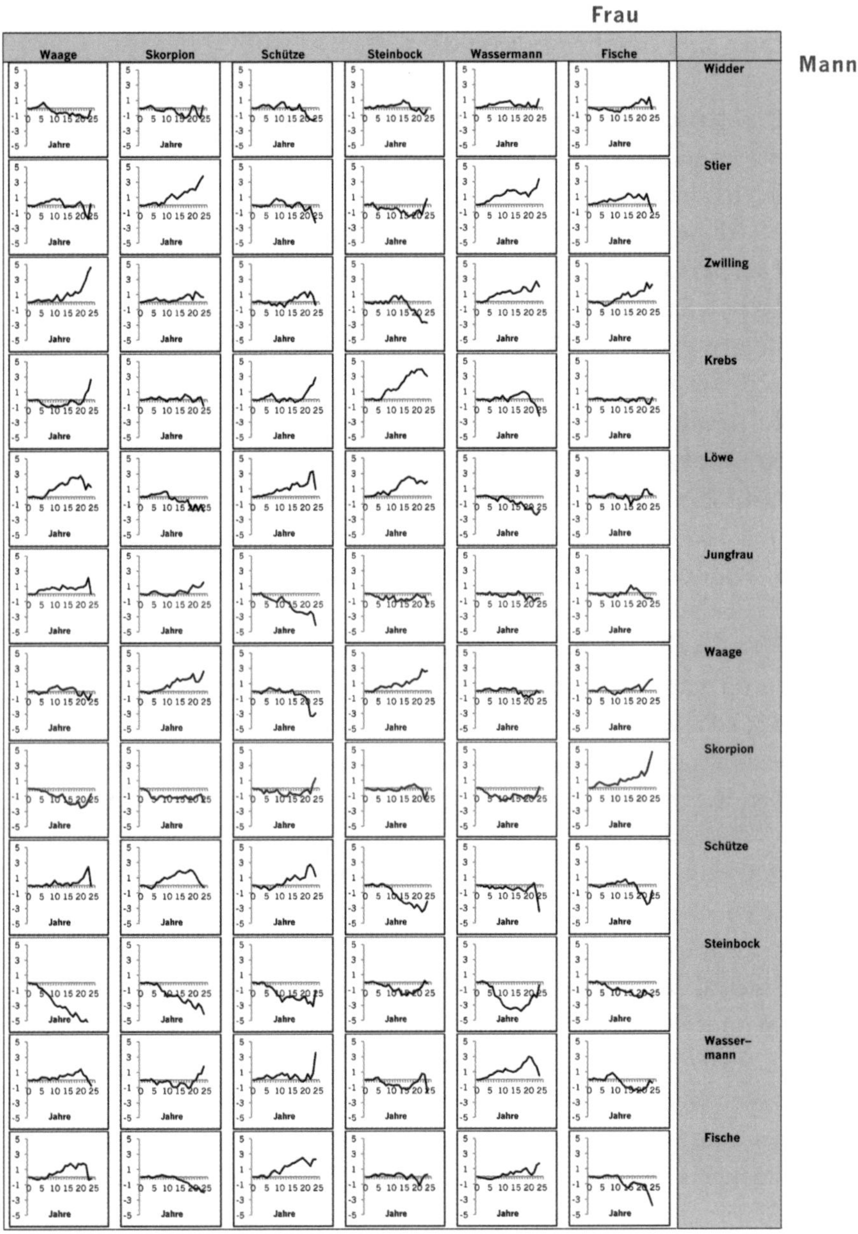

Verheiratete ein schwacher Trost, denn die Qualitäten der beiden Zeitpunkte – Eheschließung und siebtes Ehejahr – geraten unweigerlich in Konflikt.

Das Krisengewitter, das im siebten Ehejahr losbricht, ist gewissermaßen ein Test für die Beziehung, anschließend tritt sie in eine neue, stabilere Phase ein.

Als wäre dies nicht genug Konfliktstoff, kommt bei jedem Paar im siebten Ehejahr eine spannungsgeladene Konstellation von Saturn und Uranus hinzu. Da soll, nach astrologischer Lesart, der Drang, Unruhe und Auseinandersetzungen zu meiden, auf den Wunsch treffen, sich von alten Lasten zu befreien. Doch leiden alle Sternzeichen gleichermaßen unter dieser Krisenphase? Generell fanden wir heraus, dass alle Beziehungen, gleich welcher Sternzeichenkombination, im sechsten und siebten Jahr nach der Eheschließung außergewöhnlich scheidungsanfällig sind. Für Ehemänner von Löwe-Frauen ist das Scheidungsrisiko im siebten Jahr allerdings nur leicht erhöht, während sich bei Steinbock-Männern in diesem Zeitraum ganz besonders viele amtliche Trennungen ereignen: 13,3 Prozent mehr als erwartet. Glücklich schätzen können sich hingegen die Ehefrauen von Skorpion-Männern: Sie erleben in schwierigen Zeiten 4,7 Prozent weniger Scheidungen.

Betrachtet man unsere Auswertungen, so lässt sich festhalten, dass Sie alle sonnige und stürmische Phasen Ihrer Ehe erleben werden. Für manche Paare sind die Zukunftsprognosen ein wenig heiterer, für andere ein wenig düsterer. Aber die Statistik zeigt, dass auf konfliktgeladene Tage oft wieder entspanntere Zeiten folgen.

Falls Sie also daran denken, das Handtuch oder Schlimmeres zu werfen, sollten Sie sich daran erinnern, dass Krisenphasen für bestimmte Tierkreiszeichen-Kombinationen einfach stärker ausgeprägt sind. Mit diesem Wissen können Sie viele Auseinandersetzungen wesentlich leichter überstehen, denn es ist erfahrungsgemäß die Diskrepanz zwischen Erwartung und Realität, die zu Enttäuschungen und dann auch zu Trennungen führen kann.

Vielleicht betrachten Sie unsere Ergebnisse ganz einfach als Anregung, charakterliche Eigenheiten Ihres Partners genauer zu studieren und auf Konfliktpotenziale zu achten – so wie Gunter Sachs durch eigene Beobachtung und die Aneignung astrologischer Kenntnisse schwierigen Situationen mit einem Wissensvorsprung begegnete. Und wie auch Mirja Sachs schon vor ihrer Heirat durch ein Horoskop ahnte, dass sie die Frau eines freiheitsliebenden Mannes werden würde. Wer sich auf solche Bedingungen einstellt, findet dann vielleicht wie diese beiden Menschen einen Weg, Ansprüche und Widersprüche klug auszubalancieren.

Allein oder zu zwei'n? Wer Single bleibt

Lassen Sie manchmal Ihre Gedanken in die Zukunft schweifen? Und stellen Sie sich dann vor, im Herbst des Lebens auf einer kleinen Bank zu sitzen, beschienen von den warmen Strahlen der Abendsonne? Vermutlich hoffen Sie, dass dann neben Ihnen ein Partner sitzt, mit dem Sie glücklich alt geworden sind.

Zweifellos ist dies eine schöne Vision, deren Verwirklichung viele ersehnen. Andererseits bleiben manche Menschen zeit ihres Lebens Einzelgänger. Psychologen und Soziologen könnten dies eventuell mit bestimmten Persönlichkeitsmerkmalen oder widrigen Umständen erklären – uns interessierte jedoch die Frage: Gibt es, astrologisch gesehen, charakteristische Konstellationen, die mit einer verringerten Heiratsneigung in Verbindung stehen? Hierzu wollten wir zum ersten Mal den Versuch starten, neben der Sonne, welche die Tierkreiszeichen bestimmt, auch andere Planeten in die Auswertungen miteinzubeziehen. Unserer Hypothese lautete: Es gibt einen Zusammenhang zwischen der Position der Sonne und der Neigung zu heiraten.

Um diese Frage zu beantworten, sichteten wir zunächst die Daten aller verstorbenen Schweizer zwischen 1969 und 2010 daraufhin, wie viele zum Zeitpunkt des Todes ledig waren – also nicht nur eine einsame, sondern auch eine dauerhafte Entscheidung gegen die Ehe getroffen hatten.

Die Verstorbenen mussten außerdem eine weitere Voraussetzung erfüllen: Zum Zeitpunkt ihres Todes sollten sie mindestens 60 Jahre alt gewesen sein. Denn wer jung stirbt, ohne jemals ein Standesamt betreten zu haben, hätte prinzipiell ja noch später heiraten können.

Unsere Testgruppe verstorbener Schweizer war im Durchschnitt fast 80 Jahre alt geworden – der Älteste verschied mit biblischen 113 Jahren. Auf diese Weise hatten wir die Daten von 277 823 ledig Verstorbenen gegenüber 1 876 789 Menschen, die zu Lebzeiten mindestens einmal den Bund der Ehe eingegangen waren.

Als Erstes überprüften wir mit dem Chi-Quadrat-Test (siehe Anhang, Seite 252), ob Zusammenhänge zwischen der Stellung der Sonne und dem Familienstand beim Tod bestehen. Dabei entdeckten wir bei weitem mehr Abweichungen, als es der Zufall erwarten ließ.

In diesem Zusammenhang tauchen hoch signifikant weniger Junggesellen des Sternzeichens Stier auf, was nahelegt, dass Stier-Männer besonders heiratsfreudig sind. Das könnte zur astrologischen Sicht der Dinge passen, wonach Stiere als solide, anhänglich und auf Sicherheit bedacht gelten.

Ganz anders die Schütze-Geborenen – bei ihnen ist die Zahl der ledig verstorbenen Männer signifikant erhöht. Auffallend am astrologischen Profil des Schützen ist ein ihm nachgesagtes starkes Freiheitsbedürfnis, das unter Umständen mit Bindungen kollidiert.

Wirkmächtige Planeten? Venus-Effekte und andere

Nachdem wir die Rolle der Sonne respektive der Tierkreiszeichen untersucht hatten, wollten wir wissen, welchen Einfluss eventuell andere Planeten auf die generelle Heiratsneigung ausüben. Wir übertrugen also die Idee der Sternzeichen auf eine ganze Reihe von Planeten. Immerhin gelten Gestirne wie Mond, Venus und Mars bei Astrologen als potente Mitspieler in Liebesdingen. Je nach Position im Horoskop könnten sie emotionale Verwirrung stiften oder für harmonische Übereinstimmung sorgen.

Da wir anhand des Datenmaterials einen begrenzten Zeitraum von 24 Jahren beobachteten, mussten wir die äußeren Planeten beiseitelassen. Deren Positionen ändern sich so langsam, dass sie mehr über Generationen aussagen können als über Individuen. Die inneren Planeten wie Merkur, Venus oder Mars hingegen vollzogen während des Betrachtungszeitraumes mindestens fünf volle Umläufe. Das reichte aus, um sie einer genaueren Analyse zu unterziehen.

Auch bei diesem Test fanden wir eklatante Abweichungen der beobachteten Werte von den erwarteten Werten. Ganz offensichtlich hängen diese Planeten mit der Heiratsneigung von uns Menschen zusammen, ganz so, wie es die Astrologie seit der Antike behauptet. Die folgende Tabelle zeigt, wo signifikante Zusammenhänge mit den Planetenpositionen auftreten.

Planetenposition und Heiratsneigung

Mann		Frau	
	Position des Merkur ☿		
Widder*	(–)	Steinbock*	(+)
Stier***	(–)		
Zwillinge*	(–)		
Skorpion***	(+)		
Schütze*	(+)		
Steinbock**	(+)		
	Position der Venus ♀		
Stier**	(–)		
Zwillinge*	(–)		
Skorpion*	(+)		
Schütze*	(+)		
	Position des Mars ♂		
Zwillinge*	(–)	Stier**	(–)
Steinbock*	(+)	Waage*	(+)
		Schütze*	(–)
	Position des Jupiter ♃		
Krebs**	(+)	Widder***	(+)
Schütze*	(+)	Schütze*	(–)
Wassermann*	(–)	Steinbock*	(–)
		Fische*	(+)

Tierkreiszeichenpositionen der Planeten mit signifikant abweichender Neigung zum ledigen Versterben

* = leicht signifikant
** = signifikant
*** = hoch signifikant

Erster Kandidat auf dem Untersuchungstisch war der Planet Merkur. Männer, deren Merkur während der Geburt im Widder, im Stier oder im Zeichen Zwillinge stand, starben seltener als Single. Hielt sich der Merkur hingegen in den Zeichen Skorpion, Schütze oder Steinbock auf, waren diese Männer am Lebensende häufiger unverheiratet. Bei Frauen scheint der Einfluss des Merkurs deutlich schwächer. Lediglich wenn Merkur bei der Geburt im Steinbock stand, schieden sie häufiger ohne Ehering aus dem Leben.

Die Venuswirkungen scheinen sich ausschließlich auf die Herrenwelt zu beschränken. Steht die Venus im Stier oder in den Zwillingen, sinkt die Wahrscheinlichkeit, ledig zu sterben, steht sie in Skorpion oder Schütze, steigt die Wahrscheinlichkeit.

Der Mars beansprucht eine Rolle im Liebesleben beider Geschlechter. Bei Männern, deren Mars in den Zwillingen stand, gab es zum Todeszeitpunkt weniger Singles, stand der Mars im Steinbock, waren es mehr. Anders bei den Frauen. Hier begünstigt Mars im Stier oder Schützen die Heiratsneigung, während Mars in der Waage den Gang zum Standesamt hemmt.

Als vierten Planeten untersuchten wir Jupiter, den man bei Beziehungsangelegenheiten gerne im astrologischen Fokus findet. Männer, deren Jupiter bei der Geburt im Krebs oder Schützen steht, neigen eher dazu, ohne Ehefrau zu sterben. Steht der Jupiter im Wassermann, verringert sich das Risiko, ehelos zu verscheiden. Interessanterweise ergibt sich auch hier wieder ein anderes Bild, wenn man die Statistiken der Frauen auswertet. Hielt sich Jupiter bei deren Geburt im Widder oder in den Fischen auf, starben sie häufiger ledig, stand er jedoch in Schütze oder Steinbock, kam es seltener vor.

Die Ergebnisse unserer Untersuchungen haben insgesamt einen hohen Aussagewert, auch weil sie gegen die These sprechen, ein Einfluss der Gestirne auf das Liebesleben beruhe in

Wahrheit auf dem Phänomen einer sich selbst erfüllenden Prophezeiung.
Immer wieder hört man den kritischen Einwand, jemand heirate das kompatible Tierkreiszeichen nicht etwa, weil es tatsächlich passt, sondern weil er daran glaube. Ein astrologisches Placebo, sozusagen. Bei den Sternzeichen mag man sich dies noch vorstellen können. Aber wer hat beim Partygespräch oder im Ferienhotel schon die Stellung der Planeten zu seiner Geburtsstunde parat?

Trotzdem gingen wir dem Vorwurf noch einmal nach. Dabei halfen uns zum einen Bevölkerungsumfragen der vergangenen zehn Jahre, bei denen die Astrologie-Gläubigkeit im deutschsprachigen Raum untersucht wurde. Demnach sind nur maximal 5 Prozent der Bevölkerung derart von der Astrologie überzeugt, dass sie gravierende Lebensentscheidungen wie Eheschließung und Scheidung von den Sternen abhängig machen – wenn überhaupt.

Wohlgemerkt handelt es sich dabei um die »Astrologie-Gläubigkeit« *einer* Person. Hochzeiten werden jedoch naturgemäß von zwei Beteiligten entschieden. Deshalb sinkt die Wahrscheinlichkeit noch weiter ab, dass eine Vielzahl von Astrologie-Anhängern auf Freiersfüßen die Statistik verzerren.

Zu einem ganz ähnlichen Ergebnis kam die Auszählung von Partnerschaftsanzeigen in 16 Ausgaben des ZEIT-Magazins. Nur in fünf von 630 Annoncen wurde ein Tierkreiszeichen erwähnt, das sind zu vernachlässigende 0,79 Prozent.

Für immer dein – der Astro-Code für lebenslange Liebe

Für manchen Leser scheint es jetzt vielleicht so, als sei die Parkbank mit dem geliebten Partner in weite Ferne gerückt. Schließlich haben sich bei der Untersuchung von Scheidungsrisiken und Singles nicht für jeden erfreuliche Perspektiven ergeben. Aber noch ist nicht aller Tage Abend. Denn noch steht die Untersuchung von Paaren aus, die es ganz besonders lange miteinander ausgehalten haben. Es geht also um jene beneidenswerten Menschen, die es irgendwie schaffen, auch nach Jahrzehnten noch Seite an Seite auszuharren, sei es auf der Parkbank oder auf dem heimischen Sofa.

Wir fahndeten gewissermaßen nach dem »Philemon-und Baucis-Prinzip«. Diese betagten Gestalten der griechischen Mythologie waren einander derart innig zugetan, dass sie von Göttervater Zeus und seinem Sohn Hermes ein einzigartiges Geschenk erhielten: Das greise Paar durfte zeitgleich sterben und sogar nach dem Tod seine Zweisamkeit genießen, verwandelt in zwei Bäume, deren Zweige sich berührten.

Ein schönes Bild. Haben Sie und Ihr Partner eine ähnliche Perspektive wie Philemon und Baucis? Oder besteht die Möglichkeit, dass Sie beide alle Krisen unbeschadet überstehen? Unsere Analyse versucht, Licht ins Dunkel zu bringen.

Aus den Ehen, die zwischen 1987 und 2010 durch den Tod einer der beiden Partner endeten, filterten wir alle Verbindungen heraus, die zuvor mindestens 50 Jahre lang bestanden hatten. Die Auswertungen wurden nach der klassisch geozentrischen sowie nach der heliozentrischen Methode durchgeführt. Umso exakt wie möglich zu arbeiten, berücksichtigten wir zusätzlich bei unseren Berechnungen die durchschnittliche Altersdifferenz zwischen Mann und Frau. Zwangsläufig werden dadurch bestimmte Planetenkombinationen wahrscheinlicher als andere.

Der eingeschlagene Weg schien vielversprechend: Bereits die Untersuchungen aus geozentrischer Perspektive brachten ein positives Resultat und hatten nahegelegt, dass zwischen der Heiratsneigung und der Dauer einer Ehe ein Zusammenhang besteht. Um dem Geheimnis langjähriger Verbindungen noch näher zu rücken, wurden dann zusätzlich Möglichkeiten der heliozentrischen Betrachtungsweise eingesetzt.

Kern dieses Ansatzes ist die Stellung der Planeten und deren Aspekte, das heißt die Abstände und Winkel, in denen sie zueinander stehen – von der Sonne aus betrachtet. Durch diesen »Ortwechsel« wird die Anordnung der Planeten und damit auch die sie verbindenden Aspekte deutlicher aufgelöst und man kann besser nach wiederkehrenden Konstellationen oder Mehrfachkombinationen schauen. Die gefundenen Planetenkonstellationen werden als Figuren in so genannten Kosmogrammen festgehalten.

Im Folgenden betrachten wir ausschließlich Mehrfachkombinationen, denen eine besonders verstärkende Wirkung zukommen soll – als Erstes die Figur der so genannten Troika. Sie entsteht, wenn drei Planeten im Geburtshoroskop ganz nahe beieinander stehen. Man spricht auch von einer dreifachen Konjunktion – von drei 0-Grad-Winkeln mit einem Streubereich (Orbis) von 0 bis 5 Grad. Und gleich bei dieser Figur machten wir eine bemerkenswerte Entdeckung: Ehepartner, die ihre Goldene Hochzeit feiern konnten, hatten signifikant weniger Troikas in ihrem Horoskop als die Vergleichsgruppen. Vor allem bei den Männern war sie seltener.

Ist die Troika etwa eine Gefahr für die Ehe? Der astrologischen Aspekte-Lehre nach symbolisiert die Troika eine besonders energische, zielgerichtete Kraft. Wer diese Figur im Geburtshoroskop habe, stelle sich in den Vordergrund und setze seine Interessen kraftvoll durch. Er trete sicherer, vielleicht sogar beherrschender auf.

Wenn man davon ausgeht, dass diese Dynamik der Troika Rückschlüsse auf den Charakter eines Menschen und sein Beziehungsverhalten erlauben soll, liegt der Gedanke nahe, dass gerade diese Aspekt-Figur möglicherweise eine explosive Sache ist. Falls einer oder gar beide Ehepartner eine Troika im

Horoskop haben, vermuten Astrologen daher ein höheres Risiko für Reibungen, die oft durch ein Kräftemessen entschieden werden. Diese astrologische Einschätzung, so viel kann man festhalten, spiegelt sich in jedem Fall in der Troika-Statistik wider.

Eine weitere Figur, die wir in diesem Zusammenhang aus heliozentrischer Sicht berücksichtigt haben, ist das Große Trigon. Ein Trigon ist ein Aspekt, bei dem Planeten in einem Winkel von 120 Grad zueinander stehen. Große Trigone sind gleichseitige Dreiecke aus drei verbundenen Trigonen.

Das Große Trigon symbolisiert Ausgeglichenheit und Harmonie – ähnlich wie das Sextiltrapez, bei dem vier Planeten durch fortlaufende Sextile (60-Grad-Winkel) verbunden sind.

Nachdem wir die Kosmogramme der langjährigen Ehepartner daraufhin gesichtet hatten, kamen wir zu dem Ergebnis, dass sie häufiger als im Durchschnitt diese Figur im Geburtshoroskop hatten. Offenbar besteht also ein Zusammenhang zwischen dem Großen Trigon und einer dauerhaften ehelichen Verbindung.

Astrologisch gesprochen, sind Menschen mit dieser Konstellation keine Alpha-Tiere wie die Troikaner, sondern gute Mannschaftsspieler. Sie haben Freude an höflichen Umgangsformen, und wenn es zu Konflikten komme, bevorzugen sie kooperative Lösungen. Auch bei Johannes Kepler stand das Trigon für Harmonie, Vorteil, Erfolg.

Einen positiven Einfluss scheint darüber hinaus eine weitere astrologische Disposition zu haben: Frauen in besonders langjährigen Ehen haben etwas mehr Große Quintile. Das Quintil ist ein Aspekt zwischen Planeten mit einem Winkel von 72 Grad. Von einem »Großen Quintil« spricht man, wenn drei Planeten durch ein gleichschenkliges Planeten-Dreieck, mit Winkeln von 72 Grad (siehe Grafik Seite 113) oder 144 Grad (siehe Grafik Seite 171) zu einem Biquintil verbunden sind.

Das Große Quintil gilt als beflügelnde Figur, die eher mit dem intuitiven Denken als mit der vernunftgesteuerten Planung in Verbindung steht. Wahrscheinlich ohne an ein Quintil zu denken, hat Gunter Sachs diesen positiven Aspekt einmal so beschrieben: »Wo der Mann nach einer gewissen Gesetzmäßigkeit denkt und handelt, tun Frauen dies nach einer verborgenen Gesetzlosigkeit, deren Schwungrad die Intuition ist.«

Ziehen wir an dieser Stelle eine Bilanz: Bei den Ehepartnern unseres Datensatzes, die ihre Goldene Hochzeit feierten, finden sich signifikant mehr Große Trigone und mehr Große Quintile, aber signifikant weniger Troikas. In die Sprache der astrologischen Symbolik übersetzt, würde das weniger Dominanz bedeuten, dafür mehr Kooperationsfähigkeit, Gestaltungsfantasie und Intuition – ein höchst einleuchtendes Eherezept, das die Statistik da zutage fördert. Aber reicht das schon aus, ist das bereits die halbe Miete für die große Gemeinsamkeit im Ehehaus? Man sucht sich einen Partner mit Quintilen und Trigonen und vermeidet Troikas.

Zwei Menschen, die gut zusammenspielen: der Mann eher sanftmütig als herrschsüchtig, die Frau besonders einfühlsam. Ein friedliches Dahintreiben im Fluss des Lebens mag man dabei vor Augen haben. Was aber passiert bei aller harmonischen Verbundenheit, wenn Konflikte und schwierige Situation von außen kommen? Das nachfolgende Beispiel gehört zu einem Ehepaar, das seit mehr als 40 Jahren verheiratet ist, und gibt auf eindrucksvolle Weise Aufschluss zu dieser Frage.

Einzelne Kosmogramme eines »Goldenen Hochzeitspaares«

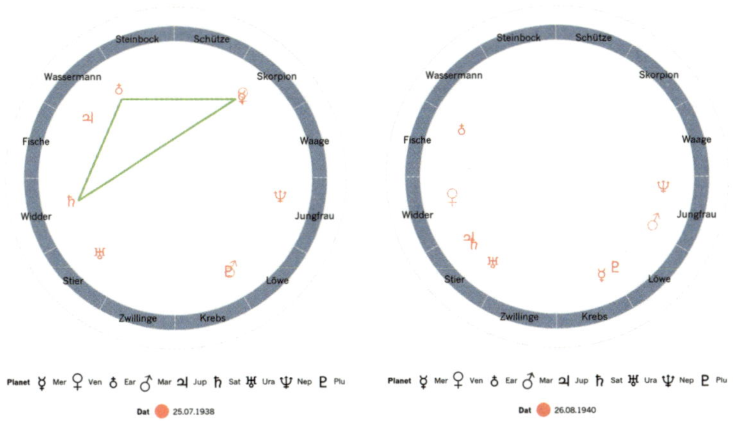

Bild links: »Goldene Hochzeit« Ehemann mit zwei Großen Quintilen aus Erde, Saturn, Merkur/Venus, grün dargestellt.

Bild rechts: »Goldene Hochzeit« Ehefrau ohne Figur

Legt man die Kosmogramme der beiden Partner nebeneinander, deutet einiges auf eine harmonische Grundstimmung in der Beziehung hin. Der Gemahl mit einem Großen Quintil, die Ehefrau eher unauffällig, ohne Aspekte, die für Unruhe sorgen könnten. Doch dann kommt die Überraschung: Legt man die Kosmogramme übereinander, entstehen durch die Kombination beider Planeten-Konstellationen drei Große Quintile und zwei gemeinsame Troikas. Diese Entdeckung ist ebenso verblüffend wie astrologisch einleuchtend. Während die Troikas bei einzelnen Partnern mit gegengerichteten Energien ein Ehe-Risiko darstellen können, ändert sich dies, wenn sie sich aus der Kombination beider Horoskope ergeben. Das heißt: Hier entsteht Energie, die auf ein gemeinsames Ziel gerichtet ist.

Gemeinsames Kosmogramm eines »Goldenen Hochzeitspaares«

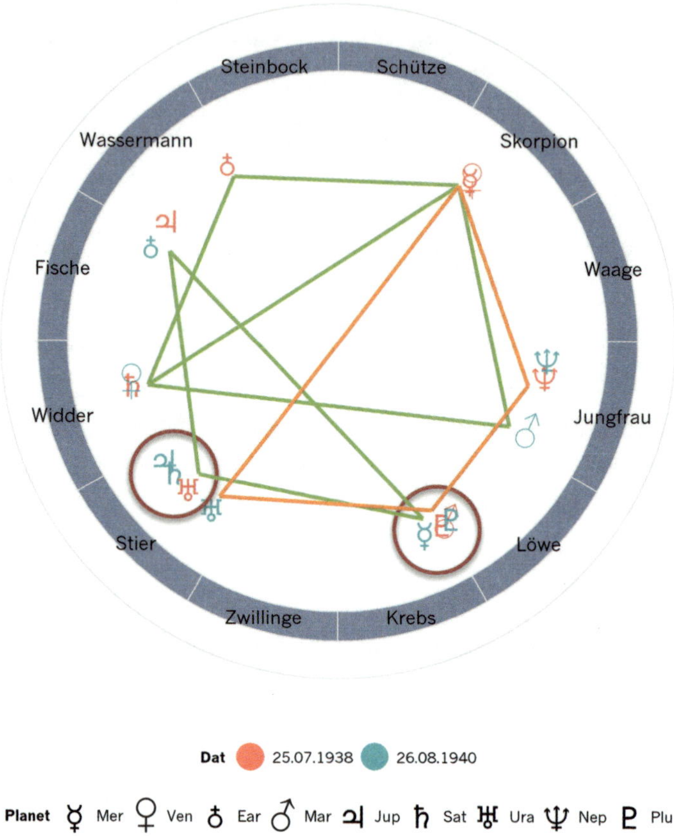

Troika aus Jupiter, Saturn, Uranus;
Troika aus Pluto, Mars, Merkur, Pluto;
Großes Quintil aus Erde, Merkur, Uranus;
Großes Quintil aus Erde, Merkur/Venus, Saturn/Venus;
Großes Quintil aus Saturn/Venus, Merkur/Venus, Mars;
Sextiltrapez aus Merkur/Venus, Neptun, Pluto, Uranus

Dies ist eine ungewöhnliche astrologische Codierung, die sich aus unseren statistischen Berechnungen herauskristallisiert hat. Neben Quintil und Trigon scheint auch die gemeinsame Troika für eine lang anhaltende Ehe wichtig zu sein. Oder als Motto formuliert: Zusammen sind wir stark! Wir fanden diese Konstellation signifikant häufiger in den gemeinsamen Kosmogrammen langjährig verheirateter Paare.

Das Gesamtergebnis ist faszinierend und würde bedeuten, dass man anhand seines Geburtsdatums die Chancen und Risiken seiner Paar-Konstellation besser einschätzen könnte.

Bei anderen Aspekten, dies sei noch erwähnt, konnten wir keine eindeutige Bedeutung feststellen. Vieles ist zufälliges Rauschen geblieben. Aber es bleibt die Erkenntnis, dass in Sachen Liebe neben den Sternzeichen auch die tiefere heliozentrische Analyse sowie ein entsprechender Partnerabgleich aufschlussreich sein können.

Was unsere Daten offenbaren, entspricht der Überzeugung von Astrologen, dass die Sternenkunde keine Schnittmuster für perfekte Beziehungen liefert, sondern die Anlagen und Herausforderungen verdeutlicht, die uns in einer Partnerschaft erwarten.

So wie bei anderen Themen auch, bietet die Astrologie eine zusätzliche Ebene der Reflexion an. Und dabei genügt es eben nicht, nur sich selbst zu betrachten.

Das kann zuweilen schmerzhaft sein, und manchmal gerät man dabei an Grenzen; die Verletzungsgefahr in einer engen Beziehung wie der Ehe ist zweifellos groß. Im besten Fall wachsen wir jedoch am Partner, entdecken neue Facetten und finden in der Gemeinsamkeit möglicherweise Lösungen, auf die wir allein nicht gekommen wären. Auch in diesem Kontext hat Gunter Sachs die Astrologie immer als Erkenntnisquelle und zusätzliche Chance gesehen.

Insofern lautet die Zusammenfassung dieses Kapitels:

Lernen Sie sich selbst besser kennen – wenn Sie mögen, mithilfe der statistisch belegbaren Astrologie. Und erkennen Sie Ihren Partner – die symptomatischen Eigenschaften ebenso wie die individuellen. Wenn Sie dann auch noch die möglichen kritischen Phasen Ihrer Ehe berücksichtigen, haben Sie einen großen Vorteil auf Ihrer Seite: Sie können diese Phasen antizipieren und sie durchdenken, bevor die Ereignisse sich zuspitzen. Sonst gerät Ihr Ehe-Schiff womöglich mit vollen Segeln in einen Orkan, und Sie haben es verpasst, das Schiff sturmtauglich zu machen, um es wieder in ruhigere Gewässer lenken zu können.

5 Beruf und Berufung

Gunter Sachs als Berufener

Über die Art und Weise, wie wir zu unserer Berufung finden, hat der amerikanische Philosoph Ralph Waldo Emerson einen bemerkenswerten Rat hinterlassen: Man solle keine ausgetretenen Pfade beschreiten, sondern sich selbst seinen Weg bahnen und eine Spur hinterlassen. Dies hätte auch das Lebensmotto von Gunter Sachs sein können, und es trifft im Besonderen auf seine Forschungen zur Astrologie zu. Er ging ungewöhnliche Wege und betrat Neuland, und die Spur, die er hinterlassen hat, ist bis heute sichtbar, nicht zuletzt durch dieses Buch.

Gunter Sachs war nicht Astrologe von Beruf, aber er verspürte eine Berufung zur Astrologie. Und diese Berufung knüpfte sich für ihn auch an die Aufgabe, öffentlich wirksam zu werden.

»Mein Vater empfand eine Verantwortung, seine eigenen Erfahrungen und Erkenntnisse über die Astrologie weiterzugeben«, sagt Rolf Sachs. »Wenn Sie eine Materie erforschen, möchten Sie die Ergebnisse der Öffentlichkeit zugänglich machen. Diesen Impuls teilte mein Vater mit Physikern oder Medizinern, die auf ihren Gebieten Neues entdecken. Er war überzeugt, den Menschen etwas Wichtiges mitteilen zu müssen.«

Gunnar Sachs veranschaulicht diese Überzeugung mit Platons Höhlengleichnis. Darin werden Gefangene geschildert, die im Feuerschein ihrer Höhle lediglich die Schattenrisse der Welt draußen sehen: »Wenn dann jemand aus der Höhle herausgelangt und erkennt, wie die Welt draußen wirklich ist, spürt er eine Verantwortung, die Leute darüber zu informieren. Dies ist der Grund, warum mein Vater intensiv an einem zweiten Buch über die Astrologie gearbeitet hat.«

Wer sich berufen fühlt, reagiert aber auch sensibler auf Kritik als jemand, der einfach einen Job erledigt. Gunter Sachs habe ein ausgeprägtes Sendungsbewusstsein gehabt, meint seine ehemalige Sekretärin Martha Kundert, entsprechend empfindlich sei er für kritische Einwände gewesen: »Selbst wenn zwei Millionen Menschen sein Buch gelobt und nur zehn Kritik geübt hätten, so wären ihm diese zehn ein Dorn im Auge gewesen. Er nahm seine Kritiker sehr ernst und hatte das Gefühl, sich rechtfertigen zu müssen.«

Im Fall von Gunter Sachs kam hinzu, dass er vom Nutzen seiner Arbeit überzeugt war und sie weiterführte, obwohl er keine ungeteilte Zustimmung dafür bekam. Für diese unbeirrbare Haltung gab es einen besonderen Kompass, das Gedicht »If« von Rudyard Kipling.[9] Bereits als 13-Jähriger lernte Gunter Sachs es auswendig. Kipling, weltberühmter Autor des Dschungelbuchs, breitet darin eine Lebensphilosophie aus, die eine starke innere Haltung vermittelt. Seinen »unsichtbaren Wegweiser« nannte Gunter Sachs dieses Gedicht: »Es war für mich eine festere und feiner gesponnene Richtschnur als die Zehn Gebote. Es rief mich zum Mut auf, dazu, sich nicht gehen zu lassen und vor allem niemals aufzugeben.«

In seiner eigenen Übersetzung lautet eine Strophe:

> »Wenn du versteh'n kannst – dass die Wahrheit, die du sagtest, verfälscht wird – um ein Narrenvolk zu täuschen, und wenn zerbricht – was du im Leben hast ge-

leistet, so bücke dich und schaff es wieder – mit kargem Werkzeug selbst.«

Dieser Aufforderung kann nur nachkommen, wer eine Berufung spürt und nicht nur einer mehr oder weniger erfüllenden Arbeit nachgeht. Gunter Sachs gehörte zwar zu jenen Glücklichen, die keinen Beruf aus materiellen Gründen brauchten, ist aber auch ein Beispiel dafür, dass sich die Suche nach Aufgaben und Zielen keineswegs erübrigt, wenn der finanzielle Druck wegfällt. »Arbeiten, etwas leisten, schaffen, produzieren waren für ihn lebenswichtig«, sagt seine Frau Mirja.

Ist es wirklich so wichtig, etwas zu tun, das man als sinnvoll erlebt? Und würden Sie, lieber Leser, überhaupt arbeiten, wenn Sie es nicht aus finanziellen Gründen tun müssten? Millionen von Menschen, die sich morgens zu einer ungeliebten Arbeit schleppen, fragen sich, was sie eigentlich täten, wenn Fortuna sie mit einem Lottogewinn überschütten würde.

Ewige Ferien sind keine befriedigende Antwort darauf. So verlockend die Vorstellung sein mag, mit einem Cocktail in der Hand unter Palmen zu liegen, so schal erweist sich dieser Wunsch meist in der Realität. Ohne Aufgaben und Ziele plätschert das Leben dahin wie die Wellen am Strand ferner Trauminseln. Offenbar wohnt dem Menschen ein Drang inne, seine Begabungen und Talente zu entfalten. Süßes Nichtstun ist keine ernstzunehmende Alternative.

»Glück liegt nicht in einem Lottogewinn«, stellte Gunter Sachs fest. »Das ist eher eine freudige Stichflamme. Glück kommt aus der Fantasie – aus der Liebe und inneren Harmonie, aus Ideen, Siegen und Kämpfen. Geld ist ein Mittel zum Zweck, kann diesen Zweck aber nicht mit Glück ausfüllen.«

Wie aber findet man das Glück der Berufung? Die einen glauben, es zeige sich in der Freude an der Arbeit, die anderen meinen, man spüre es, wenn man seine Talente und Neigungen optimal einsetzen könne. Um diese sichtbar zu machen, kann die Astrologie eine wertvolle Hilfe sein. Denn oft werden individuelle Begabungen durch äußere Einflüsse verdeckt – zum Beispiel durch Berufsempfehlungen von Eltern und Lehrern oder durch die Angst vor einer unsicheren Existenz, falls man den Drang zu einem ungewöhnlichen Beruf verspürt. Es kommt also darauf an, dass man sich seiner ureigenen Fähigkeiten überhaupt bewusst wird. Dies ist eine klassische Domäne der Astrologie. Denn sie trifft nicht nur Aussagen über Charakter und Eigenschaften, sie verheißt auch, im Geburtshoroskop Talente und Begabungen analysieren zu können.

Die Berufung kann in jedem Alter zum Lebensthema werden. Akut wird die Frage beispielsweise, wenn man unzufrieden mit seinem Beruf ist oder wenn der Verlust des Jobs einen Richtungswechsel nahelegt. Auch wenn es um die Berufswahl des eigenen Nachwuchses geht, fragt sich manch einer vielleicht: Wozu ist mein Kind befähigt? Welche Aufgabe entspricht seinen Talenten?

Eine Berufung muss nicht immer spektakulär sein. Wichtiger ist es, eine Arbeit zu finden, die man mit Hingabe absolviert. »Wenn du dazu berufen bist, Straßen zu kehren, dann kehre sie wie Michelangelo Bilder malte oder Beethoven Musik komponierte oder Shakespeare dichtete«, sagte Martin Luther King. »Kehre die Straße so gut, dass alle im Himmel und auf Erden sagen: Hier lebte ein großartiger Straßenkehrer, der seinen Job gut gemacht hat!«

Astrologen gehen davon aus, dass jedem Menschen qua Geburt eine bestimmte Rolle zugedacht ist. Schon das Sternzeichen erlaube erste Aussagen über künftige Berufsprofile. Hinzu kämen bei der genaueren Horoskop-Analyse eine Reihe weiterer Faktoren. Oder eine Kombination besonderer Aspekte, die wertvolle Rückschlüsse zulässt.

Gunter Sachs beschäftigte ein Leben lang die Frage, was er leisten und erschaffen könnte. Wie viele andere Menschen hinterfragte er seine Berufung immer wieder. Dafür spricht sein Treffen mit jenem Astrologen, den er im Alter von 57 Jahren konsultierte, um mehr zum Thema Lebensaufgabe zu erfahren. Dabei erfuhr er unter anderem, dass in seinem Geburtshoroskop der Merkur im Zeichen Schütze stand. Astrologen deuten dies nicht nur als Hinweis auf eine besondere sprachliche Begabung, sie sehen hierin auch eine Neigung, idealistische Ideen mit hohem ethischen Anspruch zu entwickeln und zu kommunizieren.

Solche Diagnosen gehen weit über die Charakteristik der Sternzeichen hinaus, waren für Gunter Sachs aber sehr aufschlussreich. Dies gab auch den Anstoß dazu, zum Thema Beruf und Berufung eine umfassendere Analyse vorzunehmen, die auf den nachfolgenden Seiten vorgestellt wird. Einmal mehr ging es ihm dabei um die helfende und beratende Funktion der Astrologie – sofern die Ergebnisse der Statistik die Aussagen der Sternenkunde stützten.

Astrologische Berufsprofile sind einerseits mit Begabungen, andererseits aber auch mit Charaktereigenschaften verknüpft. So glauben Astrologen anhand von Aspekt-Figuren erkennen zu können, ob jemand mehr intuitiv oder eher planend vorgeht, eher logische oder kreative Lösungen für ein Problem sucht, ob er eher ein Einzelkämpfer oder ein Mannschaftsspieler ist.

Im vorherigen Kapitel spielte dies bereits eine Rolle. Aspekt-Figuren wie die Troika deuteten auf Durchsetzungsfähigkeit hin, das Große Trigon auf Harmoniebestreben. Wenn wir nach der Berufung fragen, werden solche Themen ebenfalls relevant. Fühlt sich jemand wohler in einer leitenden Position, im Team oder als Selbständiger? Arbeitet er lieber im Freien oder im Büro? Eignet er sich als Vermittler oder tüftelt er lieber zurückgezogen an einer Aufgabe?

Solche Fragen werden bei Berufsberatungen selten gestellt, weil es dort zumeist um Fachgebiete geht. Wer aber das Fachgebiet Medizin interessant findet, kann ebenso gut als Chirurg oder als Krankenpfleger arbeiten – was völlig unterschiedliche Fähigkeiten und Begabungen erfordert.

Die astrologische Berufsanalyse sieht Charakterprofil und Talent als Einheit. Sie verfährt sehr grundsätzlich und betrachtet den ganzen Menschen. Gunter Sachs zum Beispiel hatte den Planeten Pluto im zehnten Haus, dem Haus von Beruf und Berufung, das vom Steinbock beherrscht wird. Aus astrologischer Sicht war er deshalb jemand, der gesellschaftliche Normen nicht akzeptiert und nach neuen Prinzipien zum Wohle der Allgemeinheit sucht. Für diesen Typus ist weder eine Arbeit im Sinne des »Dienstes nach Vorschrift« geeignet noch eine Tätigkeit, bei der man sich gesellschaftlichen Autoritäten unterordnen muss.

Vorausgesetzt, astrologische Einschätzungen ließen sich durch die Statistik belegen – wäre es dann nicht eine großartige Unterstützung bei der Lebensentscheidung, welchen Beruf man ergreifen möchte, wenn man sich selbst besser erkennen könnte?

Gunter Sachs versuchte, anhand von Sternzeichen und Aszendent zu beurteilen, ob sich jemand als Mitarbeiter bei Fotoproduktionen, als Model oder für die Tätigkeit im Sekretariat eignete. Das beruhte sowohl auf seinen astrologischen Studien als auch auf seiner Erfahrung. Getäuscht hat er sich selten, das versichern alle, die mit ihm gelebt und gearbeitet haben.

Lassen Sie uns also schauen, ob die astrologische Berufsberatung Hand und Fuß hat, oder ob sie vor den statistischen Untersuchungen in die Knie geht.

Mehr als ein Job – Beruf und Sternzeichen

Martin Luther Kings Bemerkung, auch ein Straßenkehrer könne Erfüllung in seinem Beruf finden, kann man als Aufwertung all jener Berufe betrachten, die ein eher geringes gesellschaftliches Ansehen haben. Ob die 1480 Müllmänner und Straßenkehrer, die diese Arbeit laut Zensus von 1990 in der Schweiz verrichteten, dem zustimmen würden, mag dahingestellt sein.

Das Meinungsforschungsinstitut Gallup fand jedenfalls heraus, dass heute schon fast jeder vierte Arbeitnehmer innerlich gekündigt hat, sich also nicht mit seinem Beruf identifiziert. In Deutschland soll das Ausmaß der »inneren Kündigung« volkswirtschaftliche Kosten von 122 Milliarden Euro verursachen – pro Jahr![10]

Falls die Astrologie tatsächlich Neigungen und Talente für bestimmte Berufe anzeigen könnte und deshalb ein paar mehr Menschen zufriedener und glücklicher in ihrem Beruf wären, hätte das also ganz handfeste Vorteile.

Für unsere Untersuchung formulierten wir folgende Hypothese: Es gibt einen Zusammenhang zwischen dem Tierkreiszeichen und dem ausgeübten Beruf.

6873687 Schweizer wurden 1993 von den eidgenössischen Statistikern im Zensus erfasst. Darin gaben 3580913 Befragte ihren zuletzt ausgeübten Beruf an. 3118900 konnten in eine der amtlichen Berufskategorien eingeordnet werden. Die meisten Schweizerinnen und Schweizer, mehr als jeder Zehnte, arbeiten in einem Büro.

Für unsere aktuellen Untersuchungen standen völlig neue Technologien und wesentlich höhere Rechenleistungen zur Verfügung. Während 1997 nur ein astrologisches Merkmal, das Tierkreiszeichen, auf Zusammenhänge mit der Berufswahl untersucht wurde, konnten die Computer nun eine Vielzahl verschiedener Variablen auf Korrelationen mit den Berufsdaten der Volkszählung überprüfen.

So wurden neben und in Verbindung mit den Tierkreiszeichen etwa die Aspekte der Planeten untereinander bewertet.

Zunächst fragten wir, ob zwischen Beruf und Sternzeichen allgemein ein Zusammenhang besteht. Dazu fasst die folgende Tabelle astrologische Aussagen über besonders geeignete Berufe und berufliche Stellungen für die zwölf Tierkreiszeichen zusammen.

Tierkreiszeichen und berufliche Entsprechungen

Zeichen	Berufliche Entsprechungen
Widder	Militär, alle leitenden Stellungen; Berufe, die mit Feuer und Waffen zusammenhängen.
Stier	Schauspieler, Sänger, Schmuckhändler, Modewarenhändler, Landwirte, Angestellte und Arbeiter
Zwillinge	Lehrer, Journalisten, Kaufleute, Astronomen, Künstler, Flieger, Verkehrsbeamte, Verleger, Sportler, Rennfahrer
Krebs	Berufe, die Mitgefühl erfordern, wie Krankenpflege; Berufe, die mit Flüssigkeiten zu tun haben, wie Seefahrer, Destillateure; Berufe, in denen man sich um Hab und Gut kümmert, wie Hausverwalter
Löwe	Leitende, repräsentative Posten wie Diplomaten; Berufe, die mit Feuer oder Schmuck zu tun haben; gastronomische Berufe
Jungfrau	Wissenschaftler, Kaufleute, Ärzte, Apotheker, Chemiker, Schriftsteller, Künstler, freie Berufe oder Angestellte
Waage	Künstler, Schauspieler, Musiker, Kunsthandwerker, Richter; Berufe, die mit Öffentlichkeit und Mode zu tun haben.
Skorpion	Chemiker, Apotheker, Chirurgen, Frauenärzte, Physiker, Elektrotechniker, Militär
Schütze	Rechtsanwälte, Justizbeamte, Priester, Wissenschaftler, Literaten, Verleger, Entdecker, Jäger, Flieger, Seefahrer, Jockeys, Polizisten

Zeichen	Berufliche Entsprechungen
Steinbock	Diplomaten, Wissenschaftler, Landwirte, Politiker, Direktoren, Bauarbeiter; schwere körperliche Tätigkeiten, verantwortungsvolle Posten
Wassermann	Geisteswissenschaftler, Erfinder, Elektriker, Literaten, Reformer, Astrologen, Okkultisten, Luftfahrer, Architekten
Fische	Seefahrer, Fischer, Restaurateure, Künstler, Architekten; Berufe in geschlossenen Räumen wie Krankenschwestern, Mönche; Wissenschaftler

Versuche, einen Zusammenhang zwischen astrologischen Dispositionen und der Berufswahl herauszufinden, wurden schon in den 1970er Jahren unternommen, jedoch mit nur bedingt aussagekräftigen oder nicht replizierbaren Befunden. Der Fairness halber muss man jedoch erwähnen, dass seit kurzem überhaupt erst die technischen Möglichkeiten bestehen, für Millionen von Datensätzen und eine große Anzahl von Variablen systematische Analysen durchzuführen. Außerdem war es von unschätzbarem Vorteil, zu solch umfangreichen Beständen amtlicher Daten Zugriff bekommen zu können.

Anhand dieser Daten konnten wir auch häufige und seltene Berufe getrennt analysieren, was ebenfalls von Bedeutung ist. Denn berufliche Neigungen können sich bei außergewöhnlichen Tätigkeiten besonders deutlich Bahn brechen, während man sich für weit verbreitete Berufe oft aus Verlegenheit entscheidet. Jedenfalls ist es nur schwer vorstellbar, dass jeder der 316 726 Schweizer Büroangestellten am Schreibtisch seinen Traumjob gefunden hat, während man davon ausgehen kann, dass sich Schriftsteller, Chirurgen oder Zirkusclowns ihren Beruf sehr bewusst aussuchen.

Zuerst stellten wir Berufe in Gruppen zusammen, in denen mindestens 30 000 Schweizer arbeiten, was jeweils rund einem Prozent der Bevölkerung entspricht (siehe Tabelle Seite 186/187). Darauf folgen die Berufe mittlerer Verbreitung, mit denen sich je mindestens ein Promille, also etwa 3 000 Schweizer, den Lebensunterhalt verdient. Zum Schluss widmeten wir uns den außergewöhnlichen Berufen, in denen teils sogar nur wenige Dutzend Personen arbeiteten.

Um uns einen besseren Überblick zu verschaffen, wurde die Fülle der Berufe in einem zweiten Schritt jeweils einem bestimmten Wirtschaftssektor zugeordnet. Der primäre Sektor umfasst die Landwirtschaft, der sekundäre Sektor beinhaltet industrielle und gewerbliche Berufe. Im tertiären Sektor sind typische Dienstleistungsberufe enthalten, und der besonders heterogene quartäre Sektor versammelt Berufe, in denen es um Gesundheit und Bildung geht, um wissenschaftliche sowie alle übrigen Berufe.

Schauen wir uns auf der nächsten Doppelseite die Tabelle mit den häufigsten Berufen an einem Beispiel an: Die Abweichung links oben im ersten Tabellenfeld bedeutet, dass 8,2 Prozent mehr Widder-Geborene den Beruf des Landwirts ergriffen als andere Tierkreiszeichen. Rot gefärbt sind signifikante Abweichungen nach unten, blau gefärbt sind signifikante Abweichungen nach oben.

Bereits die Untersuchung mit den häufigsten Berufen ergibt auffällige Muster. So scheiden sich bei den Landwirten die Geister respektive Sternzeichen. Widder, Wassermann und Fische entschieden sich signifikant häufiger für die Arbeit auf dem Bauernhof, während sich Zwillinge, Krebs, Löwe, Jungfrau und Waage signifikant seltener für die Tätigkeit auf dem Feld beziehungsweise im Stall erwärmen konnten.

Ein Skeptiker könnte an dieser Stelle einwenden, Landwirte seien häufig Kinder von Landwirten und diese würden eine Geburt eben so planen, dass sie in bestimmte Jahreszeiten fällt. Gegen diese nicht-astrologische Erklärung spricht aber ein gewichtiges Argument: Am ähnlichsten sind den Landwirten die Maurer, die ebenfalls im Freien arbeiten und teilweise von den Jahreszeiten abhängig sind. Deren Verteilung weicht jedoch deutlich von den Landwirten ab.

Durch die Aufteilung in Wirtschaftssektoren kann man sich trotz der Fülle einzelner Berufe gut orientieren. Beispielsweise zeichnen sich bei den gastronomischen Berufen hohe Übereinstimmungen ab.

Ebenso weisen Krankenschwestern und Grundschullehrer sehr ähnliche Profile auf, was sich in der Präferenz der Sternzeichen niederschlägt: Die – astrologisch gesehen – einfühlsamen Fische erreichen dort Spitzenwerte. Womöglich suchen sie sich intuitiv Berufe, in denen es um die Hinwendung zu Menschen geht.

Löwen hingegen, denen Astrologen einen Hang zum großen Auftritt attestieren, bekleiden auffällig häufig repräsentative Posten als Unternehmer und Direktoren. Löwen werden in der Astrologie außerdem als gute Hoteliers erwähnt – und bilden genau in diesem Terrain den größten »Ausreißer« nach oben.

Auch wenn man die übrigen Resultate näher betrachtet, bestätigen sich viele Behauptungen der Astrologie, dass Sternzeichen und Berufsprofile voneinander abhängen. Freilich bleiben auch zahlreiche astrologische Aussagen unbestätigt – darüber darf man nicht hinwegsehen –, auch wenn ein guter Teil der erfassten Personen ihren Beruf nicht unbedingt nach Neigung ergriffen hat. Doch immerhin ist die Wahrscheinlichkeit, dass unsere errechneten Abweichungen auf reinem Zufall beruhen, praktisch null, was die Hypothese eines Zusammenhangs zwischen Berufstätigkeit und Sternzeichen bestätigt.

Häufigste Berufe nach

Beruf	Widder	Stier	Zwillinge	Krebs	Löwe
Landwirt	8,2%	-2,0%	-6,8%	-7,3%	-7,8%
Maurer	-3,7%	-3,8%	-2,8%	-8,8%	-5,0%
Elektroinstallateur	1,0%	0,3%	-1,1%	0,8%	-1,9%
Mechaniker	0,9%	-1,7%	-3,5%	-2,2%	-1,5%
Schreiner	4,4%	1,4%	0,8%	-0,7%	-1,0%
Verkäufer	-2,3%	-0,9%	2,5%	0,4%	2,7%
Kaufleute	-1,1%	3,0%	1,2%	2,7%	4,2%
Bankwesen	-2,1%	0,4%	4,6%	7,0%	1,6%
Unternehmer, Direktor	2,1%	2,3%	-0,3%	1,5%	4,3%
Mittleres Kader	-2,8%	0,8%	6,2%	2,4%	2,4%
Büroberufe	-1,0%	2,0%	1,7%	3,4%	1,3%
Verwaltungsbeamter	0,3%	-1,3%	2,6%	1,9%	1,9%
Kraftfahrer	-1,7%	-0,1%	-0,9%	-5,4%	-1,7%
Hotelier	0,8%	-1,6%	0,6%	-0,1%	1,9%
Servicepersonal	-1,6%	-4,3%	-3,7%	-2,9%	-1,1%
Küchenpersonal	-5,8%	-3,3%	-3,7%	-5,0%	—4,0%
Hauswart/Reiniger	-0,4%	0,2%	-4,3%	-2,4%	-0,5%
Krankenschwester	2,5%	-0,8%	2,8%	0,6%	-0,1%
Primarlehrer	7,5%	6,6%	3,5%	2,3%	-1,1%
Lagerist	-4,2%	-4,1%	-4,8%	3,4%	-2,8%

hoch signifikant häufiger
signifikant häufiger
leicht signifikant häufiger
hoch signifikant seltener
signifikant seltener
leicht signifikant seltener

Sektoren und Sternzeichen

Jungfrau	Waage	Skorpion	Schütze	Steinbock	Wassermann	Fische
–9,2%	–7,9%	–3,2%	3,1%	5,0%	16,4%	11,2%
4,6%	7,5%	5,9%	2,0%	6,3%	0,4%	–0,1%
–1,9%	1,8%	–2,2%	0,4%	–0,2%	2,9%	–0,2%
0,9%	–3,6%	–1,1%	1,2%	3,3%	2,8%	4,4%
–1,1%	1,1%	2,4%	0,5%	–1,1%	–3,0%	–3,4%
2,5%	1,3%	0,2%	2,7%	–3,4%	–1,8%	–3,1%
1,3%	0,8%	1,0%	–1,4%	–2,6%	–3,5%	–5,2%
–1,8%	2,5%	–3,0%	–0,4%	–3,1%	–3,1%	–2,8%
1,2%	–1,4%	–0,7%	–1,4%	–3,0%	–3,7%	–1,3%
1,7%	0,1%	2,7%	–1,9%	–5,2%	–3,7%	–2,6%
1,6%	–0,3%	0,4%	–0,6%	–3,7%	–3,3%	–1,5%
3,3%	–1,3%	–1,3%	–5,2%	–0,8%	0,6%	–1,3%
–1,2%	–0,4%	7,1%	1,9%	3,8%	3,6%	–3,3%
1,1%	0,9%	1,0%	0,0%	–1,9%	–2,0%	–0,4%
0,6%	7,7%	2,2%	–0,7%	6,5%	1,5%	–2,6%
0,9%	6,4%	3,7%	0,7%	12,8%	–1,4%	0,8%
–1,4%	3,0%	2,1%	2,4%	6,2%	–2,3%	–1,3%
–3,2%	–3,5%	–4,4%	–1,2%	0,8%	0,6%	4,6%
–5,2%	–8,7%	–13,5%	–11,1%	–2,3%	7,6%	10,1%
2,6%	1,9%	1,9%	4,2%	3,2%	–1,6%	1,7%

Häufigste Berufe (mindestens 30 000 Nennungen) nach Tierkreiszeichen mit prozentualen Abweichungen von der Erwartung

Im nächsten Schritt befassten wir uns eingehender mit 162 Berufen, die zum Zeitpunkt der Volkszählung eine mittlere Verbreitung mit mindestens 3000 Personen hatten. Dazu gehören die berühmten Schweizer Uhrmacher und Käsehersteller, aber auch Polizisten, Metzger, Architekten, Gärtner, Rebbauern, Buchhalter, Lokomotivführer, Rechtsanwälte, Ärzte und Apotheker. Die einzelnen Berufe waren wieder den vier oben genannten Sektoren zugewiesen. Die Darstellung der Einzelergebnisse dieser Gruppe finden Sie im Anhang des Buches (siehe ab Seite 260).

Wenn man die Verteilungen bezüglich der 162 Berufe zusammen betrachtet und die farblichen Markierungen etwas länger auf sich wirken lässt, fallen – neben den Einzelergebnissen – einige Besonderheiten ins Auge. In den einzelnen Tabellen bilden sich bei den einzelnen Sternzeichen zuweilen ganze Sternzeichenblöcke, insbesondere bei vertikaler Betrachtung: Muster, die im Zusammenhang mit verwandten Berufen stehen. Astrologen würden dieses Phänomen womöglich auf Sternzeichen-Eigenschaften zurückführen, in jedem Fall finden sich Berufsfelder, die sich in Abhängigkeit von der Sternzeichenzugehörigkeit konturieren.

Um diese sich andeutenden Strukturen noch besser sichtbar zu machen, haben wir nachfolgend zu den einzelnen Sternzeichen kurze Zusammenfassungen mit den auffälligen Vorlieben und Abneigungen erstellt. Rein beschreibend und ohne Wertung. Doch auch dabei scheinen sich Sternzeichen-Profile zu bilden, und beim Lesen kristallisieren sich Tendenzen heraus.

Ganz eindeutig hält sich der *Widder* von Baustellen und damit von körperlicher Arbeit fern. Er ist unterrepräsentiert in Berufen wie Straßenbauer, Bodenleger, Dachdecker und Verputzer. Dafür steigen die Zahlen bei feinmotorischen und planenden Tätigkeiten. In allen Berufen, die mit Elektronik zu tun haben, sind Widder wesentlich häufiger vertreten, außerdem als Bauingenieure und Maschinenzeichner.

Der *Stier* fühlt sich wenig vom Handwerk angezogen. Als Metzger, Bäcker oder Zimmermann ist er seltener anzutreffen, dafür auffällig häufiger dort, wo etwas entworfen wird: bei den Architekten, Maschinenzeichnern und Bauingenieuren.

Ähnlich sieht das Bild der *Zwillinge* im sekundären Sektor aus. Mit zehn Prozent mehr Technischen Zeichnern und zwölf Prozent mehr Bauingenieuren, als im statistischen Mittel zu erwarten ist, zeigen sie eine starke Tendenz zum Planen und Tüfteln.

Der *Krebs* tut sich als Buchhändler, Steuerberater und Revisor hervor, also überall dort, wo es um die Bearbeitung und Kontrolle von Zahlen und Inhalten geht. Dafür fühlt er sich weder in der Textilindustrie noch im metallverarbeitenden Gewerbe wohl.

Der *Löwe* konzentriert sich im sekundären Sektor auf die Funktion des Vermittlers, arbeitet häufig als Versicherungsvertreter, Journalist oder im Luftverkehr. Dienstleistungen sind eine weitere Domäne, auch Tätigkeiten im Empfangsbereich. Untergeordnete Positionen wie Wächter, Betriebsassistent oder Wäschereiangestellter meidet dieses Sternzeichen.

Jungfrauen sind erstaunlich häufig im Einkauf und in der Administration anzutreffen. Was sie weniger mögen, sind Verkaufsberufe. Auch mit künstlerischen Neigungen warten sie deutlich seltener auf, denn die negativen Abweichungen in den Berufen Fotograf und Musiker überschreiten teilweise die Zehn-Prozent-Grenze.

Dass sich das Luftzeichen *Waage* hoch signifikant seltener im erdenschweren Immobiliengeschäft hervortut, wird Astrologen kaum verwundern – so wenig wie die Tatsache, dass sie häufiger in Rechtsberufen und im künstlerischen Terrain der Fotografie auftauchen.

Skorpione sind offenbar gern in Bewegung, körperlich wie geistig. Im sekundären Sektor stechen sie unter anderem als Lastwagenfahrer und Kabinenpersonal hervor, oder sie finden ihr Terrain als Programmierer, Organisationsfachleute und in der Administration. Dagegen scheuen sie Berufe wie Verkäufer, Vertreter und Werbefachmann, wo sie die Rolle des Vermittlers übernehmen müssten.

Schützen sehen wir verstärkt in der Gastronomie, aber auch als Zustellbeamte, was für eine Präferenz der klassischen Dienstleistungsberufe spricht. Vom Controlling halten sie weniger, deshalb entscheiden sich Schützen weit seltener für den Beruf des Revisors oder des Versicherungskaufmanns.

Die Domäne der *Steinböcke* ist Transport und Verkehr – hier sind es fast 13 Prozent mehr Steinböcke als im statistischen Mittel. Verkaufen und Verhandeln mögen sie nicht so sehr, denn obwohl sie in Transportberufen anzutreffen sind, entscheiden sich gut 14 Prozent weniger Steinböcke für die Tätigkeit als Kabinenpersonal.

Der *Wassermann* scheint im sekundären Sektor kaum etwas zu finden, was ihn deutlich mehr als andere interessiert. Tendenziell findet man ihn am ehesten bei den Elektronikern und Mechanikern. Geht es um Organisation, Verwaltung und um Verkaufsberufe, hält er sich besonders auffällig zurück. Deutlich am wohlsten fühlt er sich bei den helfenden und lehrenden Berufen.

Diese ausgeprägte Vorliebe teilt er auch mit dem benachbarten Zeichen *Fische,* das sich zugleich durch eine kräftige Abneigung gegenüber dem Berufsfeld der Revisoren auszeichnet.

Gewiss wird es weitere Verifizierungen brauchen, bevor sich die hier gemachte Beobachtung verfestigt. Doch wenn man sieht, wie bestimmte Tätigkeiten von manchen Sternzeichen überproportional häufig gewählt und von anderen nahezu verschmäht werden, kommen eine Reihe Indizien zusammen, dass die Tierkreiszeichen bei der Berufswahl ein gewichtiges Wort mitreden.

Ob es darüber hinaus noch mehr in den Daten zu entdecken gibt, soll der folgende Abschnitt zeigen.

Helle Köpfe – das Geheimnis der Geistesgrößen

Schon immer faszinierten Ausnahmepersönlichkeiten, die eine besondere Lebensleistung aufzuweisen haben, seien es Erfinder oder Künstler, Politiker oder Sportgrößen, Kaiser oder Cäsaren. Ohne Frage waren und sind sie mit besonderen Talenten ausgestattet, allerdings verstanden sie es offenbar auch, ihre Begabungen zu nutzen und durchzusetzen.

Diese Durchsetzungskraft, gepaart mit hoher Motivation, erklärt die Sternenkunde von jeher durch Hinweise im Geburtshoroskop. Astrologen verstanden sich als Beratungsinstanz, um auf schlummernde Potenziale aufmerksam zu machen – ganz so, wie es der Schriftsteller und Philosoph Elbert Hubbard formuliert: »Es gibt etwas noch viel Wertvolleres und Selteneres als Potenzial, nämlich die Fähigkeit, ein Potenzial auch zu erkennen.«[11]

In den folgenden Abschnitten geht es um Menschen, die Außergewöhnliches erreicht haben: Wissenschaftler, Formel-1-Rennfahrer und Fußballspieler, bedeutende Politiker und Astronauten, große Dichter und Denker. Auf den imaginären Schubladen, in denen die Aufzeichnungen über diese Menschen liegen, stehen Begriffe wie Koryphäe, Genie oder Überflieger. Die jeweiligen Karriereleitern sind so individuell beschaffen wie die Menschen selbst, die gängigen Erklärungen lauten Fleiß, Ausdauer, Begabung und Glück.

Oder haben diese Ausnahmepersönlichkeiten ganz einfach Potenziale nutzen können, die bei anderen brachliegen? Und zwar nicht genetisch vererbte Potenziale, sondern solche, die sich aus der Position der Himmelskörper bei der Geburt herauslesen lassen? Dann ergäben sich neue Möglichkeiten, wie auch Sie solche Anlagen für sich erkennen und nutzen könnten.

Die Frage lautete deshalb: Können die astrologischen Informationen des Geburtsdatums eine Antwort darauf geben, ob manche Menschen bestimmte Eigenschaften und Fähigkeiten besitzen, die sie erfolgreich machen?

Wenn das so wäre, hätten auch Sie, lieber Leser, theoretisch einen astrologischen Code für verborgene Fähigkeiten, die Sie bei sich selbst vielleicht noch gar nicht entdeckt und erschlossen haben. In Übereinstimmung mit berühmten Personen könnten Sie möglicherweise feststellen, dass Sie, Ihr Partner oder Ihre Kinder ganz ähnliche Planetenpositionen im Horoskop aufweisen.

Uns interessierte also, ob es solch einen Erfolgscode der Sterne gibt.

Diesen Ansatz verfolgte bereits Dr. Siegfried Schiemenz (siehe Seite 112). In seinem Münchner Studierzimmer analysierte er sechzig Jahre lang Horoskope berühmter Persönlichkeiten. 40 000 Einträge umfasst sein Archiv mit Geburtstagen und Lebensläufen bekannter Persönlichkeiten, und zu jedem Eintrag gibt es ein Horoskopblatt.

Das »Who is Who« seiner Sammlung ist illuster und nahm seinen Anfang mit großen Schriftstellern wie Goethe, Schiller und Shakespeare, die bis heute kulturelle Aushängeschilder ihrer Heimatländer sind. Dem Literaturliebhaber Schiemenz erschienen diese Ausnahmetalente geradezu ideal für seine ersten Feldversuche.

Bei der Untersuchung ihrer Geburtskonstellationen konzentrierte er sich vor allem auf Aspekte, denen eine positive Wirkung nachgesagt wurde, wie Sextil oder Trigon. Einige davon sind Ihnen schon im Kapitel über die lange verheirateten Paare begegnet (siehe ab Seite 168), hier nun ging es um

Ausnahmebegabungen: Hatten große Geister wie Goethe oder Schiller – astrologisch betrachtet – mehr günstige Figuren in ihren Geburtskonstellationen aufzuweisen als der Rest der Bevölkerung?

Pikanterweise war das eigentliche Vorhaben von Schiemenz, mit Hilfe von Wahrscheinlichkeitsrechnungen das Gegenteil und damit die Sinnlosigkeit der Astrologie zu beweisen. Zunächst schien sein Plan auch aufzugehen, weil er bei den Literaten nur eine durchschnittliche Verteilung der Aspekte vorfand, wobei er die allgemein gebräuchliche geozentrische Perspektive verwendete. Gründlich, wie er war, wiederholte er seine Versuchsanordnung aber auch mit der heliozentrischen Betrachtungsweise, mit der er 1953 erstmals in Berührung gekommen war. Von da an nahm sein Projekt eine unerwartete Wendung.

Schon die ersten Ergebnisse verblüfften den Skeptiker Schiemenz. Von den 24 Autoren des Bands »Kunst und Reichtum deutscher Prosa«, einer Bibel der teutonischen Dichtung, hatten elf ein Großes Trigon vorzuweisen – in der Astrologie spricht man vom großen »Talentdreieck« auf geistigen Gebieten. Das entsprach einem Anteil von 45,8 Prozent. Wobei Friedrich Hölderlin den deutschen Nationalhelden Goethe und Schiller mit gleich zwei Großen Trigonen im Geburtshoroskop den ersten Platz streitig machte.

Geburtshoroskope großer deutscher Dichter

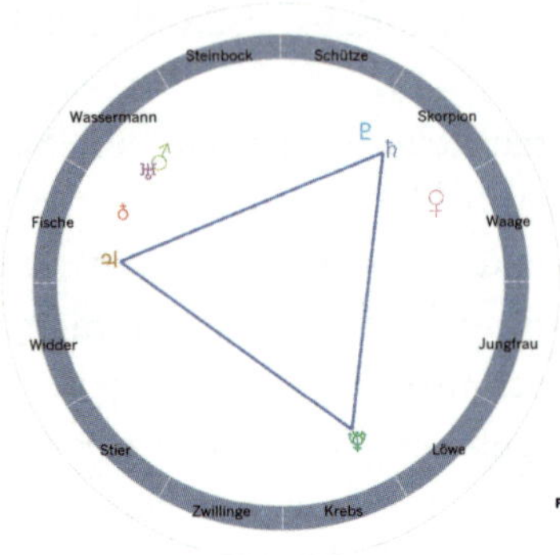

Johann Wolfgang von Goethe,
28.08.1749

Planet ☿ Mer ♀ Ven ♁ Ear ♂ Mar ♃ Jup ♄ Sat ♅ Ura ♆ Nep ♇ Plu

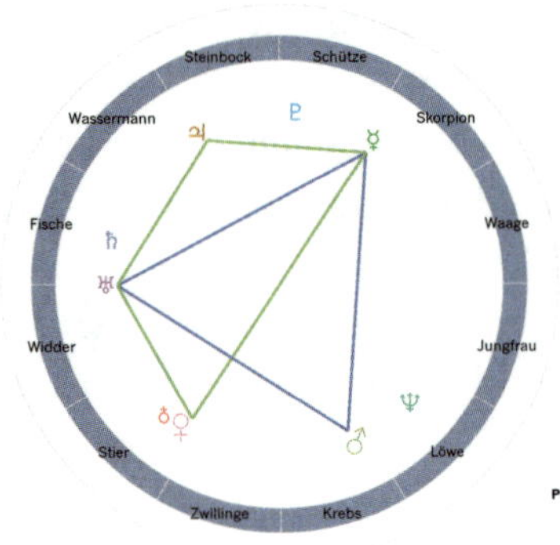

Friedrich Schiller,
10.11.1759

Planet ☿ Mer ♀ Ven ♁ Ear ♂ Mar ♃ Jup ♄ Sat ♅ Ura ♆ Nep ♇ Plu

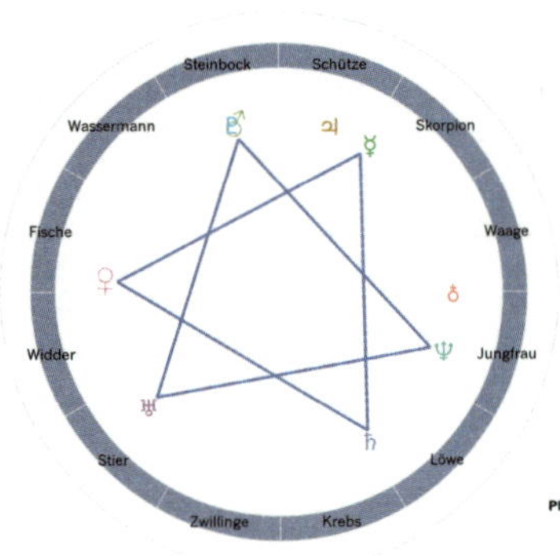

Friedrich Hölderlin,
20.03.1779

Planet ☿ Mer ♀ Ven ♁ Ear ♂ Mar ♃ Jup ♄ Sat ♅ Ura ♆ Nep ♇ Plu

Jupiter, Saturn und Neptun bilden bei Johann Wolfgang von Goethe die Spitzen eines gleichschenkligen Dreiecks. Bei Friedrich Schiller ergibt sich ein Großes Trigon aus Mars, Uranus und Merkur, ergänzt durch ein Sextil-Trapez. Friedrich Hölderlin schließlich hat ein Großes Trigon, gebildet aus Mars, Uranus und Jupiter, sowie ein zweites zwischen Merkur, Saturn und Venus.

Schiemenz erkannte, dass die Abstände zwischen den planetaren Positionen Ausdruck einer Ordnung waren, wie man sie in der Natur etwa bei Eiskristallen beobachten kann. Nicht ein einzelner Aspekt, sondern Figuren aus drei oder mehr Planeten, verbunden durch gleichartige Aspekte, gaben offensichtlich den Ausschlag. Solche Effekte wurden besonders dann sichtbar, wenn Schiemenz herausragende Persönlichkeiten nach Spezialgebieten unterteilte.

Neben dem »Talentdreieck« untersuchte Schiemenz die Quadriga, eine Anhäufung von vier Planeten in großer räumlicher Nähe. Er fand diese Konstellation bei durchsetzungsstarken Persönlichkeiten wie Julius Cäsar, Martin Luther und Mao Tse Tung, aber auch bei den Malern Raffael und Picasso. Sie alle haben im heliozentrischen Geburtshoroskop diese ungewöhnliche Planetenstellung.

Damit waren Schiemenz' Vorbehalte aber noch nicht völlig ausgeräumt. Um ganz sicherzugehen, mussten Durchschnittswerte her. Er brauchte eine neutrale Vergleichsgruppe, um deren astrologische Figuren mit denen der Dichter vergleichen zu können. Wer sagte denn, dass der Anteil an Großen Trigonen in der Bevölkerung nicht allgemein sehr hoch war?

Also berechnete er über einen sehr langen Zeitraum hinweg Tag für Tag die Planetenstände der deutschen Bevölkerung und zählte aus, wie häufig sich solche Figuren bilden. Mit dem Ergebnis: In den 500 Jahren zuvor hatten nur elf Prozent der deutschen Bevölkerung ein Großes Trigon gehabt, eine Quote, welche die Dichter und Denker mit 45,8 Prozent bei weitem übertrafen. Auch andere Aspekt-Figuren, die astrologisch für besondere Erfolge sprechen sollen, waren bei der Durchschnittsbevölkerung nur spärlich gesät. Troikas fand Schiemenz bei 14,5 Prozent, das Sextiltrapez gerade mal bei sieben Prozent der Bevölkerung.

Daraufhin formulierte er eine erste Hypothese: Wenn mindestens drei der zehn im heliozentrischen Geburtshoroskop darstellbaren Planeten durch gleiche Winkelpositionen miteinander verbunden sind und eine regelmäßige geometrische Figur bilden, dann steigt die Wahrscheinlichkeit, dass die betreffende Person zu einer herausragenden Lebensleistung fähig ist.

Um diese Hypothese zu überprüfen, sammelte er weitere Geburtsdaten. Sein Kriterium erfüllte, wer im deutschen »Brockhaus« und in der »Encyclopedia Britannica« mit mindestens einer Seite gewürdigt wurde. Auf diese Weise grenzte er die Auswahl ein, um sich nicht dem Vorwurf auszusetzen, er suche sich seine historischen Probanden rein zufällig aus. Und die Geburtsdaten lieferten die Lexika praktischerweise gleich mit.

Schließlich hatte Schiemenz eine Walhalla mit 62 Persönlichkeiten aus Kunst, Kultur und Politik beisammen, von Adenauer bis Casanova, von Dürer bis Haydn, von Bettina von Arnim bis Virginia Woolf. Die Ergebnisse sprachen für sich.

Die Häufigkeit der erfolgversprechenden Aspekt-Figuren war signifikant höher als im Bevölkerungsdurchschnitt, nämlich 66 Prozent statt der zu erwartenden 33 Prozent. Diese Abweichung war so stark, dass sie nicht mehr zufällig sein konnte. Während bei den Schöngeistern die harmonischen Aspekte Trigon und Sextil dominierten, sorgten bei erfolgreichen Politikern womöglich Mehrfach-Konjunktionen von Planeten für die nötige Durchsetzungskraft.

Bei seinen weiteren Forschungen stieß Schiemenz zudem auf das Große Quintil, bei dem drei Planeten durch einen

Berühmte Deutsche auf Gedenkmünzen und deutschem Geld

Name	Geburtsdatum	Troika	Gr. Trigon	Gr. Quintil	Sextiltrapez
Dürer, Albrecht	21.05.1471		△		
Luther, Martin	10.11.1483	○			
Merian, Maria Sibylla	02.04.1647				⬡
Neumann, Balthasar	27.01.1687				⬡
Lessing, Gotthold Ephraim	22.01.1729				⬡
Goethe, Johann Wolfgang	28.08.1749		△		
Stein, Heinrich Friedrich Karl, vom und zum	25.10.1757				
Schiller, Friedrich	10.11.1759		△		⬡
Humboldt, Alexander	14.09.1769		△		
Gauss, Karl Friedrich	30.04.1777	○	△		
Grimm, Jakob	04.01.1785				
Arnim, Bettina	04.04.1785				
Grimm, Wilhelm	24.02.1786				
Droste-Hülshoff, Annette	10.01.1797		△		
Marx, Karl	05.05.1818				
Schumann, Clara	13.09.1819	○			
Engels, Friedrich	28.11.1820	○	△	⬠	
Hindenburg, Paul, von	02.10.1847	○	△		
Ehrlich, Paul	14.03.1854		△		
Zetkin, Clara	05.07.1857				
Planck, Max	23.04.1858	○			
Adenauer, Konrad	05.01.1876		△		
Heuss, Theodor	31.01.1884				
Schumacher, Kurt	13.10.1895				
Erhardt, Ludwig	04.02.1897	○			
Brandt, Willy	18.12.1913	○		⬠	
Strauß, Franz-Josef	06.09.1915				
Gesamtzahl = 27		**8 (29,6%)**	**10 (37,0%)**	**2 (7,4%)**	**4 (14,8%)**

72-Grad-Winkel miteinander verbunden sind. Auch diese astrologische Figur entpuppte sich als Indikator besonderer Leistungen. Die Differenzierung nach Berufstypen wurde immer feiner – und immer aussagekräftiger.

Besonders eindrucksvoll wirkt das Ergebnis für die Formel 1-Rennfahrer der Jahre 1987 bis 2008. Bei insgesamt 154 dieser Motorsportler fand Schiemenz 96 geometrische Figuren in den Geburtshoroskopen. Bei den zehn Weltmeistern waren es sogar 15 Figuren. Diese Resultate ermutigten ihn, in andere Bereiche vorzustoßen.

Auch in der Ruhmeshalle des Rock'n'Roll häuften sich besondere planetare Konstellationen. Die sechs Bandmitglieder der Rolling Stones brachten es zusammen auf acht Figuren. Ihre größten Konkurrenten, die Beatles, zeigten ebenfalls astrologische Auffälligkeiten: Paul McCartney und Ringo Starr besaßen jeweils eine Figur, George Harrison, das oft verkannte Genie im Hintergrund, deren zwei. Jimmy Hendrix und Eric Clapton kamen sogar jeweils auf drei Figuren.

Wie aber war dieses Zusammenspiel zwischen Geburtshoroskop und Lebensleistung zu erklären? Sollten sich tatsächlich glänzende Karrieren schon im Moment der Geburt vorhersagen lassen?

Mit etwas Fantasie zu Ende gedacht, könnten sich ganz neue Möglichkeiten eröffnen, etwa für Verlage, Musikproduzenten oder Sportartikelhersteller. Doch Siegfried Schiemenz blieb zurückhaltend. Nach wie vor hielt er es für ausgeschlossen, aufgrund von Planetenstellungen ein Schicksal oder einen genauen Lebensweg vorauszusagen. Zu viele Astrologen waren bei dem Versuch gescheitert, schlichtweg alles aus dem Horoskop ablesen zu wollen. Entscheidend dafür, ob überhaupt eine beachtenswerte Leistung erbracht wird, waren für ihn weiterhin die Umwelt, die einen Menschen prägt, und natürlich die Veranlagung. Was genetisch nicht vorhanden sei, könne auch die günstigste Planetenstellung nicht mobilisieren.

Schiemenz gelangte jedoch zu der Überzeugung, dass die Aspekte etwas mit den bevorzugten Assoziationsbahnen während des Denkprozesses der betreffenden Personen zu tun hätten und wie sich die Gedanken manifestierten – ob dies zum Beispiel harmonisch (Trigon) oder energisch (Troika) geschah. Der Wert der Aspekt-Figuren lag somit darin, dass sie die jeweilige Person befähigten, in schwierigen Situationen konstruktive, weiterführende Wege zu finden. Die einzelnen Figurentypen förderten eine spezifische Art von Assoziation und beeinflussten dadurch die Handlungsweise. Diese hatte er sichtbar machen können – bei Personen, die von unabhängigen Instanzen ausgewählt worden waren.

Die besondere Leistung von Siegfried Schiemenz also lag nicht nur darin, mit der planetaren Figurenbildung und ihrer Korrelation zu menschlichen Qualitäten ein bemerkenswertes Phänomen entdeckt zu haben. Darüber hinaus hat er in ungezählten Stunden manueller und später computergestützter Rechenarbeit die Grundlage für die statistische Beurteilung seiner Entdeckung geschaffen. Eine Arbeit, die bald auch mit akademischen Ehren belohnt werden sollte.

Hoch hinaus – Koryphäen im Astro-Test

In den Jahren 2012 und 2013 entwickelten wir verschiedene Testreihen, um die von Siegfried Schiemenz benutzte Methodik zu überprüfen. Unsere Hypothese dafür lautete ganz einfach: Nachweislich besonders erfolgreiche Menschen besitzen in ihren Horoskopen überdurchschnittlich viele der beschriebenen Aspekt-Figuren. Unterstützt wurden wir dabei von Walter Krämer, dem bekannten Statistik-Professor, mit dem wir gemeinsam überlegten, welche Gruppe, die sich vermutlich durch besondere Lebensleistungen auszeichnete, wir analysieren könnten.

Angeregt durch eine frühere Untersuchung von Siegfried Schiemenz fiel unsere Wahl zunächst auf die Mitglieder des Deutschen Bundestags. Wie auch immer man Politiker einschätzt, zu besonderen Leistungen müssen sie in der Lage sein – schließlich sollte jeder Abgeordnete im Jahr durchschnittlich 1700 Stunden in 250 Sitzungen verbringen, um durchschnittlich 350 Gesetze zu verabschieden. Die erste Auswertung überraschte uns allerdings. Bei den Bundestagsabgeordneten der ersten 16 Legislaturperioden lag der Anteil von Planetenfiguren mit 51 Prozent gerade mal im Durchschnitt der Bevölkerung. Bei der 17. Legislaturperiode (LP) waren es noch einmal zwei Prozent weniger. Männliche Abgeordnete hatten einen leicht höheren Anteil als Frauen, ältere einen höheren als jüngere. Die CDU war auch hinsichtlich der Planetenfiguren die stärkste Kraft – aber eben alles im unauffälligen Normalbereich. Bei der Verteilung der einzelnen Aspekt-Figuren hielten sich astrologisch Durchsetzungsfähige und Harmoniebestrebte die Waage:

Häufigkeit der Aspekt-Figuren bei Bundestagsabgeordneten

	Troika	Großes Trigon	Sextiltrapez	Großes Quintil	Gesamt
Anzahl gesamt	490	357	270	480	1597
Anteil gesamt	15,6%	11,3%	8,6%	15,2%	50,7%
Anzahl 17. LP	102	65	57	94	318
Anteil 17. LP	15,8%	10,1%	8,9%	14,6%	49,4%

Wir überlegten, ob sich die Befunde verändern würden, wenn wir in der Hierarchie der Parlamentarier weiter nach oben kletterten. Und in der Tat kamen die Fraktionsvorsitzenden und die Ersten Parlamentarischen Geschäftsführer auf durchschnittlich 72,7 Prozent Aspekt-Figuren. Bei Bundeskanzlern und Bundespräsidenten war es mit 73,7 Prozent noch ein Prozent mehr – beide Ergebnisse lagen deutlich im signifikanten Bereich.

Zugleich verschoben sich die Anteile zwischen den einzelnen Figuren massiv. Bei den Abgeordneten hatte die Troika noch 32 Prozent der Aspekt-Figuren ausgemacht; bei den Kanzlern und Präsidenten stieg der Anteil deutlich auf 57 Prozent. Dies erscheint astrologisch plausibel, da man für einen Aufstieg in hohe und höchste Positionen eine enorme Durchsetzungskraft benötigt, welche der Troika zugeschrieben wird. Unsere Ergebnisse stützten die Beobachtung von Schiemenz, der bei Politikern von Julius Cäsar bis Mao Tse Tung die Troika als dominanteste Figur ausgemacht hatte.

Häufigkeit der Aspekt-Figuren bei Bundeskanzlern und Bundespräsidenten

	Troika	Großes Trigon	Sextiltrapez	Großes Quintil	Gesamt
Anzahl	8	2	2	2	14
Anteil	41,1%	10,5%	10,5%	10,5%	73,7%

Weiteren Aufschluss lieferte ein Experiment mit der nächsten Vergleichsgruppe, den Präsidenten von Bundestag und Bundesrat. Die Bundestagspräsidenten näherten sich mit ihren Werten wieder den Bundestagsmitgliedern an, und damit dem Bevölkerungsdurchschnitt. Anders präsentierte sich das Bild bei den Wortführern des Bundesrats, die zugleich Ministerpräsidenten ihrer Länder sind: Sie zeigten überdurchschnittliche Werte, wenn auch nicht signifikante.

Wenn man sich vor Augen führt, in welch ruppigem Milieu sich Spitzenpolitiker behaupten müssen, ist diese Verschiebung ebenfalls nachvollziehbar. Ob in Politik oder Wirtschaft – wo auch immer es um Macht und Einfluss geht, stets ist Durchsetzungskraft gefragt.

Zu den politischen Strategen noch ein interessanter Vergleich: bei einer Auswertung von 1 337 Schachgroßmeistern fanden wir ebenfalls einen signifikanten Anteil an Troikas im Geburtshoroskop.

Diese Ergebnisse sind zweifellos bemerkenswert. Ohne einen praktischen Nutzen bleiben sie jedoch graue Theorie. Wo also könnten die Anwendungsmöglichkeiten liegen?

Nun, vielleicht gehören Sie ja zu den Eltern, die sich gerade Gedanken über die berufliche Zukunft ihrer Kinder machen. Jedoch zählen Bundestagsabgeordneter und Schachgroßmeister nicht gerade zu den Traumberufen Halbwüchsiger. Sie wollen meist lieber Fußballspieler oder Astronaut werden – zumindest die Jungen. Aber eignen sich die astrologischen Figuren auch als Beitrag zur Berufsberatung?

Als Erstes haben wir uns amerikanische Astronauten und russische Kosmonauten vorgenommen, da diese anspruchsvolle Tests bestehen müssen, um ihre körperliche und mentale Fitness zu beweisen. Falls die These stimmt, dass solche Karrieren mit astrologischem Rückenwind besser gelingen, wären überdurchschnittlich viele Aspekt-Figuren in ihren heliozentrischen Geburtshoroskopen ein gewichtiges Indiz.

Ein Datensatz mit 74 amerikanischen Astronauten bestätigte diese Vermutung. Während wir in der zum Vergleich herangezogenen Bevölkerungsgruppe mit gleicher Altersverteilung 54 Prozent Aspekt-Figuren zählten, waren es bei Weltraumfahrern 61 Prozent. Dieser Wert liegt bereits im signifikanten Bereich. Noch besser schnitt die Gruppe von 34 russischen Kosmonauten ab, die 65 Prozent solcher Figuren aufzuweisen hatten.

Interessant ist, dass sich die Aspekt-Figuren von Ost und West deutlich unterscheiden. Bei den US-amerikanischen Astronauten hat das Große Quintil den größten Anteil, das für Intuition, Kreativität und Harmonie steht. Bei den russischen Kollegen hingegen überwog die Troika, die Durchsetzungsstärke verraten soll.

Häufigkeit der Aspekt-Figuren bei Astronauten/Kosmonauten

	Troika	Großes Trigon	Sextiltrapez	Großes Quintil	Gesamt
Referenz	17,8%	10,4%	10,5%	15,5%	54,2%
USA	13,5%	13,5%	12,2%	21,6%	60,8%
UdSSR	24,3%	5,4%	18,9%	16,2%	64,9%

König Fußball – der astrologische Spieler-Code

Nicht erst die Fußballweltmeisterschaft von 2014 zeigte, dass Fußball zu den wichtigsten kollektiven Ereignissen gehört. Wohl keine andere Sportart ruft derart breites Interesse, heftige Emotionen und hochfliegende Karriereträume hervor. Deshalb untersuchten wir des Deutschen liebsten Sport eingehender nach astrologischen Gesichtspunkten: Sind Torschützenkönige, geniale Mittelfeldspieler und kampfstarke Verteidiger unter besonderen Aspektkonstellationen geboren?

Fußball ist per se ein Paradies für Statistiker. Wer die wenigsten Tore kassiert, wer am längsten ungeschlagen bleibt, wer die erfolgreichste Spieltaktik auf dem Rasen umsetzt, darüber werden Spieltag für Spieltag Tabellen geführt, von Journalisten und Vereinen genauso wie von Fanclubs. Bei den folgenden Untersuchungen soll es jedoch nicht um verwandelte Freistöße und verschossene Elfmeter gehen, sondern um die Frage, ob sich die Qualität der Spieler auch in den Planetenkonstellationen ihrer Horoskope widerspiegelt.

Frühere Testreihen hatten bereits deutliche Abweichungen vom Durchschnitt geliefert, was die Sternzeichen betrifft. Doch es war das erklärte Ziel von Gunter Sachs, über die Sternzeichen hinaus tiefer in die astrologischen Dispositionen von Fußballern vorzudringen. Deshalb soll hier eine heliozentrische Analyse der Geburtshoroskope von Spielern neue Erkenntnisse bringen. Den Auftakt machten die 449 Spieler der Fußballbundesliga in der Saison 2012/2013. Zunächst sah alles recht durchschnittlich aus: Aspekt-Figuren traten nicht häufiger als in der allgemeinen Bevölkerung auf, abgesehen von einem erhöhten Troika-Anteil.

Häufigkeit der Aspekt-Figuren bei Fussball-Bundesligaspielern

	Troika	Großes Trigon	Sextiltrapez	Großes Quintil	Gesamt
Referenz	27,9%	8,6%	10,1%	13,1%	59,7%
Fußballer	38,3%	6,2%	9,1%	14,0%	67,6%

Aufschlussreicher wird es, wenn man die Spieler besonders erfolgreicher Fußballvereine analysiert. Plötzlich werden deutliche Abweichungen sichtbar. So kommt Bayern München auf 72 Prozent Aspekt-Figuren, Borussia Dortmund sogar auf 75 Prozent – was eine deutliche Steigerung gegenüber dem Referenzwert der Durchschnittsbevölkerung bedeutet. Weit abgeschlagen rangiert der VFL Wolfsburg mit gerade mal 48 Prozent.

Diese Ergebnisse waren eine erste heiße Spur, woran sich eine noch präzisere Erfassung der Leistungsfähigkeit von Spielern und Vereinen anschloss. Bekanntlich ist eine solche Qualitätsanalyse nicht ganz einfach, da Fußballanhänger Brillen in Vereinsfarben tragen und auch Sportreporter ihre Favoriten haben. Ein klares Indiz hingegen können die Summen sein, die Vereine für die Rekrutierung von Spitzenspielern ausgeben. Auf der Internetseite *www.transfermarkt.de* existiert dazu eine Datenbank, die den Marktwert jedes einzelnen Spielers nennt, laufend ermittelt von einem Auswahlgremium.

Auf dieser Grundlage untersuchten wir die Geburtshoroskope deutscher Spieler, die in den ersten drei Ligen oder in den europäischen Top-Ligen zum Einsatz kommen. Die Beschränkung auf deutsche Spieler hatte den Grund, dass wir sichere Geburtsdaten brauchten.

Schon die erste Analyse zeigte: Spieler mit einem Marktwert von über fünf Millionen Euro liegen mit einem Anteil von 70 bis 75 Prozent Aspekt-Figuren in ihren Geburtshoroskopen deutlich über der Durchschnittsbevölkerung. Setzt man die Figurenanzahl – als wertsteigernden Faktor – in Bezug zum Marktwert, so wird ein klarer Zusammenhang sichtbar. Rein rechnerisch erhöht jede zusätzliche Troika den Marktwert eines Spielers um 40 Prozent, das bedeutet, dieser Effekt ist sehr stabil. Für Trainer und Talentscouts dürfte dies eine neue Erkenntnis sein.

Sie wird weiter gestützt, wenn man die absoluten Spitzenspieler betrachtet. Die besten und zumeist auch teuersten Spieler Europas werden seit Anfang der 1980er Jahre von der FIFA als »Weltfußballer des Jahres« mit dem »Ballon d'or« ausgezeichnet. Als Vergleichsgruppe untersuchten wir alle theoretisch möglichen heliozentrischen Geburtshoroskope der entsprechenden Geburtsjahrgänge – mit einer Ausbeute von Aspekt-Figuren, die bei 51 Prozent, also im Bevölkerungsschnitt lag. Ausgehend von diesem Referenzwert fanden wir im gleichen Zeitraum bei den »Weltfußballern des Jahres« 63 Prozent Aspekt-Figuren wie Troika und Großes Quintil.

Warum aber könnten diese Planetenkonstellationen mit dem fußballerischen Erfolg in Zusammenhang stehen?

So viel ist bekannt: Wenn drei Planeten – aus der Sonnenperspektive betrachtet – in einer Troika vereint stehen, interpretieren Astrologen diese Figur als eine Bündelung von Kräften und schließen daraus auf ein erhöhtes Durchsetzungsvermögen. Personen mit einer Troika könnten mehr Kraft mobilisieren, seien aktiver und hätten im Zweifelsfall die härteren Ellenbogen.

Betrachten wir ein prominentes Beispiel: Thomas Müller, der maßgeblichen Anteil am Gewinn der diesjährigen Weltmeisterschaft hat, verfügt gleich über zwei Troikas. Über seine besondere Durchsetzungsfähigkeit ist viel geschrieben worden. Aufgrund seiner Fähigkeit, Spielsituationen zu antizipieren, gilt Müller heute als einer der außergewöhnlichsten und besten Stürmer überhaupt. Am Rande sei bemerkt, dass Thomas Müller das Sternzeichen Jungfrau hat, womit er bereits nach den Ergebnissen der »Akte Astrologie« zum Fußballer prädestiniert gewesen wäre.

Kosmogramm Thomas Müller

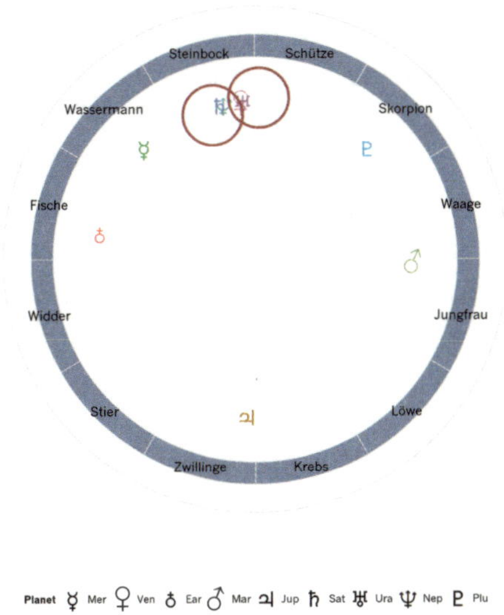

Thomas Müller:
*13.09.1989; zwei Troikas aus Uranus, Neptun und Venus, Neptun, Saturn

Neben der Troika war bei den Auswertungen das Große Quintil aufgefallen, dem bei Fußballspielern augenscheinlich ebenfalls eine besondere Bedeutung zukommt. Astrologen sehen bereits im einfachen Quintil einen Hinweis auf intuitive und kreative Eingebungen, um Lösungen herbeizuführen. Fußballer mit einem Großen Quintil im Horoskop besäßen insofern ein gesteigertes außerordentliches »Spielgefühl«. Sie können perfekt die Entwicklung von Situationen einschätzen, die Bälle an den richtigen Mitspieler weitergeben und sie teilen den Raum intuitiv in die richtigen Laufwege ein.

Auch für diese besondere Disposition gibt es prominente Beispiele, wobei der Argentinier Diego Armando Maradona das bemerkenswerteste ist. Er wird als Ausnahmespieler gerühmt und war schon zu seinen aktiven Zeiten eine Legende. Schon sein Sternzeichen Skorpion passt ins Bild der astrologischen Fußballerbegabung. Auch die genauere Betrachtung seines heliozentrischen Horoskops offenbart ideale Voraussetzungen mit einer sehr seltenen und in der Geschichte des Fußballs raren Häufung von Quintilen und Biquintilen. Verstärkt werden sie durch ein großes Trigon, das als »Talentdreieck« außergewöhnliche Leistungen begünstigt.

Seine Ausnahmestellung im Fußball wird zum einen mit seiner Schnelligkeit, Beweglichkeit und seiner hervorragenden Technik begründet, vor allem aber habe er intuitiv schneller als andere erkennen können, wie und in welche Richtung sich sein Gegenspieler bewegen würde.

Kosmogramm Diego Maradona

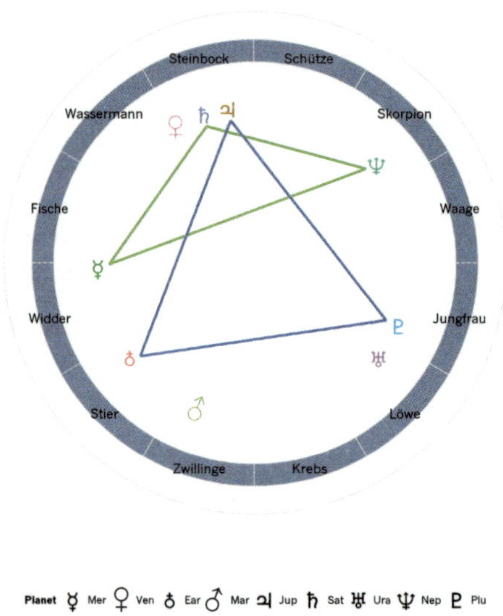

Diego Maradona: *30.10.1960; Großes Quintil aus Merkur, Saturn, Neptun; Großes Trigon aus Erde, Pluto, Jupiter

Selbst ein nur flüchtiger Blick auf die beiden Horoskope zeigt: Hier haben wir es mit zwei Fußballspielern zu tun, die auf sehr gegensätzliche Weise zu Erfolg kamen bzw. kommen, mit unterschiedlicher Ausprägung von Aspekt-Figuren. Thomas Müller schaffte seinen Aufstieg mit Kampfgeist und Durchsetzungskraft, Maradona mit traumwandlerisch sicherer Intuition und technischer Finesse. An diese vielversprechende Einzelbetrachtung schloss sich eine interessante Frage an. Welche Konsequenzen hat es, wenn diese positiven Effekte in einer Fußballmannschaft kombiniert auftreten?

Dazu betrachteten wir die über 6000 Spieler aus 50 Jahren deutscher Bundesliga in ihren jeweiligen Mannschaften und untersuchten die Teams auf Kombinationen von planetaren Figuren.

Das Resultat war bemerkenswert. Zwischen den Mannschaften der Tabellenplätze eins bis neun und der unteren Hälfte schien eine unsichtbare Grenzlinie zu verlaufen. Unsere statistischen Auswertungen ergaben, dass sich in Mannschaften im oberen Teil der Tabelle überwiegend Spieler mit Troikas und Großen Quintilen versammeln. Nach astrologischer Deutung würden diese Mannschaften eine ideale Mischung von Spielern mit Durchsetzungsfähigkeit und intuitivem Spielverständnis besitzen.

Bei den Mannschaften der Plätze zehn bis 18 überwog dagegen ein erhöhter Anteil von Troikas. In der Sprache der Sportreporter sind das die Mannschaften, die »über den Kampf zum Spiel finden«. Ein bemerkenswert differenziertes Ergebnis, das aus statistischer Sicht stabil und signifikant ist.

Und noch eine Frage beschäftigte uns: Lässt sich anhand der Zusammensetzung auch eine Aussage zu den möglichen Erfolgsaussichten einer Fußballmannschaft treffen? Bislang waren unsere Auswertungen ja alle aus einer nachträglichen Perspektive erfolgt.

Um diese Frage zu beantworten, bot sich uns eine einmalige Gelegenheit: die Fußball-Weltmeisterschaft 2014. Dafür berechneten wir vor dem Turnier für jeden teilnehmenden Spieler anhand seines Geburtsdatums ein Kosmogramm und bestimmten seine Aspekt-Figuren. Wenn an der Theorie etwas dran ist, dass diese etwas mit dem Potenzial von Fußballspielern zu tun haben, dann musste die Zahl dieser Figuren es uns ermöglichen, eine Prognose für den Erfolg des Teams treffen.

Natürlich war uns bewusst, dass auch einige andere Faktoren den Ausgang eines Fußballspiels beeinflussen würden – etwa die Fähigkeiten des Trainers oder psychologische Momente. Besonders die Medien spielten hier eine wichtige Rolle, da rund um eine Weltmeisterschaft unzählige Prognosen und Spekulationen über die Gewinnaussichten der Mannschaften kursierten und dadurch Erwartungen erzeugten. Zu den einflussreichsten Spezialisten zählten der Informationsdienstleister Bloomberg und der weltbekannte Statistiker Nate Silver.

Auch solche Faktoren berücksichtigten wir, indem wir die so genannten Elo-Ratings in unsere eigene Prognose einbezogen. Diese Ratings bewerten die Spielstärke der Mannschaften aufgrund ihrer vergangenen Leistungen und erstellen daraus eine Prognose für zukünftige Spielergebnisse. Gleichberechtigt ließen wir aber auch die Astrologie in unsere Vorhersage einfließen, in Gestalt der Erkenntnisse von Siegfried Schiemenz.

Wie Nate Silver und Bloomberg berechneten wir nun für jede Mannschaft die Wahrscheinlichkeit, in das Achtel-, Viertel-, Halbfinale oder gar ins Finale zu gelangen. Diese Prognose hinterlegten wir vor dem ersten Anpfiff der WM in einem versiegelten Umschlag bei einem Berliner Rechtsanwalt. Nach dem Finale konnten wir dann prüfen, wie gut der tatsächliche Ausgang der Weltmeisterschaft unseren Vorhersagen entsprach – und hatten gleich doppelten Grund zur Freude.

Gemessen daran, wie gut unsere Vorhersagen den schließlich eingetretenen Turnierverlauf erklärten, fiel unsere Prognose 1545-mal besser aus, als wenn wir einfach per Münzwurf bestimmt hätten, welche Mannschaft jedes Spiel und am Ende die WM gewinnt. Statistiker nennen das den »Likelihood-Quotienten« unserer Prognose. Doch damit nicht genug. Denn unsere Vorhersage war auch 189-mal besser als die von Bloomberg und 244-mal besser als jene des Statistik-

Genies Nate Silver. Die Tatsache, dass bei uns zusätzlich astrologische Figuren berücksichtigt wurden, war dafür zu elf Prozent verantwortlich. Das ist ein sehr bemerkenswertes Ergebnis. Aus Sicht der Sterne war auch *vor* dem ersten Anpfiff klar, dass bei einem Finale zwischen Deutschland und Argentinien der Titel an den späteren Weltmeister gehen würde. Übrigens hatte unser Modell dieser Finalpaarung eine 60-mal höhere Chance gegeben als der Zufall.

Dazu noch ein nicht unbedeutender Nachtrag: Wenn auf den vorherigen Seiten von Fußballspielern die Rede war, handelte es sich dabei ausschließlich um Feldspieler. Im Zuge der Untersuchungen kam jedoch die Frage auf, welche Aspektkonstellation man bei einem herausragenden Torwart vermuten würde. Falls Ihnen bei Manuel Neuer aufgrund seines außergewöhnlichen Spielgefühls am ehesten ein großes Quintil in den Sinn kommt, sind Sie auf dem richtigen Weg – der deutsche Nationaltorhüter hat gleich zwei davon.

Kosmogramm Manuel Neuer

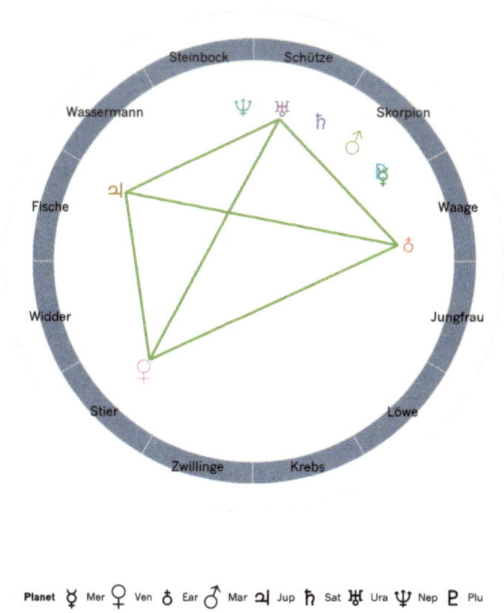

Manuel Neuer:
*27.03.1986; zwei Große Quintile aus Venus, Erde, Uranus, Neptun

Natürlich fragten wir uns, ob diese Befunde auch für andere Mannschafts-Sportarten gelten, inwieweit also eine Systematik dahinter sichtbar wird. Deshalb untersuchten wir zusätzlich die Kosmogramme von 64 herausragenden Spielern der amerikanischen National Basketball Association NBA, die über einen Zeitraum von mehreren Jahren wiederholt als beste Spieler ausgezeichnet wurden.

Basketball ist ein Teamsport und lebt von der Geschwindigkeit. Ein hohes Tempo lässt sich nur durch präzise, schnelle Pässe erreichen, denn ein geworfener Ball bewegt sich schneller als ein gedribbelter. Es gibt sogar Regeln, die einen Spieler explizit zur Ballweitergabe zwingen. Die Verteidigungsstrategien machen ebenfalls ein enges Teamzusammenspiel notwendig. Bei der »Raumverteidigung« hat man keinen festen Gegenspieler, sondern besetzt bestimmte Zonen in Kooperation mit dem eigenen Team, sodass der Gegner bei Pässen und Korbwürfen behindert wird. Das funktioniert, wenn die Mannschaft gut aufeinander abgestimmt ist. Der direkte persönliche und mentale Austausch findet wegen der kurzen Distanzen auf wesentlich engerem Raum statt als beim Fußball, wo ein linker Außenverteidiger und ein rechter Flügelstürmer seltener zusammenkommen.

Wie also sehen die heliozentrischen Geburtshoroskope der Basketballspieler aus? Die folgende Tabelle verrät es:

Häufigkeit der Aspekt-Figuren bei NBA-Spielern

	Troika	Großes Trigon	Sextiltrapez	Großes Quintil	Gesamt
Referenz	14,1%	10,9%	9,4%	15,6%	51,6%
Basketballer	10,9%	20,3%	15,6%	14,1%	60,9%

Tendenziell haben diese Spieler mehr Aspekt-Figuren als im Bevölkerungsdurchschnitt, wobei zwei Konstellationen signifikant herausragen: das Sextiltrapez und das Große Trigon, die beide für ausgeprägte Kooperationsfähigkeit und Mannschaftsdienlichkeit stehen. Troikas, die »Einzelkämpfer-Figuren«, finden sich bei den Basketballspielern seltener als im Durchschnitt der Referenzbevölkerung.

Nobelpreisträger – die Ausnahme von der Regel?

Dichter, Politiker, Raumfahrer, Fußballspieler – das sind schon einige Wege, um Karriere zu machen. Übrig sind noch die großen Denker und Wissenschaftler, deren sich so manches Land besonders gerne alljährlich im Dezember rühmt, wenn es Zeit für die Verleihung der Nobelpreise ist.

Seit gut 100 Jahren haben die skandinavischen Nobelkomitees ein Monopol auf die Bewertung besonderer Leistungen. Denn Alfred Nobel hat in seinem Testament verfügt, dass der Preis jenen zugeteilt werden solle, »die im verflossenen Jahr der Menschheit den größten Nutzen geleistet haben«. Den Auftrag, hierbei die richtige Wahl zu treffen, gab Alfred Nobel für die Preise in Physik, Chemie und Literatur an die Königlich Schwedische Akademie der Wissenschaften, für den Preis in Physiologie und Medizin an das Karolinska Institut, für den Friedensnobelpreis an das Nobelpreiskomitee des norwegischen Parlaments. Es handelt sich um hochkarätig besetzte Gremien, die aufgrund der sorgfältig geprüften Vorschläge und Nominierungen der nationalen Nobelkomitees entscheiden.

Für die Jahre 1901 bis 2012 wurden insgesamt 820 Nobelpreise an natürliche Personen vergeben; die Nobelpreise an Organisationen, wie etwa der Friedensnobelpreis an die EU im Jahr 2012, sind hierbei nicht mitgezählt.

Die Preisträger zählen zu den Weltbesten ihres Fachgebiets, eine Vielzahl von positiven Aspekten müsste die logische Konsequenz sein. Doch ausgerechnet die Nobelpreisträger weichen weder in der Gesamtzahl noch bei einzelnen Figuren vom Durchschnitt der Referenzbevölkerung ab. Es fällt eher auf, und zwar statistisch signifikant, dass Nobelpreisträger tendenziell weniger Troikas haben. Sehr deutlich ausgeprägt ist dieses Merkmal bei den Nobelpreisträgern der Literatur sowie des Friedensnobelpreises. Die Friedensnobelpreisträger weisen außerdem eine leicht, aber signifikant erhöhte Zahl von Quintilen auf, was man wie auf dem Fußballfeld als Hinweis auf besondere Intuition verstehen kann. Dennoch ist nicht von der Hand zu weisen, dass die Nobelpreisträger, heliozentrisch betrachtet, eher durchschnittlich sind. Eine weitere Untersuchung mit den Daten sämtlicher deutscher DFG-Gutachter, welche die Elite deutscher Wissenschaftler bilden, bestätigt das Ergebnis. Stößt die Astrologie hier etwa an ihre Grenzen, oder gibt es weitere unbekannte Faktoren, die noch nicht entdeckt worden sind?

Motivation – der Schlüssel außergewöhnlicher Leistungen

Unsere Auswertungen ergeben insgesamt ein bemerkenswert deutliches Bild, sei es bei erfolgreichen Politikern, Schachspielern, Raumfahrern oder Sportlern. Zugleich ist uns auch bewusst: Erfolg kann auf verschiedene Weise entstehen, je nachdem, welche Fähigkeiten verlangt sind. Hier kommen die unterschiedlichen Planetenkräfte ins Spiel, die charakteristische Verhaltensweisen symbolisieren.

Kurz gesagt: Erfolgreiche Sportler sind oft Ausnahme-Kämpfer, erfolgreiche Mannschaften benötigen auch kooperativ begabte Mitglieder. Kampf, das ist die Troika und in der klassischen Astrologie der Mars. Für Kooperation und Beziehungsorientierung stehen in verschiedenen Färbungen das Große Trigon, das Große Quintil und das Sextiltrapez; verkörpert werden diese Fähigkeiten der astrologischen Lehre nach von der Venus.

Wissenschaftler hingegen brauchen Durchhaltevermögen, Beharrlichkeit, Zähigkeit. Genau diese Eigenschaften symbolisiert der Saturn, den Michel Gauquelin bei Wissenschaftlern in besonderem Maß als hervorgehoben entdeckte – so wie den Mars bei den Sportlern.

Eine mit dem Planeten Saturn und der ihm zugeschriebenen Wirkung korrespondierende Aspekt-Figur fehlt bislang. Troika, Großes Trigon, Großes Quintil und Sextiltrapez markieren zwar statistisch belastbare Wege zum Ruhm, doch es sind vermutlich nicht die einzigen. So gibt es unter den großen Musikern der abendländischen Geschichte, von Monteverdi über Mozart und Beethoven bis hin zu Wagner und Mahler niemanden mit auffälligen Figuren. Nur Johann Sebastian Bach hat einige Quintile – er hätte vielleicht auch ein guter Fußballspieler werden können.

Dennoch scheinen astrologische Konstellationen einen handfesten Zusammenhang mit herausragenden Leistungen auf einzelnen Gebieten zu besitzen. Sie ersetzen natürlich nicht die genetische Veranlagung, die familiären Prägungen, den Intelligenzquotienten und eine berufsspezifische Ausbildung. Doch diese Faktoren allein reichen offenbar nicht für eine glänzende Karriere. »Il faut un tout pour faire un monde«, hätte Gunter Sachs an dieser Stelle gesagt – »es braucht alles, um eine Welt zu erschaffen«.

Schon 1980 fand der amerikanische Psychologe Arthur Jensen heraus, dass die Wechselwirkung zwischen IQ und Erfolg nur bis zu einem bestimmten Punkt funktioniert. Ab einem Intelligenzquotienten von 120 bringen zusätzliche Punkte im Test keine messbaren Vorteile mehr. Auch der Besuch einer Elite-Universität garantiert nicht für steile Karrieren, denn zahlreiche Nobelpreisträger kamen von kleineren Hochschulen. Eine Studie in Michigan/USA kam vor einigen Jahren außerdem zu dem Ergebnis, dass Studenten trotz stark unterschiedlicher Abschlussnoten im späteren Leben dennoch gleich erfolgreich waren.

Wenn aber die Intelligenz und die anderen bekannten Faktoren nur bis zu einem bestimmten Punkt wirksam sind, dann müssen andere Faktoren Berücksichtigung finden können. Um bei den oben erwähnten Basketballspielern zu bleiben: Wenn ein Spieler eine bestimmte Körpergröße erreicht hat, geht es nicht mehr um zusätzliche Zentimeter. Auch hartes Training und eine ausgefeilte Technik münden nicht zwangsläufig in eine erfolgreiche Spielerkarriere.

Ausschlaggebend ist etwas anderes: Außergewöhnlich leistungsfähige Menschen haben ein besonders hohes Arbeitsethos. Die Psychologie spricht von »intrinsischer Motivation« – ein innerer Antrieb, der nicht von Belohnungserwartungen abhängig ist. Hier wirkt die Überzeugung, man tue eine Sache um ihrer selbst willen. Woher sie kommt, können Psychologen nicht erklären. Aber warum sollten wir nicht darüber nachdenken, ob aus der Stellung von Planeten eine solche Fähigkeit ableitbar ist? Denkverbote wären hier die falsche Vorgabe.

Die Statistik zeigt jedenfalls, dass bestimmte astrologische Aspekt-Figuren mit besonderer Motivation und Leistungsfähigkeit einhergehen. Schon seit der antiken Astrologie werden Trigone, Sextile, Quintile und Konjunktionen als positive Verstärkung und Erfolgsfaktoren betrachtet. Diese Aspekte existieren zudem unabhängig von den astrologischen Symbolen und werden von unterschiedlichen Sternenkundlern ähnlich bewertet.

Fasst man das Erfahrungswissen der Astrologie zusammen, so kann man resümieren: Aspekt-Figuren erlauben

Rückschlüsse auf bestimmte Assoziationen und damit indirekt auch Eigenheiten des Charakters. Planetenanordnungen können als Indikator für eine besondere Leistungsfähigkeit dienen – das ist eine Theorie, für die unsere Ergebnisse gute Argumente liefern. Es ist ein funktionierendes Analogiemodell, das ohne nachweisbares Ursache-Wirkung-Prinzip auskommt.

Machen Sie doch einmal den Versuch, Menschen in Ihrer privaten und beruflichen Umgebung mit anderen Augen zu betrachten. Vielleicht stellen Sie dann fest: Jemand mit einem Großen Trigon oder einem Sextiltrapez verhält sich häufig sehr kooperativ und beziehungsorientiert. Menschen mit Mehrfachkonjunktionen denken dagegen sehr zielgerichtet, sprechen und handeln energisch.

Das Wissen um Anlagen und Talente, Schwächen und Stärken hilft in jedem Fall, das eigene Verhalten und das seiner Mitmenschen besser einzuordnen, zu verstehen und zu fördern. Möglicherweise werden Personalleiter und Fußballvereine künftig das Geburtsdatum von Bewerbern unter neuen Aspekten überprüfen, bevor sie jemanden einstellen oder einkaufen.

6 Gesundheit und Tod

Gunter Sachs und die letzten Mysterien

Die Erforschung astrologischer Gesetzmäßigkeiten von Gesundheit, Krankheit und Tod rührt an die existenziellen Fragen und Ängste der Menschen: Wie bleibe ich gesund? Welche speziellen Krankheitsrisiken könnte ich haben? Wann werde ich sterben, und was kommt danach?

Dass Geburt und Tod, Gesundheit und Krankheit keine bedeutungslosen Zufallsprodukte der Natur sein können, stand für Gunter Sachs fest. Entsprechend interessierte er sich auch für die so genannte Astro-Medizin.

Schon in ihren Anfängen erstreckte sich der Gebrauchswert der Astrologie auch auf den Körper. Als ganzheitliche Welterklärung schloss sie die Themen Krankheit und Tod ganz selbstverständlich mit ein. Die angloamerikanische Bezeichnung »Lunatics« für Menschen, deren Geist unter einem üblen Mondeinfluss stehen soll, erinnert an jene Zeiten. Auch der Begriff »Influenza«, der medizinische Fachbegriff für Grippe, geht auf astrologische Lehren zurück. Lange glaubte man, dass Grippekrankheiten von den Gestirnen beeinflusst würden. Und das italienische Wort »Influenza«, das so viel bedeutet wie »Einfluss der Sterne«, leitet sich vom lateinischen Verb »influere« – hineinfließen ab.

Vor fast zweieinhalbtausend Jahren formulierte Hippokrates, der wohl berühmteste Arzt der Antike, sein Credo: »Ein Medicus, der in der Sternkunst unerfahren ist, gleicht einem Auge, welches keine Kraft zu sehen hat«. Der Legende nach lehrte der sternenkundige Mediziner auf der griechischen Insel Kos im Schatten einer Platane, die er selbst gepflanzt hatte. Dieser Baum galt bei den antiken Völkern als Lebensbaum. Auch der Herakles-Mythos erwähnt eine heilige Platane, die Himmel und Erde verbindet.

Die Heilkunde des Hippokrates beruhte auf einer entscheidenden Erkenntnis, wonach der Körper mit seinen einzelnen Teilen und Funktionen eine »Nachbildung des Weltganzen« sei. Eine der Grundprinzipien der hippokratischen Heilkunst besagt: Himmel und Erde, Makro- und Mikrokosmos bilden Analogien – das erinnert nicht von ungefähr an das »wie oben, so unten« der Astrologen.

In den folgenden Jahrhunderten gehörten Diagnose und Therapie nach astrologischen Gesichtspunkten zum Kern der medizinischen Kunst. Der bis ins 17. Jahrhundert hinein beliebte Aderlass beispielsweise folgte der Logik der Sterne, die in einschlägigen Almanachen nachzulesen war. So, wie unsere heutigen Mondkalender die besten Tage fürs Haareschneiden oder Zähneziehen auflisten, orientierte man sich an einem speziellen Kalendarium, das Aufschluss darüber gab, an welchen Tagen eine Blutabnahme erfolgversprechend war. Die Almanache enthielten außerdem Illustrationen, die zeigten, welche Organe und Körperteile mit welchem Tierkreiszeichen verbunden waren, die so genannten Aderlassmännchen (siehe nächste Seite). Entsprechend ermittelte man auch die günstigsten Punkte für den Aderlass.

Aderlassmännchen

Im 16. Jahrhundert gelangte der Schweizer Arzt, Mystiker, Alchimist und Philosoph Paracelsus zu großer Berühmtheit. Auch er schloss die Himmelskräfte in seine medizinische Forschung ein. Sein programmatischer Gedanke findet sich im »Opus Paramirum« von 1531: »Der Mensch kann nur vom Makrokosmos aus universalistisch erfasst werden, nicht aus

sich selbst heraus. Erst das Wissen um diese Übereinstimmung vollendet den Arzt.« Zu den wichtigsten fünf Krankheitsursachen zählte er die »Ens Astrorum« – die Einflüsse der Gestirne.

Seine beeindruckenden Behandlungserfolge machten Paracelsus zur Legende. Dass er sich dabei auf die Astrologie stützte, vergrößerte nur den Grimm seiner Neider. Selbstbewusst hielt er ihnen entgegen, ein Arzt, der nichts von Astrologie verstehe, sei ein Narr: Für die Diagnose und Therapie von Krankheiten müsse man unbedingt das Horoskop des Patienten kennen.

Und wenn Johannes Kepler sagte: »Es gibt einen Leib, der die ganze Welt umspannt, und stellt ihn euch vor in Form eines Kreises, denn dies ist die Form des Alls«, so war der Hinweis auf den Leib mehr als eine Metapher. Das Weltbild der Astrologie basierte auf einem System permanenten energetischen Austauschs, von der Zelle bis zum Universum: Alles ist mit allem verbunden.

Dieses Weltbild klingt noch in der Feststellung Carl Gustav Jungs an, der stets Horoskope seiner Klienten erstellte: »Wir werden in einem bestimmten Augenblick geboren, an einem bestimmten Platz, und haben, wie der Jahrgang eines Weines, die Qualität des Jahres und der Jahreszeit, in der wir zur Welt kamen. Nicht mehr und nicht weniger behauptet die Astrologie.«

Gunter Sachs nahm den Einfluss der Gestirne ernst. Neben der klassischen Astrologie hatte er hie und da mit dem Mondkalender Erfahrungen gemacht. Einmal sagte er sogar einen lange verabredeten Termin bei einem Kieferchirurgen ab, weil er kurz vorher erfahren hatte, dass dieser Zeitpunkt ungünstig für die Operation sei. Der Zahnarzt war verwundert über das Argument, ließ sich aber darauf ein, einen neuen, diesmal »mondkompatiblen« Termin zu vereinbaren. Als Gunter Sachs dann an diesem Tag eine mehrstündige Operation über sich ergehen ließ, verlief die Sache ungewöhnlich komplikationsfrei – er hatte so gut wie keine Nachblutungen oder Wundschmerzen, auch zum Erstaunen des zuvor zweifelnden Arztes. Für Gunter Sachs war das ein Nachweis mehr, dass einem der Bund mit den Gestirnen zum Vorteil gereichen kann.

All das klingt wie eine nette Anekdote. Themen wie Krankheit und Tod kann dieses Buch allerdings nicht in den Blick nehmen, ohne den Freitod von Gunter Sachs zu erwähnen. Am 6. Mai 2011 starb er von eigener Hand. Es war eine Entscheidung, die eine ungewöhnlich große Resonanz hervorrief, Reaktionen zwischen Bestürzung und Respekt.

Mirja Sachs verneint, dass astrologische Erwägungen im Spiel waren, als ihr Mann seinem Leben ein Ende setzte, weist jedoch auf etwas anderes hin: »Drei Tage nach seinem Tod rief ein Astrologe, der Gunter seit vielen Jahren kannte, seine langjährige Sekretärin Martha Kundert an und sagte: ›Normalerweise sind Astrologen davon überzeugt, dass Menschen nicht von eigener Hand aus dem Leben treten dürfen. In seinem Horoskop habe ich aber gesehen, dass es ihm erlaubt war zu gehen. Das ist ungewöhnlich.‹«

Ob Gunter Sachs von dieser besonderen Konstellation wusste, ist nicht bekannt. Mit großer Wahrscheinlichkeit aber war ihm bewusst, dass drei Saturn-Zyklen von je sieben Jahren abgeschlossen waren, seitdem er 1990 einen Wendepunkt in seinem Leben gespürt und darüber mit einem Astrologen gesprochen hatte.

Ein wichtiger Punkt war außerdem seine Angst, in den letzten Lebensjahren hinfällig zu werden. Mit dem Tod habe er gut umgehen können, Krankheit und Gebrechen hingegen habe er gefürchtet, betont seine Sekretärin Martha Kundert.

In seinem Abschiedsbrief erwähnte er eine »Krankheit A«, die ihn zu dem Entschluss veranlasst hat: »Der Verlust der geistigen Kontrolle wäre ein würdeloser Zustand, dem ich mich entschlossen habe, entschieden entgegenzutreten.«

War diese Angst begründet?

»Die gelegentlichen Gedächtnisschwächen, die er an sich feststellte, waren in seinem Alter normal«, urteilt Mirja Sachs. »Doch wenn man das Leben so intensiv gelebt hat wie er, sind Beeinträchtigungen schwer zu ertragen. Ich lebte immer in der Gefahr, dass etwas passieren könnte. Viele Jahre lang. Doch am Ende hat er getan, was er für richtig hielt.«

Offenbar hat Gunter Sachs die Umstände seines Todes, wie alles in seinem Leben, genauestens durchdacht. Niemand sollte verhindern, wozu er sich entschlossen hatte.

»Später machte ich mir natürlich viele Vorwürfe, dass ich es dieses Mal nicht gespürt hatte«, erzählt Mirja Sachs. »Doch er hat es so geschickt geplant, dass ich keinen Verdacht schöpfte. Was Planen, Kalkulieren, Taktik betraf, war mein Mann absolut der Allerallerbeste. Schon einige Monate vorher sagte er zu mir: ›Du weißt gar nicht, wie schlau ich bin.‹ Hinterher verstand ich, was er damit gemeint hatte.«

Gunter Sachs hatte sich zum Thema Tod seine ganz eigenen Gedanken gemacht. Nach eigenem Bekenntnis wollte er nie alt werden. Über seinen Bruder, der mit 47 Jahren bei einem Lawinenunglück ums Leben gekommen war, resümierte er, dass er eigentlich einen schönen Tod gehabt habe. »Er konnte früh gehen«, sagte er. Als seine Frau einwandte: »Aber es war doch viel zu früh!«, antwortete er: »Nein, mein Bruder war auf dem Höhepunkt seines Lebens.«

Wenn ein Mensch fast das 80. Lebensjahr erreicht habe, so Mirja Sachs, dann habe er auch das Recht zu entscheiden, was wirklich seinem inneren Drang und Wollen entspricht: »Sein Abschied war nicht unüberlegt. Das ist schwer für uns, die Hinterbliebenen, aber das ist unser Schicksal.«

So unerschrocken Gunter Sachs aus dem Leben schied, so wenig wollte er zu Lebzeiten etwas mit Krankheiten und Todesfällen zu tun haben. Er sei nicht gern zu Beerdigungen gegangen und habe auch nur ungern Krankenhausbesuche gemacht, berichtet Martha Kundert. Dennoch gab es eine Phase in seinem Leben, in der er sich dem Tod stellte, als starker, fast verzweifelter Kämpfer um seine Lebensgefährtin Brigitte Laaff, die an Krebs erkrankt war und deren Diagnose keine Hoffnung mehr zuließ.

Zwei Jahre lang wich er nicht von der Seite seiner Freundin, obwohl die Beziehung zu diesem Zeitpunkt bereits beendet war. Er organisierte immer neue Termine bei immer neuen medizinischen Koryphäen, kümmerte sich Tag und Nacht um die Patientin, getrieben von dem Wunsch, alles für ihre Genesung zu tun. Es wirkte wie ein Wunder, als sie gegen alle ursprünglichen ärztlichen Prognosen schließlich geheilt war. Der Professor, der ihre Gesundung feststellte, sagte zu Gunter Sachs: »Sie haben den Hauptanteil geleistet, wir nur einen kleinen – und«, er zeigte zur Decke, »ein Teilchen kommt von da oben.«

War tatsächlich das »höhere Stellwerk« beteiligt gewesen? Brigitte Laaff, eine tiefgläubige Frau, hatte während der langen, schlaflosen Nächte immer wieder gebetet. Einmal hatte sie sogar vorgeschlagen, nach Lourdes zu fahren. Nach ihrer Genesung machte sich Gunter Sachs allein auf den Weg dorthin: »Auch wenn Lourdes nur ein Mythos sein sollte, wäre es vielleicht besser, dorthin zu fahren, sagte ich mir.«

An ein Leben nach dem Tode glaube er nicht, beteuerte Gunter Sachs. »Ich denke jedoch, dass er – auch aufgrund von Gesprächen mit Astrologen – zu dem Schluss kam, dass die Seele nach dem Tod weiterlebt«, meint Martha Kundert.

Auf die Frage, ob ihr Mann an die Wiedergeburt geglaubt habe, antwortet Mirja Sachs: »Offenbar hielt er es für möglich. Beispielsweise war er sicher, dass wir in unseren vorhergehenden Leben schon verheiratet gewesen waren.«

Wer Gunter Sachs gut gekannt hat, erinnerte sich anlässlich seines Todes an seine programmatischen Sätze, in denen er von seinem Wunsch gesprochen hatte, hinter die Mysterien des Lebens zu schauen. Diese Überlegungen enden mit den Worten: »Würden die Zeiten inhaltslos vorüberziehen, hätte ich wahrscheinlich nichts dagegen, wenn er« – Mephisto – »mich holen würde.« Und weiter: »Das kann natürlich nur jemand sagen, der nicht an den Beelzebuben glaubt.«

An den Teufel glaubte Gunter Sachs genauso wenig wie an einen personifizierten Gott. Doch ein anderes Detail fällt ins Auge – die »inhaltslosen Zeiten«. Ohne Aufgaben und Ziele konnte Gunter Sachs buchstäblich nicht leben. Offenbar war dies einer der Beweggründe, warum er den Freitod wählte.

»Kurz bevor er starb, sagte er mir in Palm Springs: ›Bald fahren wir nach Hause, was soll ich machen? Ich habe kein Projekt‹«, erinnert sich Mirja Sachs. »Ich schlug ihm verschiedene Dinge vor und sagte: ›Das kannst du mit deinem Team besprechen, dann kommst du ganz schnell zu einem neuen Projekt.‹ Aber ich glaube, er hatte nicht mehr die Kraft dazu.«

Bei einer Gedenkfeier anlässlich seines Todes hielt der anwesende Pfarrer eine bewegende Trauerrede. Darin hieß es:

»Ich denke, wir sagen es heute nicht als Floskel, dass Gunter Sachs das Leben angenommen und geliebt hat, dass er sich gegeben hat an dieses Leben. Damit soll er heute nicht heiliggesprochen werden, aber ich möchte doch eine Frage anschließen: Kann nicht auch noch der Suizid ein letzter Ausdruck wirklicher Liebe zum Leben sein? Wenn ein Mensch spürt, dass er nicht mehr die Kraft hat, den Herausforderungen des Lebens wirklich zu entsprechen. Und weiter: Kann nicht auch der Suizid ein Ausdruck einer letzten Hingabe des Menschen in dieses Mysterium hinein sein, das wir Gott nennen oder ewige Liebe? In eine Liebe hinein, die größer ist als unser Herz und stärker auch als unsere jeweilige Kraft.«

Astrologische Prävention – welche Gesundheitsrisiken in den Sternen stehen

In diesem Kapitel erfahren Sie, ob die Theorien des Paracelsus Relevanz beanspruchen – und ob Sie davon profitieren können. Einiges spricht dafür, denn zu den medizinischen Neuerungen des Paracelsus gehörte die Prävention.

Da bereits die griechischen Astrologen jedem Tierkreiszeichen und jedem Planeten eine bestimmte Körperregion zugeordnet hatten, traf Paracelsus Vorhersagen über mögliche gesundheitliche Schwächen. Für detaillierte Horoskop-Diagnosen orientiert sich die Astro-Medizin bis heute an dieser Systematik.

Astro-medizinische Zuordnung nach Sternzeichen

Sternzeichen	Körperteil
Widder	Kopf
Stier	Mund, Hals, Nacken, Speiseröhre
Zwillinge	Luftröhre, Lunge, Arme, Hände
Krebs	Magen, Bauch, Brüste
Löwe	Herz, Blutkreislauf
Jungfrau	Dünndarm
Waage	Nieren, Blase, Haut
Skorpion	Dickdarm, Mastdarm, Geschlechtsorgane
Schütze	Leber, Hüfte, Oberschenkel
Steinbock	Skelett, Knie
Wassermann	Unterschenkel, Knöchelregion

Astro-medizinische Zuordnung nach Planeten

Planet	Körperteil
Sonne	Herz, Zentrum des Lebens
Mond	Bauch, Lymphsystem
Merkur	Zentrales Nervensystem
Venus	Hormonsystem, Gebärmutter
Mars	Muskeln, Hoden
Jupiter	Verdauungssystem, Stoffwechsel
Saturn	Skelettsystem
Uranus	Vegetatives Nervensystem, Reflexe
Neptun	Hirnstamm, Sensitivität
Pluto	Regenerationssystem, Instinkte

Die astro-medizinischen Zuschreibungen basieren vor allem auf der Beobachtung, dass Konjunktionen, Oppositionen und Quadrate mit Mars, Saturn oder Uranus der Gesundheit abträglich sind. Treiben sich diese »Übeltäter« im eigenen Zeichen herum, so sollen sich mögliche Krankheitsrisiken erhöhen. Auch in der »Akte Astrologie« sind Krankheit und Tod wichtige Themen gewesen. Zwei Untersuchungen beantworteten die Fragen, ob sich den Sternzeichen bestimmte Todesursachen zuordnen lassen und ob manche Sternzeichen häufiger als andere den Freitod wählen. Beide Male war es zu signifikanten Ergebnissen gekommen.

Wir befassten uns daher mit folgenden Fragen: Welcher allgemeine Zusammenhang besteht zwischen den Sternzeichen sowie den Planeten und ihren Aspekten und bestimmten Krankheiten? Lassen sich spezielle Muster feststellen? Und welche Rolle spielen die astrologisch verdächtigen Planeten Mars, Saturn und Uranus?

Heute werden Todesursachen nach der internationalen Klassifikation der Krankheiten geordnet, die als »International List of Causes of Death« (ICD-10-WHO) den Standard für die moderne Medizin setzt. Nicht selten liefert der Arzt gleich mehrere Befunde, wenn er den Totenschein ausfüllt. Über zu wenig Auswahl klagen kann er jedefalls nicht, denn die aktuelle »Bertillon-Klassifikation« listet 261 Krankheitsgruppen mit Tausenden von Unterkategorien auf.

In den Jahren 1969 bis 2010 registrierten die Schweizer Statistiker insgesamt 2 531 296 Todesfälle nach dieser Klassifikation. Nur bei 8 401 Verstorbenen gab es in den amtlichen Dokumenten keinen Hinweis darauf, welche Umstände zum Tod geführt hatten.

Uns lagen nicht nur die amtlichen Todesursachen vor, sondern zusätzlich Angaben zu Begleiterkrankungen und Begleitumständen des Todes. Wie schon bei den vorherigen Untersuchungen, stellten wir wieder drei Hypothesen auf:

1. Es gibt einen Zusammenhang zwischen den Tierkreiszeichen und den Erkrankungen beim Tod.
2. Es gibt einen Zusammenhang zwischen den belasteten Planeten und den Erkrankungen beim Tod.
3. Diese Zusammenhänge bilden ein systematisches Muster.

Zunächst untersuchten wir also die Risiken der einzelnen Sternzeichen, zum Zeitpunkt des Todes an einer bestimmten Erkrankung gelitten zu haben, wie zum Beispiel an einer Infektion, einer Herz-Kreislauf-Erkrankung oder an seelischen Störungen. Berücksichtigt wurde bei den Berechnungen Geschlecht, Alter und Geburtsjahr – letzteres dient dazu, den medizinischen Fortschritt und die veränderten Lebensumstände abzubilden. Wer im 19. Jahrhundert geboren ist, war schließlich als Kind noch ganz anderen Widrigkeiten und Behandlungsmethoden ausgesetzt als ein heute lebender Schweizer.

Auf diese Weise wurden jene Sternzeichen ermittelt, bei denen spezifische Erkrankungen überdurchschnittlich oft auftraten. So neigen *Wassermann, Widder* und *Fische* stärker zu Herz-Kreislauf-Erkrankungen. Auf Skelett und Muskulatur sollte der *Krebs* achten, denn bei ihm zeigen sich häufiger Gesundheitsbeschwerden in diesen Bereichen. *Stieren* sei geraten, gefährliche Situationen zu meiden, denn für sie verzeichnet die Datei ein höheres Risiko, durch einen Unfall oder Gewalteinwirkung zu sterben. Und Angehörige des Sternzeichens *Löwe* könnten öfter an seelischen Störungen leiden als andere.

Insgesamt waren es rund 25-mal mehr signifikante Ergebnisse, als man durch Zufall erwarten würde. Das ist auffällig, aber im Vergleich mit den Ergebnissen zu Eheschließungen und Berufswahl nicht gerade überragend. Außerdem stehen die Ergebnisse nur vereinzelt in Einklang mit den astrologischen Lehren.

Eine weitere Auswertung mit einer genaueren Aufschlüsselung sollte daher mehr Erkenntnis bringen. Zu diesem Zweck waren vier Krankheitsarten feiner aufgegliedert worden (siehe Seite 230/231): Neubildungen (Krebserkrankungen) im Mund, Verdauungssystem, in den Atmungsorganen etc. (Gruppe 2); Krankheiten der Nerven- und Sinnesorgane (Gruppe 6); Herz-Kreislauf-Erkrankungen (Gruppe 7) sowie Verkehrsunfälle und Suizide (Gruppe 17).

Krankheits- und Unfallrisiken

	Widder	Stier	Zwillinge	Krebs	Löwe
2: Mund, Rachen	4,6%	–3,8%	–2,1%	3,3%	–0,3%
2: Verdauungssystem	2,5%	1,7%	–0,2%	0,7%	–2,0%
2: Atmungsorgane	–2,1%	–1,4%	–0,8%	0,6%	0,6%
2: Knochen, Haut	2,0%	–3,0%	–1,7%	1,1%	0,8%
2: Brust	1,4%	–1,1%	1,6%	–2,1%	0,3%
2: Harn-, Geschl.org.	–0,7%	–0,3%	–1,0%	0,2%	–0,6%
2: Sinnesorg., Nerven	–1,9%	0,2%	0,8%	1,7%	–0,1%
2: blutbild. Organe	4,5%	3,9%	1,3%	1,9%	–0,5%
6: Nervensystem	–0,5%	0,4%	0,0%	0,8%	2,2%
6: Augen	–1,8%	0,2%	–4,6%	1,7%	–1,2%
6: Ohren	0,0%	4,1%	–2,6%	–1,0%	2,4%
7: Rheumat. Fieber	29,5%	11,8%	32,8%	0,3%	–12,1%
7: chronische Herzkrankh.	2,7%	3,2%	–6,3%	–1,6%	–8,5%
7: Bluthochdruck	–0,3%	–0,8%	0,4%	–0,1%	0,1%
7: ischäm. Herzkrankh.	0,5%	1,3%	0,8%	–0,2%	–0,4%
7: sonstige Herzkrankh.	0,6%	0,2%	0,0%	–0,8%	–0,7%
7: Hirngefäße	0,2%	0,9%	1,4%	0,7%	0,4%
7: Arterien	0,9%	–0,7%	0,3%	0,4%	–0,1%
7: Venen	2,8%	2,2%	0,2%	–1,1%	–1,4%
17: Verkehrsunfälle	1,7%	1,2%	0,2%	–1,6%	2,6%
17: Sonstige Unfälle	–2,1%	1,9%	–0,8%	–1,2%	0,2%
17: Selbstmord	0,3%	4,7%	0,5%	2,0%	0,3%
17: Tötung durch andere	0,6%	11,8%	8,6%	6,1%	–5,2%
17: Verletz., Vergiftungen	–0,1%	0,6%	0,7%	–0,5%	3,0%

erkrankt hoch signifikant seltener
erkrankt signifikant seltener
erkrankt leicht signifikant seltener
erkrankt hoch signifikant häufiger
erkrankt signifikant häufiger
erkrankt leicht signifikant häufiger

nach Sonnenzeichen

Jungfrau	Waage	Skorpion	Schütze	Steinbock	Wassermann	Fische
–0,4%	–0,7%	1,6%	2,0%	2,4%	–2,6%	–3,3%
–1,1%	–2,0%	–2,1%	–3,4%	1,7%	3,2%	0,7%
1,4%	5,0%	–0,3%	1,1%	–0,7%	–0,4%	–2,3%
0,2%	–2,4%	–1,7%	1,9%	1,1%	4,0%	–2,2%
–1,4%	0,9%	–1,5%	0,7%	–1,7%	0,0%	2,5%
1,1%	1,3%	0,5%	0,2%	–0,3%	0,0%	–0,3%
–1,5%	0,5%	5,0%	7,2%	–3,8%	–3,0%	–3,3%
1,3%	–3,3%	–1,4%	–0,5%	–4,0%	–1,4%	–2,4%
1,1%	–0,8%	0,8%	–1,3%	0,3%	–1,1%	–2,0%
–5,9%	0,0%	3,6%	0,8%	0,9%	4,3%	2,4%
–13,6%	2,2%	–2,0%	0,2%	5,3%	4,6%	0,8%
–34,5%	–7,7%	–53,4%	30,8%	5,5%	–0,6%	1,3%
–6,0%	–10,7%	0,3%	–4,8%	4,8%	15,4%	11,2%
–0,1%	2,0%	2,2%	1,7%	–1,2%	–1,9%	–1,6%
–0,4%	–1,9%	–1,1%	–0,8%	0,4%	0,7%	0,9%
–0,5%	–0,3%	0,3%	–0,2%	–0,3%	0,6%	1,1%
0,1%	–0,5%	–2,4%	–2,0%	–1,1%	0,8%	1,0%
–0,8%	–1,1%	–1,3%	–0,2%	–0,2%	0,3%	2,2%
–1,4%	–2,5%	–1,6%	–2,3%	0,5%	1,2%	3,1%
–3,4%	–3,4%	–0,8%	–1,4%	0,7%	2,6%	1,3%
–1,1%	–0,1%	1,6%	1,7%	0,6%	–1,3%	0,9%
–3,4%	–4,6%	–4,6%	–1,1%	0,1%	0,2%	4,6%
–9,7%	–1,8%	–0,1%	–10,5%	12,7%	–15,4%	2,4%
–1,8%	1,1%	0,4%	0,5%	0,5%	–1,6%	–2,6%

Relative Risiken nach Sonnenzeichen für Krebserkrankungen, Krankheiten der Nerven und Sinnesorgane, Herz-Kreislauf-Erkrankungen, Unfälle

Ein deutlicheres Muster konnte man auch bei dieser Auswertung nicht auf den ersten Blick erkennen. Als Zwischenresultat blieb somit festzuhalten, dass zwar die Hypothese bestätigt worden war, dass es grundsätzlich einen Zusammenhang zwischen Tierkreiszeichen und Krankheiten gibt. Die Spur der einzelnen Tierkreiszeichen führte aber nicht sehr weit, weshalb wir uns den einzelnen Planeten zuwandten.

Dafür wurde jedem verstorbenen Schweizer ein Risiko-Wert aufgrund seiner Planetenkonstellation zugeordnet. Null Punkte bedeutet, dass der jeweilige Planet völlig unbelastet ist. Maximal sechs Punkte gibt es, wenn Mars, Saturn und Uranus sowohl in dem Haus stehen, das dem jeweiligen Planeten zugeordnet ist, als auch zum Planeten selbst einen spannungsreichen Aspekt bilden. Dabei werden die Aspekte Konjunktion, Opposition und Quadrat mit einem Orbis oder Toleranzbereich von 3 Grad erfasst. Auch bei den Planeten wurde wieder in zwei Stufen ausgewertet: zunächst eine Tabelle mit einer generellen Klassifikation, anschließend gab es für die Planeten auch die gleiche feinere Aufgliederung der Erkrankungen wie bei den Sternzeichen.

Schon bei der Auswertung der ersten Stufe war das Ergebnis um einiges deutlicher. Von 170 möglichen relativen Risiken sind mehr als zwei Drittel – nämlich 130 – so stark erhöht oder verringert, dass die Abweichungen nicht mehr durch Zufall erklärt werden können. Auch in anderer Hinsicht verändert sich nun das Bild: Die besonders langsamen Planeten Uranus, Neptun und Pluto lösen sich zum ersten Mal aus ihrer Sonderrolle und zeigen auffällige Zusammenhänge mit der medizinischen Diagnose. Ein schlecht aspektierter Neptun mit »hoher Belastung« – ging unter anderem einher mit Infektionen und Erkrankungen des Blutes sowie der blutbildenden Organe.

Saturn, Mars und Uranus, denen Astrologen negative Wirkungen zuschreiben, markieren in der Tat die meisten auffälligen Risiken. Auch der Mond zeigt ein Muster, in etwa so wie Merkur und Venus.

Ob sich tatsächlich ein astrologischer Schlüssel hinter diesen Tendenzen verbirgt, soll als zweite Stufe eine weitere Untersuchung zeigen, bei denen vier Krankheitsbilder feiner aufgegliedert sind (siehe Seite 234/235).

Auch dabei sind die Ergebnisse stark auffällig: 172 von 240 Risiken sind höher, als durch Zufall zu erklären ist. Damit ist unsere Hypothese bestätigt, dass zwischen »belasteten« Planeten und den Krankheitsneigungen ein Zusammenhang besteht – selbst wenn man Geschlecht, Geburtsjahr und Todesalter sorgfältig herausrechnet.

Die Behauptung der Astrologie, dass jeder Planet mit einem ganz bestimmten Körperteil verbunden sei, konnten wir zwar nicht belegen. Dass in den Planetenwerten dennoch etwas steckt, was der Zufall nicht erklären kann, ist nicht wegzudiskutieren. Zudem werden die Muster schwächer, wenn man den Toleranzbereich für die Aspekte von 3 Grad auf 15 Grad ausweitet. Damit scheinen die Planetenbeziehungen untereinander eine bedeutsamere Rolle zu spielen als die Positionen der Planeten in den Tierkreiszeichen. Zusätzlich prägten sich bei den Planetenbeziehungen Muster aus, die statistisch signifikant mit den Krankheitsarten korrelierten. Die entdeckten Zusammenhänge besitzen somit eine systematische Struktur und wir konnten alle drei Hypothesen bestätigen.

Welche Konsequenzen könnte man daraus ziehen? Grundsätzlich gilt: Vertrauen Sie Ihrem Körpergefühl und, wenn Sie wirklich krank sind, Ihrem Arzt oder Apotheker. Sichtet man zusätzlich die Tabellen nach dem alten Grundsatz, dass Vorbeugen besser als heilen ist, lassen sich abhängig von Sternzeichen und Planetenkonstellationen gewisse tendenzielle Krankheitsneigungen erkennen. Ganz allgemein hat sich ohnehin bewährt, auf mögliche Schwachpunkte des Körpers zu achten

Krankheits- und Unfallrisiken

	Sonne	Mond	Merkur	Venus
2: Mund, Rachen	–2,2%	6,3%	7,2%	3,1%
2: Verdauungssystem	–6,9%	–4,8%	–9,3%	–9,2%
2: Atmungsorgane	–5,9%	–0,8%	–2,1%	0,9%
2: Knochen, Haut	1,3%	1,5%	2,8%	4,1%
2: Brust	–1,5%	1,1%	0,5%	1,1%
2: Harn-, Geschl.organe	–3,2%	–2,8%	–4,2%	–2,6%
2: Sinnesorgane, Nerven	–1,8%	–0,1%	2,4%	2,5%
2: blutbildende Organe	–4,5%	–2,4%	–5,1%	–4,2%
6: Nervensystem	–1,2%	–0,3%	–2,1%	–3,5%
6: Augen	–0,1%	–0,2%	0,5%	0,8%
6: Ohren	2,6%	1,1%	4,5%	3,0%
7: Rheumat. Fieber	15,8%	–2,8%	2,5%	–12,4%
7: chronische Herzkr.	–0,3%	–4,7%	–5,3%	–4,1%
7: Bluthochdruck	0,6%	–0,5%	–0,3%	1,1%
7: ischämische Herzkr.	–3,1%	–1,1%	–4,5%	–5,2%
7: sonstige Herzkrankh.	0,1%	–0,5%	0,1%	0,2%
7: Hirngefäße	–1,6%	–1,7%	–2,6%	–1,9%
7: Arterien	0,6%	0,3%	2,4%	3,4%
7: Venen	–5,6%	–3,0%	–6,1%	–7,1%
17: Verkehrsunfälle	14,0%	12,0%	10,7%	–7,8%
17: Sonstige Unfälle	5,0%	0,8%	5,1%	3,3%
17: Selbstmord	13,5%	15,4%	12,5%	–0,5%
17: Tötung durch andere	11,9%	12,2%	14,7%	2,6%
17: Verletz., Vergiftungen	2,0%	–0,9%	–1,1%	–0,2%

- erkrankt hoch signifikant seltener
- erkrankt signifikant seltener
- erkrankt leicht signifikant seltener
- erkrankt hoch signifikant häufiger
- erkrankt signifikant häufiger
- erkrankt leicht signifikant häufiger

nach Planeten

Mars	Jupiter	Saturn	Uranus	Neptun	Pluto
4,6%	-5,6%	-13,0%	-9,0%	-1,2%	-6,6%
-2,8%	7,2%	22,8%	15,2%	11,6%	-5,4%
4,0%	2,2%	-2,0%	1,1%	7,6%	-9,5%
3,6%	-2,3%	-9,2%	-5,2%	-3,7%	-0,4%
3,1%	0,3%	-5,5%	-1,6%	5,4%	-7,1%
1,4%	4,2%	3,7%	4,9%	6,3%	-3,5%
4,6%	-2,2%	-6,3%	-4,6%	-1,9%	-0,9%
-3,4%	3,5%	11,7%	10,6%	10,1%	-8,1%
-3,1%	2,1%	6,7%	5,7%	2,9%	-1,8%
1,7%	0,3%	-0,7%	-2,1%	-1,7%	2,5%
-3,6%	-4,6%	0,8%	-7,3%	-5,7%	0,2%
-3,9%	-6,9%	7,6%	-3,4%	16,8%	-0,6%
-5,6%	3,3%	19,3%	15,5%	15,8%	-14,2%
1,7%	1,3%	-4,7%	2,3%	1,7%	-0,6%
-3,6%	3,6%	12,9%	10,8%	7,8%	-6,5%
0,5%	0,2%	-0,9%	-0,2%	-0,4%	1,0%
1,7%	2,7%	1,6%	0,5%	0,0%	3,5%
0,3%	-1,9%	-5,9%	-2,6%	-0,5%	-1,2%
-1,4%	5,8%	15,2%	8,4%	7,4%	-2,3%
-4,1%	-6,3%	-7,1%	-5,5%	-0,5%	0,1%
1,1%	-3,0%	-9,1%	-7,6%	-6,6%	6,1%
-3,5%	-10,8%	-17,8%	-13,1%	-4,9%	-8,3%
-1,0%	-12,1%	-22,8%	-23,8%	-10,3%	4,7%
-3,3%	-0,5%	6,7%	1,3%	-3,0%	5,9%

Relative Risiken nach Belastungswert für Neubildungen, Krankheiten der Nerven und Sinnesorgane, Herz-Kreislauf-Erkrankungen, Unfälle und sich entsprechend proaktiv zu verhalten – durch eine Umstellung der Lebensweise und regelmäßige Vorsorgeuntersuchungen zum Beispiel. Zur konkreten Besorgnis besteht kein Anlass – wohl aber zu erhöhter Aufmerksamkeit.

Nicht aufhören, wenn es am schönsten ist – wer lebt am längsten?

Methusalem, der älteste in der Bibel erwähnte Mensch, soll mit 187 Jahren noch einen Sohn gezeugt und 782 weitere Jahre gelebt haben – erst die Sintflut konnte dem unverwüstlichen Mann das Leben rauben. Solch biblische Altersspannen sind reiner Mythos. Unübersehbar ist jedoch, dass unsere Lebenserwartung stetig steigt. Glaubt man den Statistikern, so gewinnt man hierzulande mit jedem Tag, den man später zur Welt kommt, volle sechs Stunden Lebenszeit! Auch eine weitere Prognose verknüpft sich mit den beobachteten Tendenzen: Die Hälfte aller Mädchen, die nach 1970 geboren wurden, wird mindestens das stolze Alter von 100 Jahren erreichen.

Während die Fortschritte durch die medizinische Entwicklung uns alle betreffen, stellt sich die Frage, welche Faktoren die Lebenszeit einer einzelnen Person beeinflussen können. Die Antwort wird Sie möglicherweise überraschen: Optimisten leben kürzer. Wer hingegen pessimistisch durchs Leben schreitet, kann sich über einen späteren als den durchschnittlichen Sterbezeitpunkt freuen.

Die Psychologen Howard Friedman und Leslie Martin errechneten, dass Optimisten immerhin vier Lebensjahre verlieren. Die möglichen Ursachen nannten die Forscher ebenfalls: Optimistische und euphorische Menschen rauchen und trinken öfter, sie experimentieren häufiger mit Drogen, fahren schneller Auto. Sie gehen seltener zum Arzt und ignorieren häufiger medizinische Ratschläge. Dass dieses unbedarfte

Verhalten nicht unbedingt zu einer höheren Lebenserwartung beiträgt, liegt auf der Hand. Fragt sich nur, ob Pessimisten überhaupt Freude angesichts solcher Vorhersagen empfinden. Bekanntlich haben sie nicht den Ruf, irgendeiner Sache eine positive Seite abzugewinnen.

In jedem Fall begegnet uns der Tod in diesem Abschnitt noch einmal im neuen Gewand: als vorzeitiges Damoklesschwert für den einen, als Aufschub gewährendes Prinzip für den anderen. Doch nicht Gemüt und Vernunft stehen hier im Mittelpunkt, sondern die Frage, ob es astrologische Annahmen zur Lebenserwartung gibt, die mit statistischen Daten übereinstimmen.

Zweifellos folgt die Sterblichkeit einem Muster. Dessen Entdeckung verdanken wir dem britischen Mathematiker Benjamin Gompertz. Sein »Gesetz der Sterblichkeit« aus dem Jahr 1825 ist bis heute eine der wichtigsten versicherungsmathematischen Berechnungsregeln. Es besagt, dass sich das Sterberisiko in festen Abschnitten verdoppelt. Es gilt also ganz und gar nicht, was der amerikanische Schriftsteller Willard R. Espy in seiner »Versicherungsmathematischen Reflexion« anmerkte: dass nur sehr wenige Leute im Alter von 92 Jahren sterben, woraus er mit wunderbarer Ironie folgerte: »Mit 93 lebe ich wohl noch sicherer.« Espy starb mit 88 Jahren. Die Wahrscheinlichkeit, dass er seinen 89. Geburtstag hätte feiern können, lag bei über 87 Prozent. Statistisch gesehen.

Abseits von solch scheinbar paradoxen Zahlenspielen nähert sich der Tod in recht gleichmäßigen Schritten von jeweils etwa acht Jahren. Im Alter von 24 Jahren beträgt das Risiko, innerhalb desselben Lebensjahres zu sterben, etwa eins zu 4000. Mit 32 Jahren steigt es auf rund eins zu 2000, mit 40 Jahren auf eins zu 1000 und mit 48 Jahren auf eins zu 500. Dieses Gesetz der Verdoppelung gilt für Deutsche gleichermaßen wie für Schweizer, und es war im Jahr 1960 genauso gültig wie 2012. Die absoluten Sterbewahrscheinlichkeiten haben sich zwar ein wenig verschoben, aber die Verhältnisse sind über die Jahre hinweg stabil geblieben.

Eine biologische Erklärung für den Acht-Jahres-Rhythmus gibt es bislang nicht. Astrologen würden jetzt darauf hinweisen, dass er mit einem Saturn-Transit einhergehen könnte. Beweisen können wir diese Vermutung nicht, wenngleich sie bedenkenswert ist.

Interessanterweise scheinen Todesfälle durch Herz-Kreislauf-Erkrankungen definitiv mit der Jahreszeit der Geburt zusammenzuhängen. So leben männliche Novemberkinder im Mittel elf Monate länger als Maikinder; bei den Frauen beträgt der Vorsprung der Novembergeborenen sieben Monate – zu diesem Ergebnis kommt eine Studie der Universität Greifswald mit sechs Millionen deutscher Verstorbener. Bietet sich in der Schweiz ein ähnliches Bild? Und verbirgt sich auch dahinter womöglich ein astrologischer Einfluss?

Der erste Blick auf die eidgenössischen Daten scheint das zu bestätigen. Es zeigt sich ein nahezu identisches Muster bei Menschen, die zum Todeszeitpunkt an Herz-Kreislauf-Erkrankungen leiden. Am längsten leben Januar- und Oktobergeborene, am kürzesten die Maigeborenen. Immerhin fünfeinhalb Monate Unterschied in der Lebenserwartung zeigen sich zwischen diesen Geburtsmonaten. Rechnet man die Todesfälle durch Herz-Kreislauf-Erkrankungen auf die Tierkreiszeichen um, so findet man einen Abstand zwischen Zwillingen und Steinböcken von über sechs Monaten.

Ein vergleichbares Bild ergibt sich, wenn man alle Todesfälle nach Sternzeichen auswertet, wobei dann die Waage vorn liegt (siehe nachfolgende Grafik).

Abweichung der Lebensdauer in Tagen nach Sternzeichen

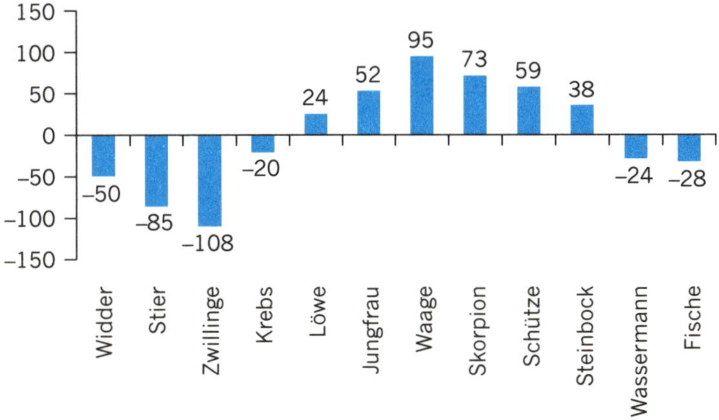

Abweichung der Lebensdauer (in Tagen) vom Durchschnitt nach Sternzeichen; alle Todesfälle in der Schweiz 1969–2010 (Zahl der Todesfälle pro Kalendertag)

Für eine astrologische Untersuchung müssen allerdings die saisonalen Rhythmen genau erfasst und kontrolliert werden, da sie vermutlich zivilisatorische Ursachen haben. Sonst könnte man fälschlicherweise den Schluss ziehen, dass planetare Konstellationen für die Abweichungen verantwortlich sind. Solche Scheinkorrelationen vermeidet man beispielsweise, indem man die Anzahl der Todesfälle pro Tag mit in die Analyse aufnimmt.

Aber selbst dann spricht das obige Ergebnis mehr für einen biologischen Rhythmus als für einen Zusammenhang mit den Tierkreiszeichen, wie die nachfolgende Auswertung nach Monaten zeigt.

Abweichung der Lebensdauer in Tagen nach Monaten

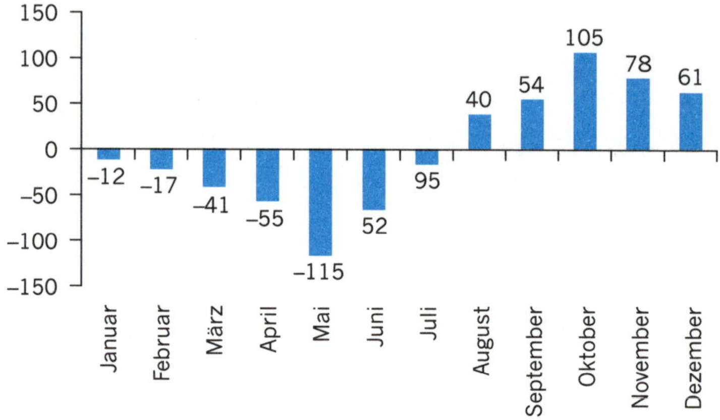

Abweichung der Lebensdauer (in Tagen) vom Durchschnitt nach Geburtsmonat; alle Todesfälle 1969–2010 (Zahl der Todesfälle pro Kalendertag)

Falls das Geheimnis eines langen Lebens in den Sternen steht, so ist es allem Anschein nach von der Erde aus nicht sichtbar. Deshalb begeben wir uns noch einmal auf die Reise zur Sonne und betrachten die Himmelskörper aus der heliozentrischen Perspektive. Schließlich traten Aspekt-Figuren aus heliozentrischer Sicht in diesem Buch schon mehrfach gemeinsam mit besonderen Fähigkeiten und Charaktereigenschaften auf und beflügeln zu besonderen Lebensleistungen.

Fahnden wir also nach den üblichen Verdächtigen: nach der Troika, die einen energischen, zielstrebigen Charakter signalisiert, sowie nach dem Großen Trigon und dem Sextiltrapez, deren Träger sich durch harmonisches, freies Denken auszeichnen soll, und, nicht zu vergessen, nach dem intuitiv-beflügelnden Großen Quintil.

Falls tatsächlich ein Bezug zwischen Persönlichkeit und heliozentrisch sichtbaren astrologischen Konstellationen eines Menschen besteht und falls Persönlichkeit und Lebenserwartung voneinander abhängen, dann könnten besonders langlebige Menschen auch entsprechende Schiemenz-Figuren aufweisen.

Wir beschlossen, zunächst Geburtsjahrgänge miteinander zu vergleichen. In der ersten Testreihe erfassten wir alle zwischen 1915 und 1924 Geborenen – und erhielten eine Gruppe Verstorbener, die ein Alter zwischen 54 und 86 Jahren erreicht hatten. Methusalem-verdächtig ist das nicht gerade. Also unternahmen wir einen Ausflug zu jenen Jahrgängen, die zwischen 1905 und 1914, also zehn Jahre früher geboren wurden. Hier sind schon ganz andere Geburtstagsjubiläen zu besichtigen: Zwischen 64 und 96 Kerzen hatten vor dem Ableben auf der Torte gebrannt, falls die Geburtstagskinder die Nerven hatten, so viele Kerzen aufzustellen.

Diese betagtere Altersgruppe verteilten wir noch einmal auf zwei Hälften: die »jungen Alten«, die nur bis zum 76. Geburtstag lebten, und die »alten Alten«, die erst nach ihrem 85. Geburtstag für immer die Augen schlossen. Damit begannen wir zu rechnen, auf der Suche nach heliozentrischen Aspekt-Figuren.

Bald schon stießen wir auf ein Kuriosum: Um das Jahr 1923 herum gab es besonders viele Tage, an denen sich Große Trigone häuften. Das legte nahe, die Geburtsjahre der Verstorbenen genau zu kontrollieren.

Nachdem wir eventuelle Störfaktoren eliminiert hatten, enthüllte die Geometrie der Sterne einmal mehr eine Überraschung. Wer zwischen 1915 und 1924 geboren war, zeigte in der Tat einen signifikant positiven Zusammenhang von Lebensdauer und Anzahl Großer Trigone. Je mehr Große Trigone sich im Kosmogramm befanden, desto länger hatte das Leben gedauert.

Große Trigone und Lebensalter

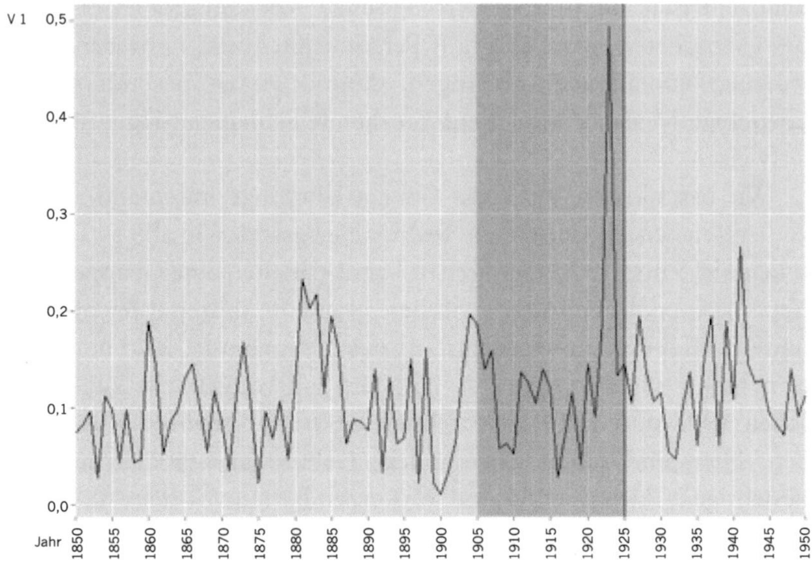

Durchschnittliche Zahl Großer Trigone für einzelne Jahre.
Die Zeiträume 1905–1914 und 1915–1924 sind farbig markiert.

Ein zusätzliches Indiz dafür, dass eine Verbindung zwischen astrologischen Mustern, Persönlichkeitsmerkmalen und Lebenserwartung bestehen könnte, findet sich bei den berühmten 100-Jährigen. Diese Liste wird auf Wikipedia laufend aktualisiert. Als Stichtag wählten wir den 21. März 2014. Wer ein dreistelliges Lebensalter erreicht hat, kann sich zurzeit noch zu einem kleinen, feinen Club zählen, in dem man sich möglicherweise über den Spruch des amerikanischen Entertainers Bob Hope amüsiert: »Du weißt, dass du alt wirst, wenn die Kerzen mehr kosten als der Kuchen.« Bob Hope starb im Alter von 101 Jahren, und sein Kosmogramm wies ein Großes Trigon auf.

Zwar ist die Häufung der Großen Trigone bei den 100-Jährigen nicht mehr signifikant, liegt aber zumindest höher als im

Durchschnitt der Bevölkerung. Troikas dagegen sind signifikant seltener.

So könnte die Sterne- und Aspekte-Lehre bestätigen, was Psychologen beobachten: Ein Leben in Harmonie mit unseren Mitmenschen und ohne übermäßige Risikobereitschaft schont nicht nur die Nerven, sondern verlängert auch das Leben. Dafür ist es eventuell nicht ganz so aufregend.

Und was soll man tun, wenn man nicht qua Geburt mit günstigen Aspekt-Figuren beschenkt wurde? Nun – Risiken sind kein schicksalhaftes Verhängnis. Sie fordern uns auf, achtsam mit uns selbst und anderen umzugehen.

Auch wenn wir nun die Themen isoliert bearbeitet haben, sollte man berücksichtigen, dass bestimmte Himmelskonstellationen immer gleich mit mehreren Segmenten der persönlichen Vita in Verbindung stehen. Erst in der Zusammenschau ergibt sich ein vollständiges Bild. Für die Troika bedeutet das beispielsweise: Troika-betonte Menschen könnten als durchsetzungsstarke Erfolgsmenschen dazu tendieren, sich im Beruf zu sehr zu verausgaben und Erholungspausen zu vernachlässigen. Außerdem könnten sie kräftezehrende eheliche Zerwürfnisse mit nicht minder anstrengenden Scheidungen provozieren. Das alles sind keine lebensverlängernden Maßnahmen. Wer solchen Gefahren jedoch sehenden Auges begegnet, hat die Chance, an sich zu arbeiten. Nicht contre cœur, aber doch mit einer gesunden Distanz zu sich selbst. Was wiederum zu mehr Gelassenheit führen kann.

Die letzte Reise – wann wir dem Tod ins Auge sehen

Wie lebhaft der Tod die Menschen beschäftigt, zeigen schon die zahlreichen Synonyme und bildhaften Darstellungen dieser unheimlichen Grenze. Gevatter Tod, der Sensenmann und

Freund Hein mischen sich als düstere Boten der Endlichkeit in das irdische Treiben. Hoffnung auf ein Weiterleben in paradiesischen oder Angst vor höllischen Verhältnissen finden wir in verschiedenen Religionen wieder, wenn sie nicht gleich die Auferstehung aller Toten prophezeien.

Die meisten Menschen fürchten den Tod. Zu gern würden sie wenigstens wissen, ob der Lebensfaden rein zufällig durchtrennt wird, oder ob sich auch hier gewisse Gesetzmäßigkeiten abzeichnen.

Kann eventuell die Astrologie zu dieser Frage Aufschlüsse geben? Angeblich soll auch hier der Mond eine gewichtige Rolle spielen. Wir stellten deshalb eine weitere Hypothese auf: Es besteht ein Zusammenhang zwischen den Mondphasen und der Zahl der Todesfälle.

Falls Luna, die Mondgöttin, tatsächlich die Sinne der »Lunatics« zu verwirren vermag, dann müssten beispielsweise Mord und Suizid häufiger während bestimmter Mondpositionen auftreten. Diese Todesarten analysierten wir deshalb gesondert.

In der Schweiz liegt allerdings eine besondere Situation vor: Anders als in den meisten anderen europäischen Ländern ist die Sterbehilfe in Form einer Freitodbegleitung gesetzlich zulässig. Bei einem assistierten Suizid wird das Todesdatum vorab geplant; der Hilfesuchende erhält einen Termin, an dem die Sterbehilfe erfolgt. Eine mögliche Verzerrung durch solche Fälle konnte durch eine Aufteilung auf mehrere Zeiträume kontrolliert werden. Zugleich hat eine zeitliche Aufteilung den Vorteil, dass man vergleichen kann, ob sich bestimmte Muster wiederholen und daher als gültig angesehen werden dürfen.

Schließlich ist die Aufteilung bei den Suiziden sinnvoll, um festzustellen, welchen Einfluss die Sterbehilfe-Organisationen haben, die zu unterschiedlichen Zeitpunkten gegründet wurden. Für jeden verstorbenen Schweizer ist die Todesstunde vermerkt. Dabei fällt auf, dass bei 26 Prozent dieser Personen eine Todesstunde von zwölf Uhr eingetragen wurde. Deshalb beschränkt sich die Analyse nur auf jene 1450407 Verstorbenen, bei denen die Todesstunde exakt bekannt ist. Hier die Ergebnisse: Offensichtlich ist, dass sich die Todesfälle über alle drei Zeiträume hinweg ausgesprochen ähnlich über die Mondphasen verteilen.

Einen Zusammenhang zwischen den Mondphasen und der Anzahl der Todesfälle insgesamt konnten wir deshalb als bestätigt ansehen.

Bei Suiziden für sich betrachtet, findet sich hingegen keinerlei Muster. Gerade für die gewaltsamen Todesfälle, denen man häufig nachsagt, sie seien »vom Mond beeinflusst«, lässt sich statistisch kein Zusammenhang mit der Position des Mondes nachweisen.

Möglicherweise ist es jedoch gar nicht ein einzelner Planet, der unser Schicksal bestimmt – oder zumindest die Waagschale des Lebens sanft in die eine oder andere Richtung neigt. Immer dann, wenn Planeten auf derselben Achse stehen, also Konjunktionen oder Oppositionen bilden, könnte theoretisch eine derartige Konstellation »wie oben, so unten« zu Konflikten führen. Nun sind Konjunktionen und Oppositionen am Himmel kein allzu seltenes Phänomen, wird mancher einwenden. Sind allerdings mindestens drei Himmelskörper an diesen besonders starken Aspekten beteiligt, so sollten die Auswirkungen auch bei uns Menschen spürbar sein – sofern an der Astrologie etwas dran sein sollte.

Daraus formulierten wir unsere nächste Hypothese: An Todestagen treten mehr Konjunktionen und Oppositionen auf, an denen mindestens drei Planeten beteiligt sind. Um dies verifizieren zu können, wurden zunächst durch aufwändige statistische Verfahren 10000 künstliche Vergleichsgruppen hergestellt mit jeweils 2531296 hypothetisch Verstorbenen an 15350 Todestagen. Mit ihrer Hilfe konnten wir Durchschnittswerte sowie rechnerische Vertrauensbereiche für die

Anzahl von Konjunktionen und Oppositionen an zufällig erzeugten Todestagen bestimmen. Sie dienten als repräsentative Vergleichsgruppe für das zu erwartende Ergebnis, wenn es keinen Planeteneinfluss gibt. Dazu wurde ein relativ enger Orbis von 3 Grad gewählt.

Im Mittel sind echte Todestage durch 1,3 bis 1,4 besondere Aspekt-Figuren gekennzeichnet. An simulierten Tagen treten nur 1,1 bis 1,2 Figuren auf. Echte Todestage weisen damit rund 20 Prozent mehr Konstellationen auf, bei denen mindestens drei Planeten auf einer Achse in Konjunktion oder Opposition stehen. Dies ist weit mehr, als rein durch Zufall an Schwankung auftreten würde. Damit ist die Hypothese bestätigt, dass kombinierte Gestirnkonstellationen, die in der Astrologie als ungünstig betrachtet werden, in Zusammenhang mit den Todestagen stehen.

In jedem Fall spricht einiges dafür, dass der Tod mit astrologischen Phänomenen in Zusammenhang zu stehen scheint, wobei – ähnlich wie bei den Krankheiten – die Aspekte zwischen Planeten von besonderer Bedeutung sind. Wenn wir diesen Gedanken ausdehnen auf die Winkel, die Planeten zueinander an verschiedenen Tagen aufgrund ihrer Bewegung auf der Planetenbahn bilden, dann betrachten wir ein Phänomen, das Astrologen als »Transite« bezeichnen. Dabei passiert ein Planet einen bestimmten Punkt auf dem Horoskopkreis, der zum Zeitpunkt der Geburt von besonderer Bedeutung war. Transite, die zu zeitversetzten Konjunktionen oder Oppositionen führen, sollen nach astrologischer Lehrmeinung besondere Ereignisse auslösen können.

Unsere nächste Frage lautete deshalb: Treten an Todestagen aufgrund solcher Transite mehr Konjunktionen und Oppositionen auf, an denen mindestens drei Planeten beteiligt sind?

Mit einem engen Orbis von 3 Grad entsteht – im Vergleich zu einer künstlich erzeugten Kontrollgruppe – in der Tat ein klares Muster. Trifft ein wandernder Planet auf eine Achse, die zum Geburtszeitpunkt von anderen Planeten gebildet wurde, so entsteht ein besonderer Schwerpunkt im System. Diese Achsen-Transite sind an Todestagen überzufällig häufig anzutreffen. In der Summe sind an 15 133 von 15 360 Todestagen deutlich mehr Konjunktionen und Oppositionen bei den echten Verstorbenen zu finden als bei den simulierten. Das entspricht 98,65 Prozent aller Tage in den Jahren 1969 bis 2010. Es fällt schwer, dieses außerordentlich auffällige Muster ganz ohne die Astrologie zu erklären. Einmal mehr erweist sich also die Aspekte-Lehre als Muster-Lieferant für statistisch signifikante Abweichungen.

Die Warnung der Astrologen vor heiklen Transiten ist offenbar nicht ganz unberechtigt, wobei der Saturn am häufigsten als problematischer Himmelsgeselle erwähnt wird.

Dunkle Schatten – verborgene Motive im Horoskop von Gunter Sachs

Wie bereits zu Beginn dieses Kapitels erwähnt, kann man sich dem Thema des letzten Lebensereignisses nicht zuwenden, ohne den Freitod von Gunter Sachs zu erwähnen. Womit sich eine besondere Frage stellt: Kann man aus einem individuellen Horoskop eine Konstellation herauslesen, die auf eine drohende Todesgefahr hindeutet? Oder sogar erklären, warum sich jemand mit dem Gedanken an einen Freitod trägt?

Ein nicht genannter Astrologe hat das Horoskop von Gunter Sachs auf entsprechende Hinweise untersucht. Dabei fiel ihm auf, dass sich der Saturn im Laufe des Lebens immer mehr der Sonne angenähert hatte. Umgangssprachlich ausgedrückt, warf Saturn einen immer größeren Schatten auf die Sonne, die im Geburtshoroskop auch ein Synonym für Energie und Lebenskraft ist. Selbst wer Metaphern gegenüber distanziert ist, kann sich vorstellen, dass eine fortschreitende Annäherung einen negativen Effekt auf den Lebenswillen haben mag.

Zum Zeitpunkt des Todes von Gunter Sachs, so der Astrologe, sei Saturn nur noch einen halben Grad von der exakten Spiegelung zur Sonne entfernt gewesen – was dann einer Opposition entspricht, einem äußerst spannungsgeladenen Aspekt. In der astrologischen Interpretation war damit eine heraufziehende Gefahr lange erkennbar gewesen – oder mit den Worten des Sterndeuters: »Solche Progressionen wirken bereits Jahre vor der Exaktheit und zeigen die Notwendigkeit einer Trennung oder Umstrukturierung deutlich auf. Häufig sind auch gesundheitliche Belastungen damit verbunden.«

Einige weitere Faktoren seien hinzugekommen, unter anderem im Hinblick auf Transite. Deren Untersuchung zeigt den laufenden Neptun auf einer Mond/Mars/Saturn-Konstellation. Hier werden sich einige fragen, ob dieser Transit Gunter Sachs dazu veranlasst haben könnte, seine gesundheitliche Situation falsch einzuschätzen. Diese Vermutung liegt umso näher, als sich auch der progressive Mond zur Zeit des Todes exakt auf Uranus und Neptun befand. Dies verneint jedoch der Astrologe. »Ein Weiter so erscheint angesichts der Schwere der Auslösungen aber kaum möglich gewesen zu sein.«

Es sieht so aus, als ob sich für Gunter Sachs die Anzahl der Optionen zunehmend verringert hätte. Ob man diese Einschätzung teilt, hängt davon ab, welchen Stellenwert man solchen Analysen zuspricht. Ganz offensichtlich weist das Horoskop aber darauf hin, dass es keinesfalls eine Kurzschlusshandlung war, die Gunter Sachs zu seinem letzten Schritt bewog. Die astrologische Exaktheit des Zeitpunkts mag verwundern, wirkt aber zugleich auf beklemmende Weise plausibel. Man kann nur ahnen, unter welch großen seelischen Lasten Gunter Sachs gelitten haben muss. Doch für den Astrologen steht außer Frage, dass dieser Tod eine Erlösung war.

Der Weg mit der Astrologie

Betrachten Sie dieses Buch als einen Gedankenanstoß. Oft sind die eigenen Verhaltensmechanismen schwer zu durchschauen. Mithilfe der Astrologie kommen Sie jedoch möglicherweise ein paar persönlichen Eigenarten auf die Spur, die sich als revisionsbedürftig erweisen könnten.

Seit ihren Anfängen erschöpfte sich die Astrologie nicht in Schwarz-Weiß-Malerei. Gewinner und Verlierer stehen bei der Geburt keineswegs fest, nur Beziehungsmuster, Charaktereigenschaften, Begabungen und eben auch die Lebenserwartung. »Niemand kann aus seiner Haut«, heißt es umgangssprachlich. Aber jeder hat die Möglichkeit, die eigene Entwicklung zu steuern – mit einem entwickelten Bewusstsein.

Erinnern Sie sich an Kepler und seinen Satz: »Die Sterne zwingen nicht, sie machen nur geneigt.« Unsere astrologisch versierten Vorfahren versuchten, den Göttern auf ihre Weise in die Karten zu schauen. Genauso können Sie die Tabellen anschauen und überlegen, welches Blatt Sie beim Kartenspiel Ihres Lebens erwischt haben könnten. Wobei auch bei einem wenig aussichtsreichen Blatt die Chance besteht zu gewinnen: mit Umsicht, Spielwitz und Beobachtungsgabe.

Wir wünschen Ihnen, lieber Leser, viele Erkenntnisse und Erlebnisse, wenn Sie noch einmal zurückblättern und in den Texten und Tabellen stöbern. Und wir wünschen Ihnen einen spielerischen Umgang mit astrologischen Erkenntnissen, die eine zweite Meinung bleiben sollten. Die erste Meinung bilden Sie sich selbst. Doch immer dann, wenn Sie sich in eine Sackgasse manövriert haben, denken Sie daran: »Wer mehr weiß, spielt besser.« Dies sagte der Lebenskünstler Gunter Sachs, der es auf nahezu virtuose Weise verstand, von der Astrologie zu profitieren – als Hommage an das Leben.

Dank

Unser ganz besonderer Dank geht an
Prof. Walter Krämer, Dr. Kary Mullis, Katharina Schüller, Dr. Franz Stark, Martha Kundert, Marion Bierling und Markus Gohr, ohne deren Engagement und Unvoreingenommenheit dieses Buch nicht möglich gewesen wäre.

Ausdrücklich gilt unser Dank darüber hinaus

- Dominik Ullmann, Erwin Wuest und Dr. med. Christoph Junker vom Statistischen Bundesamt der Schweiz für ihre Offenheit, Genauigkeit und Hilfsbereitschaft bei allen Anfragen;
- Gerhard Lukert, Rüdiger Plantiko, Roland Meier und Dr. Siegfried Schiemenz, die das Projekt mit viel Zeit und Geduld durch den astrologischen Kosmos navigiert haben;
- den Mitarbeitern von STAT-UP Stefan Fritsch, Claudia Stuckart, David Hillmann, Natalia Belgorodski, Maximilian Hughes-Brandl, Yinchong Yang, Alexander Engelhardt, Manasa Lakkaraju, Carina Hindinger, Christina Stork, deren Präzision und Ideenreichtum die unerlässliche Grundlage für alle Untersuchungen waren;
- Yanina Lyesnyak, Sarah Nennstiehl, Anne-Christine Schmidt und Zachel Kengmo, die für ihre Master- und Bachelorarbeiten im Fach Statistik astrologische Fragestellungen gewählt hatten;

- Prof. Claus Weihs, Eva Brune und Heide Aßhof von der Statistischen Fakultät der TU Dortmund für viel Rat und Tat;
- Dagmar Olzog, Angela Hermann-Hene, Franziska Mohrfeldt, Sabine Koska und Carola Wetzel-Kraxenberger vom Scorpio Verlag München, die mit unermüdlichem Einsatz und Enthusiasmus aus einem guten Buch ein besonderes gemacht haben;
- Robert Gigler, der mit stoischer Ruhe und großem Können die Herstellung dieses Buches dirigiert hat;
- Christian Strasser, der als Verleger und Mensch mit tiefer Überzeugung von Anfang an an dieses Buch geglaubt hat.

Anhang

Beschreibung der statistischen Methoden

Wir verwendeten sowohl bekannte, klassische Verfahren als auch solche, die wir speziell für die Beantwortung der Fragestellungen im vorliegenden Buch entwickelten. Für die Berechnung der Planetenstärken und -schwächen orientierten wir uns am Lehrbuch von Johannes Vehlow.

Klassische Verfahren

Verteilungen: Statistische Methoden setzen oft voraus, dass die Daten einer ganz bestimmten Verteilung folgen. Wir haben uns dabei vor allem für zwei Verteilungen interessiert: die Normalverteilung und die Gleichverteilung. Ob eine Normalverteilung vorliegt, haben wir mit dem *Kolmogorov-Smirnov-Test* geprüft. Die Gleichverteilung untersuchten wir mit dem *Chi-Quadrat-Anpassungstest.*

Zusammenhänge: Zusammenhänge zwischen zwei kategorialen Merkmalen, deren Ausprägung lediglich Bezeichnungen ohne Ordnung darstellt, haben wir zunächst mit dem *Chi-Quadrat-Unabhängigkeitstest* analysiert. Führt dieser Test zu einem signifikanten Ergebnis, so ist anzunehmen, dass zwischen beiden Merkmalen ein Zusammenhang besteht. Um zu untersuchen, welche einzelnen Merkmalskombinationen signifikant häufiger oder seltener auftreten, haben wir den *exakten Test nach Fisher* benutzt. Diese Verfahren haben wir beispielsweise bei der Untersuchung der Eheschließungen verwendet.

Ob zwei geordnete Datenreihen miteinander zusammenhängen, haben wir mit Hilfe von Korrelationskoeffizienten untersucht. Bei einfachen Rangordnungen benutzten wir den *Korrelationskoeffizienten nach Spearman*, bei metrischen, d.h. gemessenen Daten den *Korrelationskoeffizienten nach Pearson*. So untersuchten wir beispielsweise, ob die Neigung, dasselbe Tierkreiszeichen zu heiraten, mit der Astrologie-Gläubigkeit eines Sternzeichens zusammenhängt, oder ob die Zahl der Aspekt-Figuren mit dem Transferwert eines Fußballspielers korreliert.

Wie der Mittelwert oder Median (= Wert in der Mitte) eines Merkmals mit einer bestimmten Gruppenzugehörigkeit zusammenhängt, prüften wir mit dem *t-Test* oder dem *Mann-Whitney-U-Test*. Ersterer eignet sich für normalverteilte Daten, letzterer auch für Daten mit einer anderen Verteilung. So konnten wir etwa herausfinden, dass sich die durchschnittliche Zahl von Aspekt-Figuren zwischen den Schach-Großmeistern und einer Vergleichsgruppe unterscheidet. Wenn uns mehr als zwei Gruppen interessiert haben, dann benutzten wir als Erweiterung des t-Tests die *ANOVA* (Analysis of variance). Das war zum Beispiel der Fall, als wir den Unterschied des BMI von Neugeborenen über die verschiedenen Mondphasen untersucht haben.

Mit Hilfe von *Regressionsanalysen* prüften wir schließlich, ob sich ein Zielmerkmal durch eine Kombination anderer Merkmale erklären lässt. Wenn wir uns für Berufe oder Krankheiten interessierten, durften wir nicht nur den Zusammenhang mit dem Tierkreiszeichen oder den Planetenpositionen analysieren. Denn auch das Alter oder das Geschlecht eines Menschen spielt eine Rolle dafür, welchen Beruf er ergreift und woran er möglicherweise verstirbt. Regressionen machen es möglich, alle diese sogenannten Kovariablen mit einzubeziehen, um den unverfälschten Effekt des astrologischen Merkmals zu berechnen.

Je nach Art der Fragestellung verwendeten wir *lineare Regressionen* für metrische, normalverteilte Zielgrößen (z.B. den logarithmierten Transferwert eines Spielers), *logistische Regressionen* für binäre Merkmale (z.B. die Frage, ob jemand zum Todeszeitpunkt an Krebs gelitten hat oder nicht) und *Cox-Regressionen* für Merkmale, die eine Überlebenszeit messen (z.B. die Dauer einer Ehe bis zur Scheidung).

Bei vielen parallel durchgeführten Tests steigt das Risiko, dass fälschlicherweise »signifikante« Ergebnisse zustande kommen. Ein Alpha-Fehler von fünf Prozent bedeutet, dass durch Zufall unter 20 Tests etwa ein falsch positives Ergebnis zu erwarten ist. Daher prüften wir nach, wie viele solcher falsch positiven Ergebnisse aufgrund des Alpha-Fehlers zustande kommen konnten, und verglichen damit die Zahl unserer signifikanten Ergebnisse. Beispielsweise erhielten wir bei den Krankheitsrisiken 25-mal mehr hoch signifikante Ergebnisse, als man durch Zufall erwarten würde.

Simulation und Mustererkennung: In einigen Fällen benötigten wir künstliche Stichproben, um Vergleichsgruppen für bestimmte Gruppen von Menschen zu bekommen. Etwa bei den Astronauten war das der Fall. Mit der Methode des *Bootstrapping* kann man künstliche, sehr große Stichproben simulieren, indem man aus einer vorab definierten Verteilung zufällige Werte zieht. Um die Verteilung zu bestimmen, aus der wir das Bootstrapping durchgeführt haben, benutzten wir das

Verfahren der *Kerneldichte-Schätzung*. Aus der empirischen Verteilung der simulierten Stichprobe bestimmten wir die Grenzen, außerhalb derer nur fünf Prozent der gezogenen Werte lagen. Diese Grenzen kann man als kritische Werte in einem Signifikanztest verwenden. Lag also beispielsweise die mittlere Zahl von Aspekt-Figuren bei den Astronauten außerhalb der Grenzen in der künstlichen Stichprobe, so konnten wir davon ausgehen, dass er signifikant höher war.

Für die Mustererkennung bei den Berufs- und Krankheitsprofilen setzten wir *Faktorenanalyse* und *Clusteranalyse* ein. Mit der Faktorenanalyse reduzierten wir eine Vielzahl zugrunde liegender latenter Variablen, beispielsweise Planetenwerte, auf wenige gemeinsame Faktoren. Die Clusteranalyse half uns, Ähnlichkeitsstrukturen in großen Datensätzen aufzudecken. So konnten wir Gruppen von Beobachtungen bilden, beispielsweise Gruppen astrologisch ähnlicher Berufe.

Neu entwickelte Verfahren

Um Fehlinterpretationen bei einer klassischen statistischen Analyse der Datensätze zu vermeiden, entwickelten wir mehrere Methoden, die systematische Fehler korrigieren. Ebenso entwarfen wir speziell Algorithmen für die Simulation künstlicher Stichproben.

Simulation künstlicher Populationen mit Nebenbedingungen: Um Vergleichsgruppen für die Analyse der Geburts- und Todesstunden und der Langlebigkeit von Ehen zu erstellen, simulierten wir künstliche Populationen. Diese Populationen mussten aber Nebenbedingungen erfüllen. Sie sollten beispielsweise nicht nur eine ähnliche Verteilung der Geburtstage aufweisen, sondern auch eine ähnliche Verteilung der Todestage, und zudem musste auch die Verteilung der Lebensdauern möglichst realistisch sein. Wir führten deshalb die Simulationen in mehreren Schritten durch. So simulierten wir beispielsweise zuerst die Geburtstage und anschließend für jede künstlich erzeugte Person eine Lebensdauer oder einen passenden Ehepartner.

Korrektur von Altersunterschieden: Der Chi-Quadrat-Unabhängigkeitstest und der exakte Test nach Fisher prüfen jeweils, ob beobachtete Häufigkeiten von Merkmalskombinationen signifikant von der Häufigkeit abweichen, die man erwarten würde, wenn beide Merkmale unabhängig voneinander sind. Zwischen Ehepaaren besteht aber häufig ein typischer Altersunterschied. Gerade die jeweilige Position sehr langsam laufender Planeten kann deshalb nicht unabhängig voneinander sein. Deshalb entwickelten wir ein Verfahren, um Ehepaare zu simulieren, deren Planetenpositionen nicht voneinander abhängen, die jedoch trotzdem eine typische Altersdifferenz aufweisen.

Zunächst schätzten wir die Verteilung der Altersdifferenz zwischen Ehepartnern mit einer Kerneldichte-Schätzung. Anschließend zogen wir zufällig jeweils die Hälfte der »echten« Ehemänner und Ehefrauen aus dem Datensatz und simulierten für jede Person einen künstlichen Ehepartner mit Hilfe der geschätzten Altersverteilung. Abschließend transformierten wir mit einem linearen Gleichungssystem das Ergebnis. Damit stellten wir sicher, dass nicht nur unsere gesamte simulierte Stichprobe genauso groß war wie unsere beobachtete, sondern dass auch in unseren künstlichen Ehepaaren sowohl unter den Männern als unter den Frauen genauso viele Widder, Stiere, Zwillinge usw. vorhanden waren wie in den beobachteten Ehepaaren.

Dies führten wir 10 000 Mal durch. Wir bildeten dann aus den 10 000 Simulationen Mittelwerte und Grenzwerte für die Signifikanztests. Für die Tabellen global konnten wir mit Hilfe der beobachteten und bei Altersabhängigkeit erwarteten

Häufigkeiten klassische Chi-Quadrat-Unabhängigkeitstests durchführen.

Bereinigung des Sonneneinflusses: In den Analysen stellten wir fest, dass die Differenzen zwischen beobachteten und erwarteten Häufigkeiten bei Sonnenzeichen und Venuszeichen bzw. Merkurzeichen miteinander korrelieren. Das hängt damit zusammen, dass sich Venus und Merkur aus heliozentrischer Sicht nur um einen relativ kleinen Winkel von der Sonne entfernen können. Um zu prüfen, welche Anteile des Venus- bzw. Merkur-Effekts nach Bereinigung durch den Sonneneffekt signifikant bleiben, sagten wir mit Hilfe einer Regressionsanalyse die zu erwartenden Effekte für Venus und Merkur aus den Effekten der Sonne voraus. Anschließend berechneten wir die Vorhersagefehler als denjenigen Teil der Effekte, der sich nicht durch die Nähe zur Sonne erklären lässt. Danach testeten wir mit einem Chi-Quadrat-Unabhängigkeitstest, ob der Vorhersagefehler signifikant war.

Berechnung der Planetenstärken und -schwächen

Um die *Planetenstärken* zu berechnen, folgten wir exakt der Gebrauchsanweisung im Lehrbuch Astrologie Band II von Johannes Vehlow. Den *Belastungswert* eines Planeten durch Übeltäter setzten wir zunächst auf null und erhöhten ihn dann jeweils um einen Punkt für jeden Übeltäter, der sich im zugeordneten Zeichen des Planeten befand oder mit dem Planeten in Konjunktion, Quadrat oder Opposition stand.

Heliozentrische Aspekt-Figuren

Bezeichnung	Symbol	Beschreibung	Eigenschaften
Großes Trigon	△	Drei Planeten durch Trigone (120°) zu einem gleichseitigen Dreieck verbunden. Orbis ± 6°	Begabung, Vorteil, Erfolg
Sextiltrapez	⬡	Vier Planeten durch Sextile (60°) fortlaufend verbunden. Orbis ± 6°	harmonisches, freies Denken, Ordnung
Troika	○	Drei Planeten durch Konjunktionen (0°) fortlaufend verbunden. Orbis ± 7°	energisch, zielgerichtet
Großes Quintil	⬠	Drei Planeten durch Quinitil (72°) und Biquintil (144°) zu einem gleichschenkligen Dreieck verbunden. Orbis ± 3°	intuitiv, ausgleichend, beflügelnd

Aspekt-Figuren nach Dr. Siegfried Schiemenz, die sich nach seinem heliozentrischen Ansatz als besonders fördernd herausgebildet haben.

Landwirtschaftliche Berufe und Sternzeichen

Darstellung der Einzelergebnisse

Beruf	**Widder**	**Stier**	**Zwillinge**	**Krebs**	**Löwe**
Landw. Gehilfe	2,3%	–5,7%	–8,4%	–10,8%	–5,0%
Rebbauer	2,1%	–6,4%	–12,2%	–3,7%	1,7%
Gärtner	–2,6%	–1,6%	–1,3%	–1,8%	–2,1%
Florist	–7,7%	0,3%	–0,2%	–3,6%	3,0%
Forstwart	–4,2%	–12,3%	–0,2%	–4,0%	–3,8%

Häufigere Berufe (mindestens 3.000 Nennungen) im primären Sektor

Handwerkliche Berufe und Sternzeichen

Darstellung der Einzelergebnisse

Beruf	**Widder**	**Stier**	**Zwillinge**	**Krebs**	**Löwe**
Metzger	4,6%	–4,2%	–4,7%	–2,4%	–0,1%
Bäcker	–2,6%	–5,5%	5,2%	1,9%	2,0%
Käser	4,0%	–7,1%	–0,1%	–0,1%	–3,4%
Stoffhersteller	–11,0%	–3,3%	–8,6%	–1,8%	–11,8%
Textilberufe	–1,3%	2,9%	–3,7%	–14,3%	–16,2%
Schneider	2,6%	0,9%	–3,6%	–6,3%	–9,9%
Näher	–3,1%	1,6%	–3,1%	–7,0%	–9,3%
Schuhmacher	–5,5%	–1,4%	–0,1%	–2,3%	–8,0%

Jungfrau	Waage	Skorpion	Schütze	Steinbock	Wassermann	Fische
2,1%	–2,0%	2,8%	2,7%	12,7%	6,3%	4,8%
–4,8%	–15,2%	4,5%	4,4%	16,8%	12,2%	2,9%
–3,4%	0,1%	–3,1%	6,1%	7,5%	1,4%	1,8%
0,9%	0,4%	–0,3%	0,0%	0,3%	5,4%	1,9%
7,1%	13,1%	4,4%	2,0%	–4,1%	–5,4%	9,6%

hoch signifikant häufiger
signifikant häufiger
leicht signifikant häufiger
hoch signifikant seltener
signifikant seltener
leicht signifikant seltener

Jungfrau	Waage	Skorpion	Schütze	Steinbock	Wassermann	Fische
0,3%	–0,4%	–0,9%	3,8%	2,0%	2,0%	0,6%
–0,1%	6,6%	9,8%	0,8%	–0,8%	–7,6%	–7,0%
–12,4%	–11,2%	1,9%	9,8%	8,7%	10,7%	0,6%
–5,1%	2,5%	5,5%	5,7%	21,6%	–1,1%	11,0%
–3,3%	–0,7%	4,0%	–8,2%	40,7%	2,1%	1,0%
–4,3%	5,5%	8,4%	3,2%	2,0%	2,5%	0,6%
0,0%	5,9%	9,9%	–11,5%	5,6%	6,6%	4,6%
–9,9%	6,0%	5,8%	20,2%	2,8%	–4,0%	0,3%

Beruf	Widder	Stier	Zwillinge	Krebs	Löwe
Zimmerer	0,3%	–4,7%	–1,9%	–1,0%	–0,9%
Straßenbauer	–9,2%	0,3%	–7,6%	–4,6%	–5,6%
Bauhauptberufe	0,2%	–0,9%	–6,6%	–8,7%	–2,3%
Bodenleger	–8,4%	1,6%	–2,4%	–5,1%	–1,0%
Dachdecker	–11,4%	3,7%	2,3%	–12,4%	7,4%
Verputzer	–5,6%	–3,6%	–6,8%	–5,9%	4,7%
Maler	–1,0%	–4,2%	–4,1%	0,1%	5,9%
Heizungsinstallateur	1,3%	4,6%	1,0%	0,0%	2,2%
Bauspengler	0,8%	3,5%	–5,5%	–4,8%	0,8%
Sanitärinstallateur	1,0%	3,2%	–3,1%	–3,2%	–2,2%
Ausbauberufe	–3,0%	–5,9%	3,2%	3,1%	7,6%
Dreher	–10,6%	–0,3%	–4,4%	1,1%	7,8%
Metallbearbeiter	–0,7%	–5,4%	–0,1%	–11,4%	–1,0%
Schweißer	–0,2%	–1,2%	–15,1%	–10,9%	–5,3%
Metallbauschlosser	3,7%	–7,6%	–4,0%	2,5%	–8,2%
Schlosser	–4,3%	2,4%	–3,8%	–3,8%	2,3%
Feinmechaniker	6,7%	3,0%	1,1%	–8,8%	–0,5%
Maschinenmonteur	–1,4%	–10,3%	–0,7%	–1,9%	6,4%
Mechaniker	2,1%	–1,1%	3,2%	0,2%	0,4%
Monteur	1,4%	–4,3%	–4,9%	–3,3%	1,0%
Elektromechaniker	12,1%	–0,3%	1,7%	–7,1%	0,8%
Unterhalt.elektron.	11,1%	–3,9%	–4,9%	0,4%	5,6%
Elektronikberufe	6,6%	–0,1%	1,8%	–2,6%	–4,9%
Uhrmacher	–3,9%	–10,1%	–4,5%	8,3%	–4,3%
Uhrenberufe	3,2%	5,0%	8,2%	0,1%	–8,9%
Fahrzeugbauberufe	0,4%	–0,9%	–0,8%	3,6%	–2,3%
Automechaniker	0,1%	2,1%	1,0%	2,4%	–1,7%
Baumasch.mechanik.	–2,3%	15,2%	1,9%	2,0%	–18,0
Lackierer	–6,2%	–8,5%	–3,0%	7,9%	–4,1%
Tankwart	–5,6%	4,1%	5,7%	3,4%	–10,3

Jung-frau	Waage	Skorpion	Schütze	Stein-bock	Wasser-mann	Fische
2,8%	–2,9%	0,0%	–3,9%	6,6%	–0,8%	6,2%
2,5%	2,2%	4,7%	8,7%	8,0%	–0,5%	4,1%
3,1%	5,8%	4,6%	–1,6%	8,0%	4,5%	–4,1%
6,8%	3,9%	6,5%	3,3%	–0,4%	0,5%	–3,0%
10,5%	1,3%	5,2%	–4,6%	–3,9%	–0,6%	3,7%
1,2%	6,1%	13,2%	–10,2%	4,1%	3,0%	1,8%
3,2%	6,7%	5,1%	2,4%	–1,5%	–5,5%	–4,7%
–0,6%	0,7%	0,2%	–2,4%	0,8%	–1,7%	–6,2%
1,6%	3,2%	0,9%	3,4%	0,7%	–2,4%	–1,3%
0,6%	5,4%	–0,1%	6,0%	–0,9%	1,5%	–6,9%
7,1%	2,4%	–12,1%	4,8%	–2,5%	3,0%	–6,8%
1,3%	–0,9%	–3,6%	–2,6%	20,3%	0,0%	–5,8%
1,8%	8,7%	1,6%	1,3%	9,5%	2,7%	–4,7%
–2,3%	12,6%	0,9%	2,8%	7,1%	3,2%	10,4%
3,4%	8,6%	6,8%	4,4%	–12,5%	0,8%	3,5%
4,8%	3,6%	0,6%	–8,7%	5,4%	–2,5%	3,7%
–3,6%	–3,0%	–1,0%	–1,6%	4,4%	3,0%	–0,4%
0,5%	–1,9%	–8,2%	0,1%	7,8%	5,0%	4,8%
–8,3%	–1,0%	–6,5%	–0,9%	2,1%	6,0%	2,5%
0,0%	2,6%	0,9%	5,4%	4,2%	0,0%	–1,4%
–2,1%	–4,4%	–9,9%	–5,4%	3,2%	6,1%	2,9%
–12,1%	1,2%	1,0%	–4,5%	–2,9%	1,9%	6,0%
–7,8%	–6,9%	–3,9%	1,4%	–2,7%	8,1%	9,4%
7,8%	3,0%	6,7%	5,6%	0,8%	–5,4%	–0,9%
–3,9%	–6,0%	8,4%	–6,9%	2,8%	1,1%	–3,8%
9,3%	–4,2%	6,9%	–0,1%	–5,4%	–1,0%	–4,4%
3,5%	–2,6%	–2,8%	–0,6%	–4,6%	1,4%	1,0%
–6,9%	–4,3%	–5,7%	–5,6%	2,6%	13,9%	4,5%
4,9%	9,4%	9,0%	3,8%	–8,7%	9,8%	–10,8%
9,2%	–4,3%	–2,6%	–3,9%	5,0%	5,3%	–6,0%

Beruf	Widder	Stier	Zwillinge	Krebs	Löwe
Möbelschreiner	2,4%	2,2%	2,6%	0,0%	–1,6%
Typograph	1,6%	–6,1%	–5,6%	–1,2%	3,5%
Drucker	–3,6%	1,9%	0,5%	–4,6%	1,9%
Laborant	–7,2%	–2,8%	0,6%	–0,4%	1,2%
Chemieberufe	–1,7%	–1,9%	0,3%	–8,6%	–6,5%
Architekt	1,3%	8,3%	3,2%	1,8%	3,6%
Bauingenieur	8,8%	6,5%	13,4%	3,1%	3,4%
Verfahr.ingenieur	3,0%	2,5%	–1,6%	–1,7%	4,9%
Elektroingenieur	–1,0%	10,0%	4,6%	6,6%	1,3%
Ingenieur	2,8%	1,7%	5,0%	1,2%	5,4%
Hoch/Tiefbautechn.	4,2%	–1,2%	4,5%	1,7%	–2,4%
Techniker	2,9%	–2,2%	1,0%	–1,6%	0,3%
Hoch/Tiefbauzeichn.	–1,8%	6,1%	4,0%	–0,2%	–0,1%
Masch.zeichner	5,3%	12,0%	–0,4%	7,9%	–15,0
Techn. Zeichner	0,2%	4,9%	11,2%	4,2%	1,8%
Techn. Betr.leiter	2,4%	–2,0%	11,4%	5,7%	–5,3%
Betriebsfachleute	1,7%	–4,3%	4,7%	0,8%	1,5%
Werkmeister	0,7%	–1,0%	–4,0%	–2,6%	–0,3%
Techn. Fachkraft	–0,2%	–0,8%	–2,3%	2,8%	–1,0%
Baumaschinist	2,5%	–11,4%	–4,0%	–8,9%	–5,3%
Kranführer	4,3%	–4,4%	–5,2%	–10,8%	–5,7%
Maschinist	–0,6%	–5,2%	–1,0%	–6,4%	–0,8%

Häufigere Berufe (mindestens 3000 Nennungen) im sekundären Sektor

Jungfrau	Waage	Skorpion	Schütze	Steinbock	Wassermann	Fische
2,5%	11,0%	-6,3%	3,4%	-11,7%	-8,2%	3,3%
10,7%	1,2%	5,8%	-2,5%	-1,9%	1,0%	-4,9%
-2,0%	7,7%	3,1%	3,4%	0,9%	-8,5%	0,7%
3,8%	0,4%	4,7%	-0,9%	-2,3%	3,2%	0,7%
3,4%	0,5%	-2,3%	7,1%	4,9%	1,7%	4,2%
2,9%	-4,0%	-4,1%	-4,2%	-5,6%	-2,4%	-2,3%
0,2%	-14,3%	-9,1%	-14,3%	-3,8%	1,1%	0,7%
4,0%	-2,0%	1,1%	-6,6%	-10,3%	1,9%	3,4%
-11,4%	0,8%	-9,0%	-8,0%	2,6%	-1,4%	2,4%
-2,6%	-0,7%	-3,3%	2,9%	-1,9%	-2,6%	-7,7%
-4,9%	0,0%	-3,3%	-4,0%	4,0%	0,1%	0,1%
3,5%	4,4%	-3,0%	-0,1%	-4,9%	-2,6%	2,0%
1,6%	-6,8%	-6,2%	-5,1%	2,0%	4,9%	-0,1%
-4,6%	1,4%	14,4%	-6,2%	-11,0%	2,8%	-6,9%
-2,1%	-2,1%	-4,8%	7,0%	-9,2%	-3,6%	-7,8%
1,2%	-3,0%	-9,8%	6,1%	-8,6%	0,3%	0,5%
12,5%	-0,4%	-0,5%	-7,0%	-3,4%	-6,6%	0,7%
-0,9%	-1,0%	5,8%	8,5%	3,8%	-1,1%	-5,4%
1,6%	-1,9%	-3,4%	-1,0%	2,6%	-0,1%	3,3%
7,1%	4,8%	5,6%	-5,3%	14,0%	1,3%	1,7%
-4,0%	21,3%	18,5%	-1,0%	-6,2%	-7,3%	3,8%
-0,7%	1,9%	0,2%	0,8%	9,8%	-3,9%	6,9%

hoch signifikant häufiger
signifikant häufiger
leicht signifikant häufiger
hoch signifikant seltener
signifikant seltener
leicht signifikant seltener

Dienstleistungen und Kommunikation

Darstellung der Einzelergebnisse

Beruf	Widder	Stier	Zwillinge	Krebs	Löwe
Einkäufer	–0,9%	–5,5%	–3,6%	–2,9%	1,4%
Kassier	–5,0%	–3,1%	–1,3%	0,0%	3,2%
Verleger, Buchhändler	–2,7%	6,3%	3,0%	8,2%	5,5%
Drogisten	16,9%	12,8%	0,3%	–2,8%	–0,8%
Übrige Verkäufer	–1,1%	2,5%	–1,2%	–1,9%	4,6%
Vertreter	–0,8%	3,8%	2,0%	3,7%	–0,3%
Versicherungsagent	3,3%	–1,9%	1,9%	4,0%	6,0%
Versicherungsberufe	1,6%	–2,0%	–0,8%	1,7%	1,2%
Werbefachleute	5,0%	3,1%	2,7%	1,1%	–9,6%
Marketingfachleute	4,5%	3,7%	9,6%	–1,1%	2,6%
Revisor	3,8%	2,7%	2,0%	7,3%	–0,4%
Treuhänder, Steuerberater	–5,2%	–0,8%	7,4%	5,2%	3,5%
Dienstleist.kaufleute	–1,9%	2,7%	2,7%	1,6%	11,2%
Vermittler	3,9%	–2,7%	2,6%	7,5%	14,1%
Leitender Beamter	1,5%	–3,9%	6,3%	8,1%	–1,4%
Personalfachleute	6,6%	1,0%	–4,6%	–1,9%	8,6%
Buchhalter	–2,6%	1,0%	1,3%	3,2%	1,3%
Immobilienfachleute	9,2%	2,3%	–1,8%	1,5%	3,7%
Organisat.fachleute	3,7%	–5,3%	5,5%	2,5%	9,0%
Administr.angestellter	–2,8%	–5,1%	0,6%	8,0%	5,9%
Informatiker	2,4%	0,1%	6,7%	3,9%	–0,9%
Programmier.	–4,0%	–1,4%	–2,3%	0,5%	4,5%
Informatikoperateur	–5,1%	–5,8%	4,2%	–2,9%	2,3%
Informatikberufe	–7,5%	0,8%	1,5%	1,2%	2,6%
Bahnhofsvorstand	0,2%	1,5%	–4,6%	6,2%	2,2%
Zugbegleiter	0,3%	10,1%	–8,0%	5,3%	5,9%
Lokomotivführer	5,0%	6,0%	–5,9%	–4,9%	1,1%
Schienenverk.berufe	–3,1%	–6,3%	–2,4%	0,6%	–4,7%

Jungfrau	Waage	Skorpion	Schütze	Steinbock	Wassermann	Fische
9,8%	2,9%	8,2%	–4,1%	–4,9%	1,3%	–0,4%
3,3%	2,4%	1,6%	7,1%	–1,2%	–4,5%	–0,5%
–10,0%	–1,6%	–2,7%	3,8%	–2,7%	–7,6%	0,2%
–14,1%	3,9%	–6,7%	–0,4%	–9,3%	–3,4%	0,8%
–11,9%	5,3%	–1,7%	15,0%	–6,9%	–5,5%	4,3%
–3,3%	6,8%	–5,1%	–2,5%	–6,4%	0,6%	0,4%
–5,0%	–4,8%	0,7%	–0,9%	–6,0%	0,1%	1,9%
8,2%	2,0%	1,4%	–8,8%	–9,1%	2,5%	1,1%
8,5%	5,6%	–13,7%	–4,3%	–0,7%	–5,0%	5,1%
2,8%	–7,3%	–5,4%	1,5%	3,0%	–6,8%	–7,4%
10,0%	–2,5%	–1,5%	–7,1%	–2,5%	–2,3%	–10,3%
–0,7%	–1,6%	–5,4%	6,2%	–0,8%	–4,6%	–2,6%
1,1%	–0,8%	3,2%	–3,8%	–6,9%	–3,3%	–5,6%
4,9%	–15,7%	–0,5%	–5,5%	–5,5%	–5,3%	1,2%
0,8%	1,3%	–0,3%	–3,6%	–2,6%	–4,1%	–2,5%
–0,5%	–5,0%	0,2%	1,9%	–8,3%	–7,1%	8,4%
3,9%	0,5%	3,1%	0,4%	–4,5%	–3,9%	–3,0%
–0,5%	–11,7%	–6,2%	1,5%	9,2%	–8,0%	0,1%
1,9%	–1,4%	6,0%	–1,5%	–7,6%	–4,4%	–7,4%
7,0%	2,2%	6,5%	0,8%	–9,3%	–4,7%	–7,1%
–7,9%	–1,7%	0,8%	3,4%	2,3%	–5,4%	–3,3%
3,6%	–3,4%	6,0%	1,8%	–2,5%	–0,4%	–0,9%
–1,8%	5,9%	3,5%	–1,5%	1,0%	4,6%	–3,0%
6,7%	–1,7%	1,5%	0,3%	–2,6%	0,4%	–2,2%
–7,3%	–1,7%	1,0%	1,8%	–1,8%	1,0%	1,6%
1,1%	–7,9%	1,5%	1,9%	–1,9%	–3,9%	–4,1%
3,5%	–5,4%	–4,4%	–5,6%	0,6%	0,5%	7,5%
0,2%	4,7%	2,4%	2,5%	6,7%	2,0%	–0,8%

Beruf	Widder	Stier	Zwillinge	Krebs	Löwe
Personentransp.berufe	0,7%	–2,0%	1,5%	–9,3%	–2,2%
Lastwagenfahrer	–2,3%	–4,7%	0,3%	–0,7%	–3,1%
Kabinenpersonal	5,5%	3,2%	–0,2%	0,2%	–0,4%
Luftverkehrsberufe	–8,8%	0,5%	–0,6%	8,3%	–3,4%
Spediteur	–3,8%	–2,8%	–0,2%	–3,7%	0,5%
Kurier	–6,2%	5,9%	–1,8%	–4,4%	4,4%
Übr. Transp. u. Verk.ber.	–3,0%	–2,1%	5,1%	–11,3%	0,8%
Posthalter PTT	2,5%	–0,4%	–6,6%	0,9%	2,8%
Betriebsassistent PTT	–0,4%	6,2%	5,3%	4,2%	–7,7%
Zustellbeamter	4,8%	–8,6%	–2,4%	–0,3%	–0,7%
Telefonistin	0,6%	0,8%	–0,4%	0,2%	8,1%
Post- u. Fernmeldeberufe	–2,8%	–0,6%	4,9%	–6,2%	0,4%
Polizei	0,7%	2,2%	–5,2%	1,9%	4,8%
Wächter	–7,0%	4,2%	–1,6%	0,9%	–6,0%
Sicherheitsberufe	5,0%	7,2%	7,2%	2,5%	–4,5%
Zoll und Grenzschutz	–5,4%	–5,4%	–3,5%	8,7%	0,6%
Rechtsanwalt, Notar	2,2%	6,5%	7,5%	–0,6%	1,5%
Rechtsberufe	1,6%	7,3%	–0,4%	–4,9%	–5,2%
Journalist	–2,5%	3,6%	7,9%	5,7%	–1,9%
Bibliothekar	–0,8%	–12,1%	1,5%	6,7%	7,4%
Fotograf	–7,9%	1,9%	4,5%	1,4%	1,8%
Musiker, Komponist	7,4%	4,8%	5,4%	5,5%	–1,5%
Grafiker	9,7%	–4,3%	5,4%	–4,4%	–2,2%
Dekorateur	0,6%	0,7%	–4,2%	3,1%	–2,8%
Innenarch., –dekorateur	–2,4%	–1,6%	1,0%	2,5%	–1,6%
Empfangspersonal	–4,1%	3,3%	1,6%	15,7%	6,5%
Etagen–/Wäschereipers.	0,3%	–11,0%	–9,5%	–4,0%	–4,7%
Gastronom. Berufe	–0,1%	–6,2%	–2,5%	–8,1%	–1,8%
Hauswirtsch. Angestellte	2,6%	–6,5%	–6,8%	–4,0%	–2,9%

Häufigere Berufe (mindestens 3000 Nennungen) im tertiären Sektor

Jungfrau	Waage	Skorpion	Schütze	Steinbock	Wassermann	Fische
0,4%	9,5%	3,5%	−2,2%	3,3%	0,4%	−2,6%
3,1%	2,3%	4,8%	−1,2%	1,2%	0,6%	0,8%
−1,2%	−4,8%	5,5%	4,9%	−15,4%	2,0%	0,6%
12,6%	4,0%	2,0%	−10,0%	5,6%	−6,8%	−2,5%
4,8%	3,3%	0,4%	1,6%	1,6%	−2,0%	1,4%
3,6%	−2,4%	6,5%	0,4%	6,4%	−5,9%	−4,7%
−1,1%	−8,0%	−0,1%	9,9%	14,2%	0,5%	−2,6%
3,8%	−3,7%	0,4%	−1,0%	0,3%	−0,7%	1,8%
−0,7%	−4,0%	−0,9%	−3,7%	−6,7%	1,4%	5,0%
0,1%	−1,0%	0,5%	12,7%	4,7%	−3,3%	−3,7%
−0,8%	0,3%	−1,0%	−0,1%	−3,6%	−3,3%	−0,7%
−1,3%	2,7%	−2,2%	6,3%	−4,5%	3,6%	0,3%
−1,6%	−9,3%	−3,2%	2,9%	2,8%	1,5%	2,3%
0,6%	1,5%	2,2%	5,4%	−1,1%	5,5%	−3,2%
−6,0%	−8,8%	−0,5%	9,4%	−7,8%	6,1%	−9,8%
9,5%	−2,7%	−7,3%	4,1%	−0,8%	−2,3%	5,1%
0,1%	2,1%	−0,1%	−12,9%	0,1%	−3,9%	−4,0%
8,7%	9,2%	−8,8%	−3,4%	−4,6%	1,5%	−2,1%
0,1%	1,9%	−12,5%	−0,6%	−3,9%	2,0%	−1,4%
−2,5%	−2,7%	−6,9%	11,1%	6,9%	3,2%	−9,2%
−8,7%	8,7%	−11,6%	3,9%	−5,9%	8,0%	3,2%
−12,3%	−4,9%	−4,7%	−5,7%	1,3%	3,9%	−1,6%
−1,9%	−0,1%	−0,2%	0,8%	3,2%	−6,5%	0,3%
2,3%	6,9%	9,3%	5,0%	−9,6%	−1,7%	−7,4%
6,7%	7,6%	−4,1%	3,9%	1,9%	−11,9%	−0,6%
−3,1%	−8,0%	2,8%	−1,7%	−10,7%	−0,2%	−2,6%
1,7%	12,8%	10,3%	7,4%	0,9%	0,8%	−0,9%
2,2%	1,0%	2,5%	7,9%	4,9%	−2,2%	4,4%
−0,9%	6,5%	2,0%	0,9%	6,6%	3,1%	0,9%

- hoch signifikant häufiger
- signifikant häufiger
- leicht signifikant häufiger
- hoch signifikant seltener
- signifikant seltener
- leicht signifikant seltener

Soziale und medizinische Tätigkeiten

Darstellung der Einzelergebnisse

Beruf	Widder	Stier	Zwillinge	Krebs	Löwe
Bügler	–4,2%	–6,1%	–6,5%	–12,6%	2,3%
Coiffeur	–2,0%	–1,1%	–0,5%	3,3%	2,4%
Kosmetiker	–0,1%	2,9%	0,5%	9,3%	–2,4%
Arzt	–1,3%	6,9%	7,5%	4,4%	2,2%
Arztgehilfe	1,7%	–0,3%	–2,7%	–0,1%	1,2%
Apotheker	–3,6%	11,9%	13,8%	1,0%	–2,7%
Apothekenhelfer	1,9%	0,3%	11,5%	10,8%	3,0%
Physiotherapeut	–4,8%	–1,8%	3,6%	–2,4%	–3,1%
Therapieberufe	–7,2%	8,6%	5,0%	2,8%	5,8%
Zahnarzt	2,5%	6,3%	–0,1%	10,2%	0,6%
Zahntechniker	–1,7%	0,5%	0,2%	7,9%	–0,1%
Zahnarztgehilfe	–4,7%	0,9%	0,3%	3,6%	2,3%
Kinderkr.schwester	7,8%	5,0%	5,1%	2,6%	–2,8%
Psychiatriepfleger	2,8%	–0,5%	–3,1%	–2,2%	–8,3%
Spitalgehilfe	–1,6%	–0,2%	–1,8%	–0,3%	1,3%
Hauspflegerin	6,0%	6,4%	2,2%	–6,2%	–7,2%
Sozialarbeiter	3,9%	–7,0%	–0,4%	16,3%	–6,4%
Erzieher	3,5%	–1,2%	–0,9%	12,1%	3,0%
Heim– und Krippenleiter	6,3%	3,9%	–0,3%	4,0%	–11,9%
Betreuerberufe	–2,1%	–3,9%	–1,7%	–2,1%	1,5%
Ordensleute, Pfarrer	–9,5%	3,3%	8,7%	4,3%	–2,5%
Hochschullehrer	2,9%	0,6%	13,4%	0,3%	–2,9%
Wissensch. Assistent	–0,3%	7,8%	4,1%	3,1%	–3,0%
Mittelschullehrer	0,8%	3,4%	–2,1%	5,8%	0,6%
Oberstufenlehrer	0,0%	12,1%	7,1%	5,8%	–1,1%
Kindergärtner	5,4%	8,5%	–5,3%	1,1%	–0,9%
Berufs–/Fachschullehrer	2,1%	7,0%	2,3%	12,2%	0,8%
Sonderschullehrer	19,7%	13,2%	7,9%	17,4%	–12,9%

Jungfrau	Waage	Skorpion	Schütze	Stein-bock	Wasser-mann	Fische
–4,8%	6,1%	2,7%	9,4%	16,9%	5,2%	–4,1%
1,1%	4,9%	9,2%	4,3%	–6,2%	–6,3%	–6,6%
–5,7%	–0,7%	–2,5%	–5,1%	4,3%	–1,4%	–0,2%
–4,5%	–8,8%	0,3%	–8,3%	–2,4%	–2,4%	4,3%
–3,0%	0,4%	–0,7%	–0,7%	–7,0%	1,3%	8,8%
–4,7%	–8,6%	–13,7%	5,4%	–0,9%	–3,2%	3,2%
–7,0%	–12,3%	–1,8%	1,0%	–10,5%	1,7%	–0,2%
–3,0%	–5,0%	3,4%	–1,7%	–6,4%	13,8%	7,0%
–5,4%	–5,8%	2,3%	–5,5%	–3,3%	–8,8%	10,3%
–1,7%	–11,4%	–3,5%	0,4%	–2,9%	–5,7%	3,8%
3,2%	1,7%	4,6%	2,2%	–15,0%	4,4%	–6,9%
3,5%	1,5%	–5,8%	–0,2%	1,6%	–9,8%	6,5%
–6,7%	–3,9%	–5,9%	–6,3%	0,6%	2,0%	–0,1%
3,3%	1,9%	–4,7%	2,3%	6,9%	–5,9%	7,5%
2,3%	0,9%	–0,2%	1,9%	3,1%	–1,6%	–3,0%
–4,5%	–7,2%	1,4%	–2,8%	2,2%	0,9%	7,0%
1,9%	–5,3%	–3,7%	–7,4%	–3,9%	9,3%	1,3%
–5,2%	–9,7%	–10,3%	–0,1%	–4,0%	7,3%	3,4%
–2,7%	–7,8%	–10,3%	–7,8%	–0,2%	12,3%	10,9%
1,0%	–6,0%	–0,9%	6,8%	5,5%	4,4%	–1,1%
–1,1%	–1,1%	–6,9%	–5,1%	–3,6%	2,9%	8,8%
2,9%	–8,5%	–3,8%	1,2%	–0,4%	5,6%	–11,6%
–1,5%	–3,0%	–0,3%	–4,1%	2,9%	–4,4%	–2,2%
–4,6%	1,6%	–8,1%	–10,3%	2,0%	7,6%	1,2%
–9,0%	–13,7%	–17,6%	–11,3%	–0,8%	13,3%	10,2%
–2,2%	–0,1%	–14,7%	–3,8%	–6,2%	3,4%	11,4%
–6,9%	–10,0%	–14,0%	–7,5%	–1,1%	7,7%	3,7%
–9,3%	–5,0%	–13,2%	–19,6%	–9,3%	–2,8%	7,4%

Beruf	Widder	Stier	Zwillinge	Krebs	Löwe
Musiklehrer	6,1%	7,0%	2,1%	–0,4%	–12,4%
Kunstlehrer	10,5%	14,3%	–7,3%	4,1%	–4,9%
Sportlehrer	8,5%	–5,7%	–4,9%	8,1%	7,9%
Fachlehrer	1,6%	9,5%	11,8%	4,6%	–0,4%
Lehrer	1,8%	6,3%	3,2%	6,7%	–1,4%
Psychologe, Berufsberater	1,5%	–5,9%	9,0%	8,2%	8,7%
Chemiker	10,0%	3,1%	0,6%	2,0%	5,6%
Warensortierer	–5,8%	0,6%	–1,9%	–3,8%	3,8%
Verpacker	–3,0%	–7,8%	–12,8%	–6,0%	–9,6%
Verarbeitende Berufe	6,9%	–4,4%	–7,2%	–2,7%	–10,6%
Dienstleistungsberufe	–3,6%	5,0%	1,3%	–2,7%	2,3%
Sonstige Berufe	1,6%	–8,4%	5,5%	–3,3%	0,0%

Häufigere Berufe (mindestens 3000 Nennungen) im quartären Sektor

Jungfrau	Waage	Skorpion	Schütze	Steinbock	Wassermann	Fische
–0,6%	–9,2%	–1,6%	–2,7%	–2,5%	6,9%	5,0%
–12,4%	–19,1%	–10,4%	–9,3%	2,8%	19,8%	7,8%
–9,2%	0,3%	–4,4%	–10,7%	1,1%	12,2%	–4,4%
–6,3%	–9,7%	–3,9%	–7,9%	–1,2%	1,9%	–2,6%
–1,7%	–1,2%	–6,1%	–3,0%	–6,6%	–6,7%	6,4%
–3,7%	–7,2%	–12,2%	–4,4%	–9,6%	10,7%	2,5%
–2,2%	1,3%	8,2%	1,8%	–9,2%	–10,5%	–9,7%
3,9%	1,7%	9,0%	–3,0%	–2,3%	–2,3%	1,3%
2,8%	3,2%	12,6%	8,7%	14,7%	3,6%	–1,2%
3,0%	5,8%	–5,6%	–7,5%	8,8%	7,4%	5,3%
0,5%	1,1%	–7,5%	7,1%	–2,7%	–3,6%	2,8%
–2,8%	1,8%	7,5%	–0,9%	7,5%	–7,2%	0,2%

hoch signifikant häufiger
signifikant häufiger
leicht signifikant häufiger
hoch signifikant seltener
signifikant seltener
leicht signifikant seltener

Anmerkungen

1 Chlumsky, J./Ehling, M.: »Die Akte Astrologie – Wissenschaftliche Expertise aus statistisch-methodischer Perspektive«, in: Sachs, G.: *Die Akte Astrologie. Wissenschaftlicher Nachweis eines Zusammenhangs zwischen den Sternzeichen und dem menschlichen Verhalten,* Goldmann: München 1998, S. 221–237, hier S. 236f.

2 Ebd. S. 236.

3 Krämer, W.: Gutachterliche Stellungnahme zur Signifikanz der χ^2-Tests auf Zusammenhänge zwischen Sternzeichen und ausgewählten Persönlichkeitsmerkmalen aus der »Akte Astrologie« von Sachs, G., Dortmund 2008.

4 Morgan, J. P. zit. in Jacobi, C.:» Die Astrologie in der Geschichte«, in: Sachs, G.: *Die Akte Astrologie. Wissenschaftlicher Nachweis eines Zusammenhangs zwischen den Sternzeichen und dem menschlichen Verhalten,* Goldmann: München 1999, S. 15-40, hier S. 40.

5 Vgl. Popper, K. R.: *Gesammelte Werke,* hrsg. von Keuth, H., 3. Bd: Logik der Forschung, Mohr Siebeck: Tübingen [11]2005.

6 Schiller, F.: *Wallenstein. Ein dramatisches Gedicht,* Fischer: Frankfurt a. Main 2008.

7 Vgl. Bugler, C.: *The Complete Handbook of Astrology.* Tormont: Montreal 1992, S. 22.

8 de Saint-Exupéry, A.: *Wind, Sand und Sterne,* übers. von Becker, H., Karl Rauch Verlag: Düsseldorf [18]1989, S. 178.

9 Kipling, R. zit. in Sachs, G.: *Mein Leben,* Piper: München [2]2005, S. 33f. (Übers. des Autors)

10 Vgl. unter: http://opus-hslb.bsz-bw.de/files/289/Gallup_Studie_2011.pdf [Stand: 01.10.2014]

11 Hubbard, E.: A Message to Garcia and Thirteen Other Things. As Written, Roycrofters: East Aurora, N. Y., 1901, S. 163.

Literatur

Axt, P./Axt-Gadermann, M.: *Mai-Frau sucht Dezember-Mann – wie der Geburtsmonat unserer Gesundheit beeinflusst. Die fetale Programmierung und ihre Folgen*, Herbig: München 2004.

Bambeck, J.: *Persönlichkeits-Analyse. Die neue Generation von Persönlichkeits-Instrumenten*, Institut für Persönlichkeits-Analyse: München 1997.

Basler, H.: »›Die Akte Astrologie‹ von Gunter Sachs aus Sicht der Mathematischen Statistik«, *Skeptiker* 3 (1998), S. 104–111.

Bugler, C.: *The Complete Handbook of Astrology*, Tormont: Montreal 1992.

Campion, N.: *A History of Western Astrology*, Bd. 1: *The Ancient and Classical Worlds,* Continuum International Publishing Group: London/New York 2008.

Castille, D.: »Anniversaires en famille«, *De Sphaeris* 13 (2008), unter: http://desphaeris.com/1-Articles/CastilleD002.htm, abgerufen am 01.10.2014.

Chlumsky, J./Ehling, M. (1997): »›Die Akte Astrologie‹ – Wissenschaftliche Expertise aus statistisch-methodischer Perspektive«, in: G. Sachs: *Die Akte Astrologie. Wissenschaftlicher Nachweis eines Zusammenhangs zwischen den Sternzeichen und dem menschlichem Verhalten,* Goldmann: München 1997.

Currie, J./Schwandt H.: »Within-Mother Analysis of Seasonal Patterns in Health at Birth«, *PNAS USA* 110.32 (2013), S. 12265–12270.

Danneel, R.: »Geburtsmonat und Partnerwahl (Ein kritischer Kommentar)«, *Journal of Interdisciplinary Cycle Research* 7.1 (1976), S. 93–94.

Dean, G.: *Recent Advances in Natal Astrology. A Critical Review 1900-1976*, Analogic: 1977.

Ebertin, B.: *Vom kosmischen Symbol zur ganzheitlichen Deutung*, Ebertin Verlag: Freiburg im Br. 1998.

Ertel, S.: »Warum sind Ehepartner überzufällig oft im gleichen Sternzeichen geboren? Eine nicht-astrologische Erklärung«, *Zeitschrift für Anomalistik* 13.3 (2013), S. 378–384.

Eysenck, H. J./Nias, D.: *Astrologie. Wissenschaft oder Aberglaube?*, List: München 1982.

Goldschneider, G./Elffers, J.: *The Secret Language of Birthdays. Your Complete Personology Guide for Each Day of the Year*, Penguin: New York 1994.

Goodman, L.: *Love Signs*, Macmillan: London 1984.

Hoffmann, H.: »Statistische Untersuchungen zur Astrologie der Paarbeziehungen«, Vortrag in der Kosmobiologischen Akademie Aalen, Stuttgart, 05.11.2011.

Ders.: »Statistische Untersuchungen astrologischer Einflussfaktoren auf Paartrennungen und Berufswahl«, in: U. Voltmer/R. Stiehle (Hrsg.): *Astrologie und Wissenschaft*, Chiron: Tübingen 2011.

Hone, M. E.: *The Modern Text-Book of Astrology*, Astrology Classics: Bel Air, MD, 2010.

Hunze, B.: *Gunter Sachs und die Akte Astrologie*, Eigenverlag: Allensbach 2013.

Jacobi, C.: »Die Astrologie in der Geschichte«, in: G. Sachs: *Die Akte Astrologie. Wissenschaftlicher Nachweis eines Zusammenhangs zwischen den Sternzeichen und dem menschlichem Verhalten,* Goldmann: München 1997.

John, S.: »Vehlow und Gauquelin. Das Mittenprinzip der astrologischen Häuser«, unter: http://astrologix.de/artikel/stellium/vehlow_und_gauquelin.html, abgerufen am 09.10.2014.

Johnstone, C.: *The Complete Book of Astrology. Your Personal Guide to Learning, Understanding and Using Astrology*, Hinkler Books: Victoria 2007.

Jung, C. G.: *Synchronizität, Akausalität und Okkultismus*, dtv: München 1990.

Kop, P. P. A. M./Heuts, B. A.: »Month of Birth and Partner Choice in Marriage«, *Journal of Interdisciplinary Cycle Research* 5.1 (1974), S. 19–39.

Landscheidt, T.: *Sun, Earth, Man. A Mesh of Cosmic Oscillations – How Planets Regulate Solar Eruptions, Geomagnetic Storms, Conditions of Life and Economic Cycles*, Urania Trust: London 1989.

Landscheidt, T.: *The Golden Section. A Building Block Of Cyclic Structure*, Considerations X-1: Mount Kisco, NY, 1995.

Mark, A.: *Marriage made in Heaven. An Astrological Guide to Relationships*, Whitford Press: West Chester, PA, 1998.

Ders.: »Sun-Moon and Venus-Mars Ties as a Prognosticator in Divorce – A Statistical Study«, *Mountain Astrologer* 4 (2009), 55–59.

Mayer, G.: »Fehler der Verdinglichung«, *Zeitschrift für Anomalistik* 13.3 (2013), S. 385–387.

Meier, R. (2003): »Das Vehlow-Häusersystem«, *Meridian* 1 (2003).

Ders.: »Die Planeten und ihre Domizile«, unter: http://www.maxprantl.org/de/webbuch/planetendomizile.htm, abgerufen am 13.08.2014.

Ders.: »Astrologie und Spitzensport«, unter: http://www.maxprantl.org/downloads/Studie_Fussballspieler_innen.pdf, abgerufen am 13.08.2014.

Ders.: *Statistische Untersuchung von 368 Nationalspielern*, unveröffentlichtes Manuskript, 2013.

Ders.: »Tierkreiszeichen und Planetenfelder«, *Zeitschrift für Anomalistik* 13.3 (2013), S. 387–393.

Montenbruck, O.: *Grundlagen der Ephemeridenrechnung*, Verlag Sterne und Weltraum: München [3]1984.
Moritz, M.: *Einflüsse des Geburtsmonats auf Lebensentscheidungen – Eheschließung, Suizid, Studienwahl – und ihre Bedeutung für die Beratung*, Diplomarbeit, FH Fulda 2003.
Petersen, C.: »For Heavens' Sake«, *Chicago Tribune*, 08. 08. 1989.
Plantiko, R.: »Lassen sich Künstlerplaneten statistisch nachweisen?«, *Zeitschrift für Anomalistik* 9 (2009), S. 82–107.
Ders.: »Es fehlt die Diskussion des Selbstzuschreibungseffekts«, *Zeitschrift für Anomalistik* 13.3 (2013), S. 394–395.
Popper, K.: *Logik der Forschung*, hrsg. von H. Keuth, Mohr Siebeck: Tübingen [11]2005 (Erstausgabe 1935).
Ders.: *Wissen und Nichtwissen*, Radiovortrag des Bayerischen Rundfunks, unter: http://www.eduhi.at/dl/Popper_Wissen.rtf, abgerufen am 07.08.2014.
Prantl, M.: *Astrologie als Tiefenpsychologie und Seelenheilkunde*, Turm-Verlag: Bietigheim/Württ. 1967.
Sachs, G. (1997): *Die Akte Astrologie. Wissenschaftlicher Nachweis eines Zusammenhangs zwischen den Sternzeichen und dem menschlichem Verhalten,* Goldmann: München 1997.
Schiemenz, S.: *Planetenstellungen und der Geist des Menschen*, Eigenverlag: München 2002.
Ders.: *Und es steht doch in den Sternen!*, Eigenverlag: München 2011.
Schüller, K.: »Drum prüfe, wer sich ewig bindet … Zusammenhangsanalyse von Standesfällen (Eheschließungen, Scheidungen) und Tierkreiszeichen am Beispiel der Schweiz in den Jahren 1997 bis 2005«, *Zeitschrift für Anomalistik* 13.3 (2013), S. 351–377.
Dies.: »Zur Unterscheidung explorativer und konfirmatorischer Wissensfindungsprozesse«, *Zeitschrift für Anomalistik* 13.3 (2013), S. 397–404.
Silverman, B. I.: »Astrological indicators of personality«, *Journal of Psychology* 77 (1971), S. 141–149.
Stark, F.: *Astrologie unter der Lupe. Was vom Horoskop übrigbleibt: Unser* »Planeten-Temperament« – ein neuer Weg zur Menschenkenntnis, Kösel: München 1985.
Timm, U.: »Wo bleiben alternative Erklärungen?«, *Zeitschrift für Anomalistik* 13.3 (2013), S. 395–396.
Treier H./Sulser S.: *Das heliozentrische Horoskop. Die Verbindung zwischen Sonne, Mensch und Erde*, astronova: Tübingen 2010.
Vehlow, J.: *Lehrkursus der wissenschaftlichen Geburts-Astrologie*, 8 Bde., Bernhard Sporn Verlag: Zeulenroda 1933–1955.
Ders.: *Lehrkursus der wissenschaftlichen Geburts-Astrologie.* Band 9/1+2: *Parerga paralipomena – zur Konstellationenlehre*, hrsg. von

Johannes Vehlow Gesellschaft e. V., Johannes Vehlow Gesellschaft e. V.: Berlin 1990.
Voas, D.: »Ten Million Marriages. An Astrological Detective Story«, *Skeptical Inquirer* 32.2 (2008).
Wiesel, E.: *Das Astrologische Häuser-Problem*, O. W. Barth: München 1930.
Wischnewski, E.: *Astronomie in Theorie und Praxis*, Kaltenkirchen [3]2004.
Zolar: *The Encyclopædia of Ancient & Forbidden Knowledge*, Abacus Sphere Books: London 1970.
Ders.: *Zolar's Starmates. Astrological Secrets of Love and Romance*, Touchstone: New York 1988.

Abbildungsverzeichnis

Seite 58: Keplers Horoskop für Wallenstein, Wikimedia Commons
Seite 197: Berühmte Deutsche auf Gedenkmünzen und deutschem Geld, © Siegfried Schiemenz, *Planetenstellungen und der Geist des Menschen,* Books on Demand 2003, Seite 28.
Seite 220: Aderlaßmännlein, © Bildarchiv Preußischer Kulturbesitz, No. 20004136.
Seite 258: Heliozentrische Aspekt-Figuren, © Siegfried Schiemenz, *Und es steht doch in den Sternen,* Books on Demand 2003, Seite 28.